다시영다

자연 없는 생태학, 성장 없는 경제학, 진보 없는 지구학

조성환

【왜 자연인가】

최근에 서양에서 나오는 철학 서적들을 읽다 보면 공통점을 하나 발견할 수 있다. 그것은 '근대'를 상징하는 세 가지 개념이 지속적으로 비판받고 있다는 사실이다. 진보(progress), 성장(growth), 자연(nature)이 그것이다. 토마스 베리는 "인간이 진보하는 동안 지구는 퇴보했다"고 하였다(『위대한 과업』). 티머시 모턴은 "자연 없는 생태학"을 주창하였고(Ecology Without Nature), 팀 잭슨은 "성장 없는 번영"(Prosperity Without Growth)을 제안하였다.

이처럼 진보와 성장이 비판받는 이유는 '근대화' 과정에서 자연을 대가로 한 인간만의 진보와 성장을 추구해 왔고, 그 결과 인간의 생존이 위협받고 있기 때문이다. 발 플럼우드의 말을 빌리면, 인간을 자연에서 예외적 존재로 간주한 '인간 예외주의'의 결과이다. 이러한 성찰 하에 서구인들은 진보 대신 회복(제러미 리프킨, 『회복력 시대』)을, 성장 대신 번영을, 자연 대신 가이아(브뤼노 라투르, Facing Gaia)을 대안으로 제시하기도 한다.

그런데 이러한 자연(Nature) 개념, 즉 인간이 조작 가능한 자원으로서의 자연 개념은 동아시아인들에게는 없었다. 동아시아인들은 인간은 천지(天地) 안에서 살고 있고, 천지가 만물을 생성한다고 생각했기 때문이다. 그래서 천지는 한나 아렌트 식으로 말하면 "인간의 거주지(human habitat)"로 여겨져 왔다(『인간의 조건』).

문제는 '인류세'라는 새로운 시대 인식으로 인해 이러한 천지 개념도 붕괴되고 있다는 사실이다. 산업혁명 이래로 인간이 천지와 자연의 질서를 바꾸는 '지질학적 행위자'가 되었기 때문이다. 그 결과가 오늘날 우리가 경험하고 있는 생태위기이자 기후변화이다. 그렇다면 우리는 자연을 어떻게 보아야 하는가? 근대적인 Nature도, 전통적인 天地도 더 이상 우리의 경험을 설명해 주지 못한다. 바로 여기에 자연에 대한 우리의 인식을 새롭게 할 필요가 있다. 그래서 이번 호의 주제는 '자연'으로 잡았다.

【서양철학의 자연관】

20대 철학자 안호성(1995~)의 「스티븐 샤비로와 사변적 실재론」은 티머시 모턴의 "자연 없는 생태학"과 이에 대한 슬라보예 지젝의 해석을 소개하면서 "자연 개념 자체의 폐기가 아니라 자연이 맡아 온 이데올로기적 역할을 해체하는 것"이라고 평가한다. 이어서 '자연의 이분화'에 대한 화이트헤드의 비판을 실마리로 삼아서, 화이트헤드주의자인 스티븐 샤비로의 '평평한 존재론'을 소개한다. 최근에 샤비로의 대표적인 저작인 『사물들의 우주』와 『탈인지』을 번역한 전문가의 글이니만큼, 샤비로 철학에 대한 가장 정통한 소개와 해석이라고 생각한다.

안호성의 글이 화이트헤드 철학에 대한 샤비로의 해석에 초점을 맞추고 있다면, 김영진의 글은 화이트헤드 철학 자체에 집중하고 있다. 화이트헤드 철학의 핵심 개념인 자연, 사건, 느낌에 주목하면서, 자연을 실체가 아닌 '사건'으로, 사건을 긍정과 부정의 '느낌'으로, 대상을 점이 아닌 '선'으로 이해하는 화이트헤드의 과정철학을, 버지니아 울프의 『댈레웨이 부인』(1925)과 같은 문학작품이나 양자역학과 같은 현대물리학적 지식을 활용하면서 알기 쉽게 설명해 주고 있다. 개인적으로 글을 읽으면서 화이트헤드가 말하는 '물리적 느낌'과 '개념적 느낌'은 중국철학 개념으로 말하면 物感(물감)과 心感(심감)으로 번역될 수 있지 않을까 하는 생각이 들었다.

주기화의 「해러웨이의 자연문화와 퇴비주의」는 최근에 한국에서도 각광받고 있는 생물학자이자이 여성학자인 도나 해러웨이 인간관과 자연관의 핵심을 '퇴비' 개념을 중심으로 알기 쉽게 전달해 주고 있다. 아마 해러웨이를 처음 접하는 이들에게는 가장 알기 쉬운 소개글이 아닌가 생각한다. "우리는 humus(부식토)이지 human(인간)이 아니다"는 해러웨이의 선언을 비롯해서 인간과 만물을 서로 오염시키고 뒤얽혀서 서로를 만드는 퇴비로 이해하는 '크리터(critters)' 존재론, 그리고 "미생물과 인간의 공생적 얽힘인 마이크로바이옴(microbiome)" 개념, 마지막으로 이것을 '균본주의(菌本主義, microbiomism)'라는 저자만의 독창적인 개념으로 정의하는 방식 등이 매우 인상적이었다. 서구인들이 인간 안에서만 인간을 이해하던 근대적인 방식에서 탈피하여 마침내 인간 밖에서 인간을 바라보는 시선이 생겼음을 실감할 수 있었다.

【한국철학의 자연관】

김남희의 「가죽가방과 스테이크 그리고 경물(敬物)」은 '베지터블 가죽'으로 만든 가방을 처음 접했을 때의 에피소드를 시작으로, 넷플릭스의 〈셰프의 테이블-다리오 체키니〉에 나오는 음식철학에서 19세기 동학사상가 해월 최시형이 말한 "하늘이 하늘을 먹는다(以天食天)," "만물을 하늘처럼 공경하라(敬物)," 그리고 "하늘마음(天心)을 잃지 않는 식도(食道)"의 철학을 읽어내고 있다. 저자의 체험과 글을 통해 독자들은 동학사상을 실제 삶 속에서 실천하고 있는 실천자의 모습을 느낄 수 있을 것이다. 아울러 동학사상이 먼 옛날이야기가 아니라 오늘 우리가 살고 있는 지금의 이야기임을 실감할 수 있을 것이다.

박정민의 「동학의 자아관」은 대학원에서 신학과 서양철학을 전공한 저자가 20세기 초 천도교 사상가 이돈화의 『신인철학(新人哲學)』에 나오는 '자아' 개념을 분석한 독창적인 논문이다. 이 글에서 저자는 『일리아스』와 『용담유사』, 『방법서설』과 『신인철학』, 신학(神學)과 동학(東學)을 오가며 '자아'를 키워드로 동서사상을 비교하고 있다. 데카르트의 자아관이 "나는 생각한다"라고 최제우의 자아관은 "나는 모신다"라고 대비시킨 점이 돋보인다. 아울러 이와 같이 하느님을 모신 '나'가 이돈화에서 어떻게 서양철학적인 '자아' 개념과 만나며, 그로 인해 동학의 '나'가 어떻게 철학화되고, 서구적인 자아 개념이 동학의 인간관에 어떻게 스며드는지를 명쾌하게 보여주고 있다. '동학의 철학화' 과정을 이해하는 데에는 더할 나위 없는 글이라고 생각한다.

조성환의 「인류세 시대에 다시 읽는 기학(氣學)」은 조선후기 실학자로 알려진 최한기의 『기학』(1857년)에 나오는 독특한 인간관과 자연관이 어떻게 지금의 기후변화와 인류세를 설명할 수 있는지를 소개하고 있다.

【지구수리와 인간수선】

이상의 자연관과 인간관에 대한 탐구는 새말모심에서 시공을 넘어 지금 우리의 이야기로 펼쳐진다. 생태전환 매거진 『바람과 물』의 편집장인 한윤정 선생님을 모시고 본지 편집위원인 산드라(이원진)와 산뜻(성민교)이 이야기를 나눴다. "지금 우리가 살아가는 방식은 문명인이라는 자만심에 가득 차서 '빈 땅'을 개척한 미국 식민자들의 의식의 산물"이라는 한윤정 편집장의 말이 가슴에 와 닿았다. 과연 이 지구상에 주인 없는 땅이 있을까? 생태적으로 생각하면 만물과 조금씩 관계되고 있는 삶의 터전이 아닐까? 이러한 생태적 사실을 무시하고 인간만의 소유라고 착각한 탓에 지금 지구가 고장이 난 것이 아닌가? 그래서 고장 난 지구를 수리해야 하고, 그러기 위해서는 고장의 원인인 인간을 먼저 수선해야 한다는 것이 「지구를 수리하기, 인간을 수선하기」의 속 뜻인 것 같다. 동양철학적으로 보면, '지구 수리'는 천리(天理) 개념을 연상시키고, '인간 수선'은 수신(修身)을 의미한다. 그래서 「지구를 수리하기, 인간을 수선하기」는 주자학의 슬로건인 "存天理, 去人欲"(존천리 거인욕; 지구의 이치를 보존하고 인간의 탐욕을 제거하자)을 떠올리게 한다.

【현대한국의 정치생태운동】

주요섭의 「신명과 역설: 생명의 세계관 '또' 다시 쓰기」는 그동안 저자가 이론과 현장을 오가며 고민해 왔던 생명철학의 결정판이다. '신체·신명·역설'을 키워드로 새로운 생명관을 모색하고 있다. 중심에는 「한살림선언문」에 참여한 김지하의 생명철학을 두고서, 현대과학과 현대철학의 성과를 참고하면서, 「한살림선언문」과는 '또 다른' 생명론을 전개하고 있다. 30여 쪽에 달하는 방대한 분량은, 2015년에 나온 저자의 『전환이야기』에 이어 『생명이야기』의 탄생을 기대하게 한다.

이무열의 「혼자이기에 상상할 수 있고 함께 있기에 할 수 있는 정치전환들」은 지난 호에 이어서 문명전환을 꿈꾸는 '지리산정치학교'의 정치전환운동을 소개하고 있다. "산업화와 민주화를 넘어서"라는 구절에서, 새말모심에 나왔던 "산업화, 민주화가 지난 연대의 가치였다면, 이제는 생태화라는 과제 앞에서 두 세력이 힘을 합쳐야 할 것 같아요."라는 한윤정 편집장의 말이 떠올랐다. 그리고 "땅은 생명력의 근원이다"는 말에서 역시 '빈 땅'은 없다는 생각이 들었다. 단지 살아 있는 땅이 있을 뿐이다.

신채원의 「화끈하게 모여 본때를 보여줍시다」는 「9·24기후정의행진」에 참여한 소중한 경험을 공유해 주고 있다. 무엇보다도 무려 35,000명이 참여했다는 사실에 놀랐다. 한국의 기후운동에서 가장 큰 규모의 행사로 기록되었다고 한다. 게다가 이웃나라의 시민들도 연대의 메시지를 보내왔다고 한다. 한국에서도 '기후'를 중심으로 국경을 초월한 시민연대가 형성되고 있음을 실감할 수 있었다. 글의 제목에서 저자의 '씩씩한' 모습이 떠올랐다.

신승철의 「식량위기를 넘어선 농업의 전략지도」는 우리에게 닥친 식량위기에 대한 가장 상세하면서도 가장 간결한 보고서가 아닐까 생각한다. 뿐만 아니라 구체적인 농업전략까지 제안하고 있어서 저자의 해박한 지식과 치열한 고민을 느낄 수 있다. 이 글에서 나는 '먹거리 탄력성'이라는 말을 배웠다. 이런 귀한 글을 모실 수 있다는 것은 『다시개벽』으로서는 영광스런 일이 아닐 수 없다.

윤석의 「개벽·살림·풍류」도, 신채원의 「화끈하게 모여 본때를 보여줍시다」와 마찬가지로, 너무나 저자다운 제목이다. 아울러 『다시개벽』, 『다른백년』, 『바람과 물』을 잇고 있는 저자의 네트워크 활동을 제대로 대변해 주고 있는 글이다. 학계에 매여 있지 않아서 '개벽'이라는 말을 거침없이 쓰는 모습이 당당해 보였다. 글을 읽는 내내 '한국철학'에 대한 구구절절한 애정이 느껴져서 눈시울이 뜨거워졌다. 얼마 전에 지도교수님께 신간 『키워드로 읽는 한국철학』을 보내드렸더니, "혼자 고독하게 걸어서 나온 결과라 더욱 빛나 보이네"라고 페북에 댓글을 달아주셨다. 마찬가지로 나도 저자에게 "힘들어도 지금처럼 자기의 길을 당당하게 가시라"는 응원의 말을 전해주고 싶다.

【한국근대 다시보기】

라명재의 「천도교 주문 수련」은 천도교 교단 내부에서 전해지고 실천되고 있는 주문 수련의 과거와 현재, 의미와 효과를 생생하게 전달하고 있다. 아직 주문 수련을 해본 적이 없는 나로서는 간접적으로나마 주문을 '느낄' 수 있는 귀중한 글이다. 저자의 『천도교 경전 공부하기』는 내가 동학을 막 공부하기 시작했을 때 필독서이자 애독서였다. 최근에 나온 『해월신사법설』도 대중들에게 해월선생의 말씀을 쉽게 전달해 주는 귀한 책이라고 생각한다.

장정희의 「어린이날 제정 100주년 기념사업」은 나에게는 충격적인 글이었다. 글을 읽는 내내 자신의 무지와 무관심을 반성하는 시간이었다. 어린이날이 애초에 5월 5일이 아닌 '5월 1일'이었다는 사실도 처음 알았고, 그 시점이 1922년이었다는 것도 새로웠다. 저자는 1년 전에 천도교 행사에서 뵌 적이 있는데, 그때도 이 분야의 최고 전문가가 아닌가 하는 인상을 받았다. 글의 맨 마지막에 조선의 어린이에서 '지구 어린이'로 확장되어 가리라는 전망도 『다시개벽』에서 표방하는 지구인문학과 방향이 일치하고 있다.

본지 편집장인 홍박승진의 「새로 찾은 1938년 이전 윤석중 작품 44편」은 지난호에 이어서 일제강점기 한국문학의 보물을 발굴해 준 귀중한 글이다. 아시다시피 윤석중(1911~2003)은 "날아라 새들아 푸른 하늘을~"이라는 어린이 노래의 노랫말을 만든 분이다. 1923년에 방정환이 창간한 『어린이』의 애독자였고, 그것이 인연이 되어 12살 무렵에 소파 방정환을 만났다고 한다. 지난 호에서는 시 11편을 소개했는데, 이번호에서는 동화 15편을 소개하고 있다. 개인적으로 반페이지 분량의 짧은 동화는 이번에 처음 접해 보았다. 만약에 현대어로 된 그림책으로 나온다면 막내 수연이(2016~)한테도 읽혀주고 싶다는 생각이 들었다.

안태연의 「월남미술인 다시 보기(1): 홍종명」도 평소에 예술에 무지한 나의 무지를 일깨워주는 글이었다. 아울러 평소에 우리가 놓치기 쉬운 한국 근대의 또 다른 모습을 일깨워 주었다. 그의 일생과 그림에는 일본, 북한, 그리고 서양의 흔적이 하이브리드처럼 녹아 있다. 이런 혼종성이야말로 한국 근대의 최대 특징이 아닐까 생각한다. 아울러 "인생에 실패가 있다면 그것은 높은 목표가 설정되어 있지 않기 때문이다"는 홍종명의 말에서, '개벽'은 한국 근대의 높은 목표가 아니었나 하는 생각이 들었다.

박은미의 「오직 '참'이 있으소서」는 『개벽』 19호(1922년 1월)에 실린 박달성의 글의 현대어 번역으로, 새해를 맞아 새로운 다짐을 하는 내용이다. 개인적으로 "일제강점기에 새해를 맞이하는 심정은 어떠했을까?"라는 궁금증을 가지면서 글을 읽었다. 새해, 새사람, 새살림, 새일, 새국면 등등, 곳곳에서 '새로움'이라는 말이 집요 저음처럼 변주되고 있는 것을 보고 당시에 천도교에서 '새로움'을 얼마나 간절히 원했는지가 느껴진다. 그리고 맨 마지막은 "오직 '참'이 있으소서! 더 이상 거짓이 없게 하소서!"라는 기원으로 끝나고 있어서, 그가 추구한 새로움이 참됨에 다름 아님을 알 수 있었다. 박달성에게는 '참'이야말로 삶의 방향이 아니었을까?

마지막으로 박돈서의 「천지의 주인은 나」는 『천도교회월보』 10호(1911년)에 실린 백인옥의 글의 현대어 번역이다. 비록 '자아'라는 말은 안 나오지만, 앞에서 소개한 박정민의 「동학의 자아관」을 참고하면, 1910년대의 천도교의 '자아관'을 엿볼 수 있는 글이다. "나는 이미 천지의 주인이니, 내가 어찌하면 주인의 직책을 감당할 수 있겠습니까?"라는 백인옥의 자아관은, 인간이 지구시스템을 좌우하는 인류세 시대를 살아가는 우리에게 필요한 말이 아닐까 하는 생각이 들었다.

이번에 필자로 모신 분들은 몇몇 분을 제외하고는 대개 다 아는 분들이었다. 글의 제목을 접하는 순간 저자의 이미지와 겹쳐져서 마치 눈앞에 대면하고 있는 듯하였다. 뿐만 아니라 하나같이 자기 분야에서 최전선을 달리는 최고 전문가들이다. 이런 분들의 글을 모실 수 있다는 것은 『다시개벽』이 그만큼 성장했다는 증거이리라. 반면에 나는 사정상 이번에 『사회개조팔대사상가』 연재를 쉬어야 했다. 아울러 「권두언」이 늦어지는 바람에 9호의 발행이 열흘 가까이 늦어졌다. 이 점 독자여러분들께 대단히 죄송스럽게 생각한다. 다음 호에는 좀 더 분발하겠다.

해러웨이의
자연문화와 퇴비주의ⁱ

근대로 접어드는 문턱인 17세기에 "유럽은 갈림길에 직면했다. 그들에게는 두 가지 선택지인 데카르트의 길과 스피노자의 길"(히켈 352)이 있었다. 일신교적이고 기계론적인 데카르트는 인간은 두 개의 실체인 마음과 물질로 구분된다고 보았다. 마음은 특별하며 신의 영역이고, 몸은 비활성이고 기계적인 물질, 자연의 영역이다, 마음을 가진 인간은 이성이 있어서 생각할 수 있지만, 자연 세계는 생각하지 못하므로 마음껏 착취해도 된다고 여겼다. 스피노자는 데카르트와 정반대로 생각했다. 그는 우주가 하나의 궁극적 원인으로부터 출현했으므로 마음과 물질, 인간과 자연이 다른 종류처럼 보일지 모르지만 하나의 실체에 의해 지배되는 다른 측면들이라고 주장했다(히켈 351). 그의 일원론적 우주(monistic-universe) 개념은 모든 것이 물질이자 마음이자 신이라고 본다. 이것은 초월적인 신을 부정하고 인간의 자연 지배를 어렵게 만드는 것이었다. 데카르트의 이원론은 과학적, 경험적 증거에 기반하지 않았지만 "교회의 권력을 키우고, 노동과 자연에 대한 자본주의적 착취를 정당화했으며, 식민주의에 도덕적 면죄부를 부여했기 때문에" 지배층에서 대중화되었다(히켈 349).

---

i   이 글은 2022년 2월 『비교문화연구』 제65집에 실린 필자의 졸고 「신유물론, 해러웨이, 퇴비주의」의 일부를 발췌하여 수정·발전시킨 것이다.

데카르트를 포함한 서양 철학자들은 정신과 물질, 문화와 자연을 구분하고 항상 전자에 우위를 두었지만, 사실 삶에서 정신과 물질, 자연과 문화의 층위들은 식별이 거의 불가능하다. 예를 들어 작금의 코로나19 팬데믹은 자연재해인가? 인재인가? 인간이 열대우림의 야생동물들과 생태학적 거리를 두었더라면, 바이러스가 숙주를 잃어버리고 인간을 먹잇감으로 올라타진 않았을 것이다. 오늘날 과학자들은 문화와 자연, 정신과 물질, 인간과 비인간(nonhuman) 사이에 근본적으로는 구별과 차이가 없음을 확인했다. 인간과 동물은 동일한 생물로부터 진화했고, 우주는 동일한 양자물리학의 지배를 받으며, 코로나19 팬데믹은 자연과 문화의 합작품이다. 데카르트의 이원론이 현대 과학에 의해 무너지고, 이제 스피노자는 현대 유럽 철학과 과학사에서 최고의 사상가로 찬양받고 있다(히켈 353). 스피노자 등의 일원론적 우주관을 토대로 하는 현대 학계의 흐름이 바로 신유물론(New Materialism)이다. 과학이 변하면서 존재론적 패러다임이 바뀌었지만, 여전히 우리는 데카르트의 이원론적 문화, 즉 근대성 속에 살고 있다. 그 결과가 인류세(Anthropocene)의 기후변화이고, 코로나19 팬데믹이다. 이원론 대신 일원론 사상이 지지되었더라면 세상은 다를 수도 있었다.

신유물론의 최전선에서 스피노자의 프로젝트를 수행하는 다나 해러웨이(Donna Haraway)는 "서구 전통에서는 특정 이원론들이 유지되어 왔다. 이 이원론 모두는 여성, 유색인, 자연, 노동자, 동물—간단히 말해 자아를 비추는 거울 노릇을 하라고 구성된 타자—로 이루어진 모든 이를 지배하는 논리 및 실천 체계를 제공해왔다"고 말한다(2016b 59). 그는 평생을 데카르트의 이원론과 대결했고, 그 대결을 위한 핵심 개념이 "자연문화(Naturecultures)"다(2016b 93). 그는 자연과 분리된 문화가 없음을 나타내기 위해 두 단어를 붙여 '자연문화'라고 부른다. '자연문화'란 자연과 문화로 대표되는 이항대립적 항들의 연속성, 분리불가능을 나타낸다. 그는 "세계를 '자연'이나 '문화' 같은 일시적이고 편협한 추상적 범주를 가지고 이해하는 것은 착각이다"라고 말한다. "존재는 관계에 선행하지 않으며," "세계는 운동 속의 매듭이며" "관계의 산물"이라고 본다(2016b 98-99). 그에 따르면 가축, 반려동물, 코로나19 팬데믹, 기후위기, 인간 등 세상 모든 것은 자연과 문화의 합작품, 자연문화적 현상이다.

해러웨이는 1985년 『사이보그 선언』에서 2003년 『반려종 선언』에 이르기까지 자연/문화 이분법을 넘어서는 자연문화를 '사이보그'(cyborg)와 '반려종' (companion species)이라는 형상(figure)으로 제시해 왔다. '사이보그'는 유기체와 기계, 물질과 비물질, 인간과 동물의 경계가 와해되며 출현하는 자연문화를, '반려종'은 생물학적 분류군인 '종'(species) 범주를 넘어 인간과 동식물은 물론 기계 사이의 반려관계를 단위로 하는 자연문화를 형상화한다. 반려(companion)라는 말은 식탁에 둘러앉아 함께 빵을 나눈다(cum-panis)는 라틴어에서 비롯됐다. 반려종은 홀로 되는 것이 아니다. "하나의 반려종을 만들려면 적어도 두 개의 종이 있어야 한다. … 공구성적(co-constitutive) 관계를 이루는 어느 쪽도 관계보다 먼저 존재하지 않으며, 이런 관계는 단번에 맺어질 수도 없다"(2016b 103). 해러웨이는 반려종의 공구성적 관계를 나타내기 위해, '자기생산(autopoiesis)'에서 'auto'를 'sym'으로 바꿔, "공동생성" (sympoiesis)이라는 새로운 용어를 만든다(2016a 33). 공동생성은 '함께 생산하다,' '함께 제작하다'라는 뜻이다.

그는 2016년 즈음부터 '퇴비'(compost)라는 자연문화 형상을 통해 더 포괄적으로 작업 중인데, "우리는 부식토(humus)이지, 호모(Homo)나 인간(anthropos)이 아니다. 우리는 퇴비(compost)이지, 포스트휴먼(posthuman)이 아니다"(2016a 55)라고 선언한다. 그에 따르면 인간은 예외적인 인간, 신에 가까운 근대적 인간이 아니라, 원래 땅속에서 온갖 크리터들(critters)[2]과

---

2   크리터들이란 "미국에서 온갖 종류의 성가신 동물을 가리키는 일상적인 관용어"인데, 해러웨이는 그 의미를 확장하여

함께 서로를 오염·감염시키면서 뒤얽혀 서로를 만드는 존재, 퇴비다. 그는 우리가 흔히 대안으로 여기는 포스트휴머니즘은 인간 예외적이고 추상적인 "미래주의"(futurism)로서 결코 해법일 수 없을 뿐만 아니라 오히려 인류 절멸을 초래할 수 있는 파괴적인 것이라고 비판하면서,[3] 그것과 결별하는 새로운 "윤리-존재-인식-론"(ethico-onto-epistem-ology)을 '퇴비' 형상으로 제안한다. 필자는 인간은 퇴비라는 그의 선언과 윤리-존재-인식-론을 '퇴비 선언'(compost manifesto)과 '퇴비주의'(compostism)로, 그리고 그의 세 가지 자연문화 형상과 선언을 각각 'C3 자연문화'와 'C3 선언'이라고 부른다.

해러웨이가 인간은 흙이라는 진부한 격언처럼 들리는 '퇴비주의'를, 대규모 죽음과 멸종으로 인간을 포함한 다종에게 긴급한 이 시대에 처방이자 대안 담론으로 내놓는 이유는 무엇일까? 그에 따르면 'human'은 고대 영어에서 온 'guman'에서 오는데, 'guman'은 땅의 일꾼이자 땅속의 일꾼을 의미한다(2016a 11). 'guman'과 'human'은 땅과 크리터로 오염된 일꾼을 의미하면서 이후 부식토(humus), 인간(humaine), 신들에 반대하는 땅의 존재들(earthly beings)로 다양하게 파생되었다. 그는 이러한 어원으로부터 땅속의 크리터, 부식토라는 의미를 끌어내어, 우리는 호모나 인간(Anthropos)이 아니라 퇴비라고 주장한다.

인간은 원래 땅속에서 온갖 크리터들과 함께 서로를 오염·감염시키고 뒤얽혀 발효하면서 서로를 만드는 존재들, 퇴비다. 인간은 원래 호모로서의 예외적인 인간, 근대적 인간이 아니다. 그래서 우리가 인류세의 트러블과 함께 하기 위해서는, 포스트휴먼이 아니라 퇴비임을 깨닫고, 크리터들 사이에서 일어나는

"미생물, 식물, 동물, 인간과 비인간, 그리고 때로는 기계까지 잡다한 것들을 포함한다"(2016a 169).

3   해러웨이가 비판하는 미래주의란 인류세와 자본세(Capitalocene)가 불러일으킨 공포에 대한 사람들의 두 가지 반응을 가리키는데, 첫 번째 반응은 기술과 신이 우리를 구하러 온다는, 기술적 해법(혹은 기술 묵시록)에 대한 세속적이거나 종교적인 믿음에 찬 희망이고. 두 번째 반응은 현 상태의 변화를 위해 매우 열심히 일하면서도 신랄한 냉소를 보내는 사람들의 '게임 오버' 식 태도, 즉 절망이다. 미래주의에 대해서는 졸고, 「팬데믹과 미래주의: 마가렛 애트우드의 『매드아담』」 참고.

'신진대사 변형'에 과감히 뛰어들어야 한다. 퇴비는 함께 식탁에서 먹고 먹히는 식사 동료인 반려종들의 공생적(symbiotic) 얽힘, 공동생성을 보여주는 구체적 형상이다. 퇴비는 땅과 깊이 관련된 관용어로서 다종의 삶과 죽음, 먹고 먹히기, 상호의존적인 뒤얽힘, '자연문화'를 포괄적으로 보여준다.

해러웨이는 위태로운 이 시대를 땅속의 많은 친척을 아우르는 단어인 'chthonic'(땅속의)을 사용하여 인류세와 자본세 대신 '쑬루세'(Chthulucene)라고 명명한다. 쑬루세는 공–지하적인(symchthonic) 것들, 공동생성적인 지상의 것들의 시공간이다(2016a 71). 그가 볼 때 인류세와 자본세는 주된 행위자를 자본과 인간이라는 너무나 큰 플레이어들에만 국한하기 때문에, 냉소주의와 패배주의에 가담하기 쉽다. 그는 쑬루세에서 강력한 연대를 통한 함께 살기와 함께 죽기는 인간과 자본에 대한 치열한 대응일 수 있다고 본다(2016a 2).

해러웨이의 퇴비주의 이론 전개의 일면은 우리가 소화하기에는 좀 어렵다. 좀더 쉽게 신유물론적으로 소화된 이야기로 풀어보고자, 그가 영감을 받은 마이크로바이옴(microbiome)[4] 개념을 차용하여, 인간과 공생 미생물의 공동생성적 관계를 경유해 보겠다.

해러웨이에게 퇴비 더미는 다양한 크리터들이 발효하는 "마이크로바이옴"이다(2016a 25). 우리가 인식하기도 인정하기도 쉽지 않지만, 사실 우리 몸은 마이크로바이옴에게 완전히 점령되어 있다(Yong 2). 우리의 피부, 내장, 세포, 게놈은 온통 미생물투성이이다. 우리 몸에는 약 100조 개의 미생물이 인간과 공존한다. 몸에서 인체 세포가 차지하는 비율은 10퍼센트에 불과하다. 이 공생 미생물들이 없다면 인간은 독립된 단위로 생존이 불가능할 뿐만 아니라 지금과 같은 모습으로 진화하지도 못했을 것이다. 왜냐하면 이 미생물 대부분은

---

[4] 마이크로바이옴은 미생물분류군을 의미하는 'microbiota'와 'genome'의 합성어로, 우리 몸속에 살고 있는 미생물과 이들의 유전정보 전체, 미생물군유전체, 미생물군집을 의미한다.

유전자 발현을 조절하거나 염증 발생에 관여하는 물질을 분비하여 우리 몸의 대사, 영양, 면역, 신경 등을 조절하기 때문이다. 그래서 비인간 타자와 구분되는 독립적이고 순수한 '나 자신' 같은 것은 착각이다. 개체였던 적이 없었던 우리는 개체를 다시 정의하고 비인간과 인간의 불가분성, 상호의존성, 비인간의 주요한 행위 능력을 인식해야 한다. 해러웨이는 '경계가 있는 개체주의'는 더이상 사유의 수단으로는 쓸모없게 되어 버렸다면서, 대신 '퇴비' 형상을 가져온다.

일종의 생태계인 대장(大腸)의 마이크로바이옴은 전적으로 우리에게 의존해서 살아간다. 그들은 우리가 소화하지 못해서 남은 음식물을 주로 먹고산다. 우리가 먹는 음식물은 그래서 중요하다. 하지만 정작 우리에게 중요한 것은 이들이 뭘 먹는지가 아니라 무엇을 배설하느냐이다. 마이크로바이옴은 천가지가 넘는 다양한 물질을 만드는데, 이것이 대장 벽을 통해 혈관으로 들어가고, 이후 이 고속도로를 타고 간, 뇌 등 어떤 장기에도 쉽게 다다를 수 있다(천종식). 그리하여 우리의 건강과 질병, 성생활과 진화까지 좌우한다. 예를 들어 우리의 배설물, 즉 "먹이"는 마이크로바이옴에 영향을 주고, 그들의 배설물은 우리의 "체취"에 영향을 주고, 체취는 성적 매력에 영향을 주어, 파리에서부터 인간까지 공생 미생물은 "성생활"(sex life)과 생식, 유전적 종분화에 중요하다(Yong 161).

팀 스펙터(Tim Spector)는 "우리가 음식을 먹을 때 단순히 인체에 영양을 공급하는 것이 아니라, 우리 장 안에 살고 있는 수조 마리의 미생물들에게 먹이를 주는 것"이라고 말하는데(김병희), 우리가 그들에게 먹이를 주는 이유는 그들의 배설물을 받아먹기 위해서다. 우리의 배설물은 장내 미생물의 먹이가 되고, 그들의 배설물은 우리 몸을 만든다. 미생물들의 배설물로 만들어진 우리 몸은 말 그대로 퇴비다. "퇴비 속에서, 우리는 식탁에 함께한다"(Franklin 51). 퇴비는 다종의 삶과 죽음이 상호의존적으로 뒤얽힌 자연문화의 구체적인 형상이다.

미생물과 인간의 공생적 얽힘인 마이크로바이옴, 즉 퇴비 속에서 이들 공-지하적인 반려들은 서로의 몸을 함께 만들면서 거듭 출현한다. 이들은 종을 넘어서는, 환원 불가능한 차이를 넘어 이루어지는 '소통'의 결과물이다. 인간의 언어와는 다른 매개로 진행되는 대화에서 미생물들이 우리에게 무슨 이야기를 하고 있으며, 무엇을 바라는지, 지속적인 관심을 가지고 주의깊게 살펴야 한다. 서로의 신호를 잘 이해해야 하고 마음을 잘 읽어야 한다. 미생물들과 우리의 이러한 밀월관계의 산물, 퇴비가 우리의 몸이다. 그래서 해러웨이에게 '퇴비 만들기는 끝내주는' 에코섹슈얼 러브스토리다. 이 밀월관계가 뜨겁지 않아 냉랭하거나 서로 오해하여 불화하면 질병 위험이 높아져 모두의 생명이 위태로워진다.

예를 들어, 장내 미생물의 중요한 활동 중 하나는 우리의 면역계를 훈련시키는 것이다. 면역계가 나쁜 균들을 식별하고, 면역물질인 사이토카인(cytokine)을 분비하고, 이 물질을 과다하게 분비하지 않도록 훈련시킨다. 훈련이 잘못되면, 퇴치 대상인 항원을 넘어 인체를 공격하는 '자가면역질환'이 생긴다. 미생물들이 우리의 면역 시스템을 잘 가르치고 훈련시키는 것이 중요하며, 그렇게 하도록 우리가 설득하는 것이 중요하다. 소중한 파트너이자 반려관계인 미생물들과 우리 사이에서, 서로가 익숙해지고 가르치고 설득하는 부단한 훈련은 필수적이다. 해러웨이가 '반려종 선언'을 면역계를 형상화하면서 시작하는 이유이다.

해러웨이는 반려종으로 관계 맺는 부단한 훈련의 중요성을 강조하기 위해 비키 헌(Vicki Hearne)의 인식을 경유하는데, "헌은 인간뿐 아니라 개 역시 종에 특유한 방식으로 상황을 도덕적으로 이해하거나 성취를 진지하게 열망하는 능력을 타고난 존재라고 본다"(2016b 182). 신유물론에 따르면 이러한 개의 능력은 모든 크리터, 세포, 분자에까지 동일하지는 않지만 연속적으로 확대·적용할 수 있으므로, 장내 미생물과 인간의 반려관계에도 적용 가능하다. 장내 미생물과 인간이 지난하고 부단한 훈련 과정을 통해 깊은 신뢰가 쌓이면,

원활한 소통과 배설물들의 순환 속에서 온전하고 건강한 퇴비 더미가 된다. 반려관계인 이들은 훈련이라는 관계의 재구성 작업을 통해 서로의 내면에 있는 "소질"을 끄집어내고 이러한 "성취"를 통해 함께 "만족"과 "행복", 즉 웰빙을 얻는다. 이러한 만족과 행복은, 미생물과 인간이 자신들의 아리스토텔레스적 "탁월함을 열망하기", 그 "탁월함에 도달하기 위해 기회를 잡기"와 관련된다(2016b 143; 180).

장내 미생물, 퇴비 속의 크리터들이 탁월함을 열망하고 시도한다는 생각은 너무 과한 것일까? 우리가 신유물론적 사유에 익숙지 않아서 그렇지, 제인 베넷(Jane Bennett) 같은 생기적 신유물론자들은 틀림없이 왜 미생물들이 탁월함을 열망하고 시도할 수 없다고 쉽게 판단하는지 알고 싶어 할 것이다. 퇴비를 만드는 지렁이들이 "특정 상황과 그 가능성에 맞춰 자신들의 기술을 조정한다"(Bennett 96)라고 주장한 다윈 또한 필자의 생각이 과하다고는 생각하지 않을 것이다. 다윈은 45년 동안 지렁이를 탐구하여, 이들이 의식적인 행동과 지적 능력을 갖추고 토지를 경작하면서 세계 역사에서 매우 중요한 역할을 해 왔음을 밝혔다. 해러웨이의 '퇴비 선언'의 핵심은 지구 행성을 손상시키는 우리가 이 크리터들을 본받아야 한다는 것이다.

헌은 토머스 제퍼슨(Thomas Jefferson)의, 경계가 뚜렷하게 분리된 개인들의 자산과 행복에 관한 권리 이해를 비판하면서, 권리의 기원은 "헌신적인 관계"에 있다고 보고(2016b 144), 이것을 인간과 개의 관계에도 적용한다. 헌의 주장을 반려종의 관계로 확장하면, 장내 미생물과 인간도 '관계'를 통해 서로에 대한 권리를 구축한다고 볼 수 있다. 동물권, 비인간들의 권리는 이미 있어서 찾아내는 것이 아니라 관계에 의해 만들어진다. 이 권리는 서로를 '점유'(possession)해서 훈련시키고 개조할 권리다. 반려종이란 가차 없이 함께-되기(becoming-with)이다. '함께-되기' 위해 상대에게 "존중"(respect), "주의"(attention), "반응"(response)을 요구할 수 있는 권리다(2016b 144). 장내 미생물은 특정 인간의 몸을 점유하고, 면역계를 훈련시키면서 그 인간에 대한 권리를 확보한다. 미생물들이 인간(의 면역 시스템)을 훈련시켜 복종시키기란 벅찬 일이고, 그 반대도 마찬가지다. 그러나 이 훈련이 성공적으로 이루어져 관계가 안정되면 "우리는 저마다 독특한 마이크로바이옴을 갖게 되고"(Yong 16), 이것은 목소리, 지문, 홍채처럼 생체인증 수단 중 하나로 쓰인다. 미생물들의 인간에 대한 고유하고 배타적인 권리 주장이, 우리를 보증하는 셈이다. 내가 마이크로바이옴 하나를 가지고 있다면, 필자의 마이크로바이옴은 인간을 하나 가지고 있는 셈이다. 나의 이러한 이해는 해러웨이와 헌의 견본주의(犬本主義 caninism)를 릴레이해 실뜨기한 균본주의(菌本主義 microbiomism)라고 할 수 있다.

유능한 크리터들의 덕목은 의외의 반려종들을 조우할 퇴비 더미에 가차없이 뛰어들어, 그들과 '함께-되기' 위해 "닥치고 훈련"하는 것이다(2016a 102). 해러웨이가 볼 때 이것이 손상된 행성에서 살아가는 우리에게 필요한 '기예'(arts)다. 그는 미래주의를 비판하면서 손상된 삶과 땅을 재건하는 데 있어서 퇴비주의가 더 중요하고, 활기가 넘치고, 잠재력이 있다고 본다.

퇴비주의가 기존의 대안 담론들과 특히 차별화되는 지점은, 다종의 함께 만들고, 함께 되는 성공적인 '삶'을 이야기함과 동시에 '죽음, 유한성, 필멸성' 그리고 "비난 받을 만한 실패"(Franklin 51)의 문제를 포함하는데도, 전혀 우울하거나 절망적이거나 비극적인 방식이 아니라는 점이다. 퇴비는 "실수란 실수는 죄다 해도" 괜찮은 장소다(2016b 163). 퇴비주의는 손상된 지구 행성의 파괴와 빈곤에 맞서, 치유와 재건을 시도할 때 서투르거나, 잘못하거나, 실패하는 것은 다반사여서 괜찮다고 말한다. 퇴비주의가 가지는 이러한 '가차 없이 실패하기에 대한 개방성'은, 6차 대멸종의 시대에 우리가 되풀이되는 역사의 근원적 트라우마에 직면해서도 냉소주의와 패배주의를 넘어서는, 활기찬 부활과 희망의 관점을 제공한다. 퇴비주의가 가지는 '영속농업'의 힘, '테라에서 솟아오르는' 힘이라고 할 수 있다.

해러웨이는 회의주의와 패배주의에 맞서, 세상은 "여전히 바뀔 수 있다"

고 말한다(Paulson). 가이아가 어떻게 작동할지 제어할 순 없겠지만, 우리가 퇴비임을 자각하여 반려종들의 긴급한 호소에 응답하면서 두터운 현재를 가차 없이 살다보면 몇 가지는 고칠 수 있다고 본다. 만족스러운 속도는 아니겠지만, 늘 하던 대로만 계속하는 무능한 현실을 변화시킬 능력을 갖춘 튼튼한 네트워크(공동체)를 양성할 수 있다고 본다. 그가 "계속 시작만 있고 결말은 나지 않는"(2016a 29) 우로보로스 식 퇴비 만들기 이야기를 하는 이유는, 강력한 찰나의 순간에 가차 없이 서로 협력하면서 대안적인 길을 개척하는 '다종 퇴비 공동체'들이 세계를 만들어왔으며, 지금도 조용히 간신히 세계를 만들고 있음을 상기시키기 위함이다. 그의 퇴비주의는 냉소·절망·공포에 맞서 역사가 변할 수 있다는 희망을 포기하지 말라고 촉구한다.

우리는 갈림길에 직면했다. 미래주의의 길과 퇴비주의의 길. 어떤 길을 선택할지, 생각하자! 17세기 계몽주의 시대의 잘못된 선택을 반복하지 않으려면.

주기화
◈ 학부에서는 생물학과 영문학을, 대학원에서는
영미문학비평을 전공했다 ◈ 포스트휴머니즘, 신유물론,
커먼즈, 페미니즘 관점에서 영미문학과 영화, 사회문화
현상을 연구하고 글을 쓴다 ◈ 최근 <비대면: 현실과
가상의 얽힘>이라는 책을 냈다 ◈ SF와 영화에 대해
사람들과 함께 경험을 진실 그대로 이야기하는 시간을
사랑한다

참고문헌

김병희. 2021.1.14. 「건강, 유전보다 장내 미생물군 영향이 더 크다?」. 사이언스타임즈.

제이슨 히켈. 2021. 『적을수록 풍요롭다: 지구를 구하는 탈성장』. 김현우·민정희 역. 창비.

주기화. 2022. 「팬데믹과 미래주의: 마가렛 애트우드의 『매드아담』」. 『동서비교문학저널』 59.
pp. 463-487.

천종식. 2018.9.30. 「'마이크로바이옴'이란?」. https://brunch.co.kr/@jongsikchun/1

Bennett, Jane. 2010. *Vibrant Matter: A Political Ecology of Things*. Durham: Duke
University Press.

Franklin, Sarah. 2017. "Staying with the Manifesto: An Interview with Donna Haraway."
Theory, Culture & Society 34.4. pp. 49-63.

Haraway, Donna. 2016a. *Staying with the Trouble: Making Kin in the Chthulucene*.
Durham: Duke University Press.

─────. 2016b. *Manifestly Haraway*. Minneapolis: University of Minnesota Press.

Paulson, Steve. 6 Dec 2019. "Making Kin: An Interview with Donna Haraway."
Los Angeles Review of Books(LARB).

Yong, Ed. 2016. *I Contain Multitudes: The Microbes within Us and a Grander View
of Life*, New York: Ecco, an Imprint of Harper Collins Publishers.

화이트헤드의 자연

김영진

【플라톤 vs. 화이트헤드】

자연은 무엇인가? 화이트헤드(A. Whitehead, 1861~1947)는 "자연은 감각
을 통해 지각 속에서 관찰하는 것이다."라고 정의했다. 이 문장은 명확한 것처
럼 보이지만, 아주 긴 설명을 요구한다. 감각과 지각은 누구나 아는 개념이다.
우리는 시각, 청각, 후각 등의 감각이 있고, 그 오감을 합해서 지각을 한다. 이
것은 고대부터 지금까지 모든 사람이 수행한 방식이다. '자연', '감각', '지각',
'관찰'이라는 개념 중에서 우리는 '관찰'이라는 단어에 주의를 집중해 보자.
관찰은 어떤 의미가 추가되어야 한다. 그것은 '순간'이 아니라 '지속'을 통해
서 관찰하는 것이다. 우리가 지각 속에서 관찰하는 것은 '사건'이며, 사건이란
"시간의 한 시기를 통해 지속하는 한 장소의 특정한 성격"이다. 이것이 화이트
헤드가 우리를 설득하는 자연에 관한 단상이다. 화이트헤드는 이것으로 베르
그송(H. Bergson, 1859~1941)과 함께 '과정철학자'라는 대표직을 수행한
다. 그렇다면 화이트헤드의 과정철학에서 '자연'과 '사건'의 관계가 무엇인지
를 살펴보자.

　화이트헤드와 같이 자연을 사건으로 보는 방식은 서양의 사유 체계에서
는 매우 드물었다. "서양의 사유는 '플라톤의 각주'에 지나지 않는다"는 말의

27

의미는 자연과 인간을 이해하는 방식이 그 전통을 계승하고 있음을 의미한다. 그것은 실체와 물질과 같은 방식으로 실재를 보는 방식이다. 물론 화이트헤드의 사유 역시 플라톤의 각주라고 할 수 있다. 하지만 그에게는 플라톤에게서 실체와 대상의 조연 역할을 하는 사건이 주연으로 등장한다는 점에서, 철저하게 플라톤을 배반한다. 오죽하면 화이트헤드는 『과정과 실재』에서 자신의 사유는 동아시아의 사유와 맞닿아 있다고 말하겠는가! 동양에서 '기'(氣)를 통해 자연과 인간을 보는 방식이 바로 사건으로써 실재를 보는 것과 매우 유사하다.

자연은 일종의 바다의 파도와 같은 사건이다. 물론 인간의 지성은 그런 자연을 명석과 판명을 통해 합리적으로 알고 싶어 한다. 베르그송은 인간의 그런 이성을 통한 자연 이해는 언제나 왜곡될 수밖에 없다고 한다. 화이트헤드는 베르그송처럼 '과정철학자'이지만, 그는 과학을 통해 실재를 탐색하는 수학자 및 과학자를 존중했다. 화이트헤드는 자연의 흐름은 예술가, 과학자, 일반인이 모두 알고 있는 현상이며, 잘못된 합리성의 방식이 아니라, 제대로 파악된 합리성을 통해서 자연의 흐름, 즉 사건을 이해할 수 있다고 보았다. 화이트헤드는 이분화된 현대 세계의 사유 방식, 특히 일반인과 과학자의 칸막이를 무너뜨릴 모험적인 사유를 평생에 걸쳐 지속한다. 그는 수학, 논리학, 물리학, 철학이라는 영역을 통합적으로 연구하면서 "과정이 곧 실재"라고 보는 사유의 모험을 전개해 나갔다.

그는 사건을 합리적 개념을 통해 이해하고자 당대의 많은 수학자와 과학자에게 영감을 받았다. 그가 영향을 받은 대표적인 수학자 겸 철학자는 라이프니츠(Leibniz 1646~1716)이다. 라이프니츠는 누구보다 수학을 통해서 실재를 이해할 때, '직선'이 아니라 '곡선'을 통해서 자연을 관찰했다. 화이트헤드는 '화법 기하학', '사영 기하학'을 깊이 연구하였으며, 이런 연구를 통해서 '점'과 '대상'이라는 동격을 거부하기에 이른다. 그는 우리가 대상이라고 부르는 것을 '점'이 아니라 '선'으로 이해하고자 했다. 가령, 책상이라는 대상을 수학적으로 추상화시키면, 하나의 점으로 환원된다. 결국 그런 추상적 사유는 자연의 움직임을 각각의 점과 동일시하는 방식으로 전개되었다. 이것이 화이트헤드가 비판하는 '과학적 유물론'에서 자연을 '단순정위'로 오해하는 방식이다. 화이트헤드는 '사영 기하학'의 공리를 이용해서, 점은 이미 '복합체'이며, '선의 다발'과 동치라고 본다. 그는 여기에 '벡터' 개념을 추가해서, 점은 '선형적 벡터'라고 정의해야 제대로 사건의 흐름을 추상화시켜 볼 수 있다고 생각했다.

【점 vs. 선】

만약 우리가 책상을 '점'이 아니라 '선'으로 본다면, 어떤 결과가 생겨날까? 우리가 '흰 책상'을 본다고 해 보자. 보통 아리스토텔레스의 방식대로 분석하면, '책상은 희다'가 된다. 주어 혹은 주체는 책상이며, 술어 및 속성은 희다가 된다. 이것이 실체 혹은 주체 중심의 사유 방식이다. 화이트헤드는 책상을 '선'으로 본다면, 우리는 그것을 다르게 볼 수 있다고 한다. 화이트헤드는 '점'을 '선'으로 드러내기 위해서, '점'을 R(abcdt)이라는 '선형적 실재'로 기술한다. 그는 책상이라는 점을 일정하게 지속하는 시간 t에서 선형적 실재로서 있는 것으로 표현했다. 예컨대, 우리가 책상이라는 사건을 본다면, 그것을 수학적으로 다음과 같이 표현할 수 있다고 한다. 책상은 만드는 사람, 파는 사람, 사는 사람, 파괴하는 사람이 일정한 기간 동안 함께 지속하는 사건이다. 여기서 각각의 사람은 a, b, c, d 등이라고 가정한다면, 책상은 점이 아니라 선으로서 지속하는 한 장소의 특성을 보여주는 사건임을 알 수 있다. 이와 같은 수학적 기술을 통해서 만들고, 팔고, 사고, 파괴된 책상이라는 사건을 추상적으로 드러낸다. 화이트헤드는 우리가 경험하는 일상적인 사건의 흐름을 '선형적 통일'이라는 개념으로 파악하며, 여기서 '희다'는 것 역시 사건의 흐름 속에서 '부사'로 진입하는 손님으로 본다. 불교의 사유처럼, '책상'과 '희다'는 것은 '공'인 것이다. 주인은 사건이며, 나머지는 모두 손님으로 이 세계에 잠시 진입해오는 것이다.

화이트헤드는 수학, 자연과학을 연구할 때, 역동적인 관계로 있는 '사건'인 자연을 '선형적 실재'라는 새로운 개념으로 구축하고자 노력했다. 이후, 그의 위대한 저서인 『과정과 실재』에서는 '위상학'의 개념과 근접한 방식으로 자연을 추상화한다. 위상학의 주제는 양의 수학이 아니라 질적인 '연결'을 탐색하는 것이다. 이것은 들뢰즈와 과타리가 『천개의 고원』에서 위상학을 '매끈한 공간'이라고 표현한 이유이기도 하다. 그러나 위상학이 자연의 모습에 근접하는 개념을 보여준다고 하더라도, 그것은 구체적인 사건이 아니라 추상화된 사건의 연구임을 잊어서는 안 된다. 그래서 화이트헤드는 자연이라는 사건은 '구체적인 파악'과 '추상적인 파악'의 자연을 함께 고려해야 함을 『과정과 실재』에서 강조한다.

한편, 세계는 '사건'과 '대상'의 복합체이다. 다시 말해서 자연과 인간은 모두 사건과 대상의 복합체로 되어 있지만, 지금까지는 대상을 통해서만 자연과 인간을 지각했다. 일반적으로 대상을 통한 관찰은 속성을 통해 구별하는 것이 정석이었다. 물질의 속성인 연장과 정신의 속성인 사유를 통해 사물을 구별하는 것이 오랫동안 정설로 받아들여졌다. 자연과 인간은 하나의 실체이며, 그것은 각자의 속성을 통해서만 규정되었다. 자연은 물질이라는 실체로 이해되고, 인간은 정신이라는 실체로 이해되는 범주를 수용할 때, 인간과 자연은 이 지구라는 배에서 서로 만날 수 없는 칸막이로 나누어지게 된다. 여기서 '실체'는 홀로, 독자적으로 존재할 수 있다는 것이다. 가령, "여기 하나의 빈 공간에 질점이라고 부르는 물체가 혼자 존재한다고 치자. 아무 힘도 받지 않는 이 물체는 움직이던 속력을 유지한 채로 움직인다." 이것은 위대한 뉴턴의 '관성의 법칙', 제1운동 법칙이다. 이제 우리는 여기서 말하는 '빈 공간', '물체', '혼자'라는 개념이 구체적인 자연에서 얼마나 벗어나 있는지를 알고 있다. 그리고 이것으로 자연을 이해할 때, 그 자연이 얼마나 외로운 자연으로 남게 되는지를 알며, 그 개념이 인간 사회에 적용될 때, 인간이 얼마나 슬프게도 외롭게 살아가게 됨을 알지만, 지금도 뉴턴의 그림자가 우리 삶을 지배하고 있다. 이제 우리는 과감하게 '혼자' 있는 그 '물질'이라는 두꺼운 개념의 외투를 벗어버리고 '사건'이라는 몸을 통해 자연과 인간을 이해할 때가 되었다. 이제 현대 물리학의 연구자들도 화이트헤드처럼 자연을 사건으로 본다.

현대 물리학자인 카를로 로벨리(C. Rovelli)도 "상대성 이론과 양자역학을 이해하기 위해서도 세상은 사건의 네트워크로 보아야 한다"고 주장한다. 그는 전쟁, 폭풍우, 구름, 파도, 가족, 사회, 국가 들이 모두 사건의 네트워크라고 말한다. 그는 화이트헤드가 좋아하는 '느낌'이라는 개념을 사건 대신에 사용하기도 한다. 그는 모든 것이 느낌의 총체라고 한다. 모든 사물이 단단한 것처럼 보이지만, 실제로 음식, 정보, 빛, 언어 역시 느낌의 총체이며, 우리는 그런 느낌의 모임에서 살고 있다.

【실제와 대상 vs. 과정과 사건】

지금부터 좀 더 철학적인 측면에서 사건과 대상을 살펴보자. 그렇다면 실체 및 대상으로 세상을 보는 것과 과정 및 사건으로 자연을 보는 것이 어떻게 달라질까? 플라톤은 세상을 실체로 본다. 실체라고 해서 거창한 말이 아니다. 그것은 자연을 볼 때, 물질과 형상을 통해 보는 것이다. 플라톤은 흙, 물, 공기, 불로 물질을 나누면서, 그 속은 정다면체라는 형상을 통해 구성되어 있다고 본다. 그것은 추상적인 개념적 구조물로 자연을 이해하는 방식이다. 현대 물리학에서 수학을 통해 자연을 설명하는 방식은 플라톤의 전통을 계승했다고 볼 수 있다. 아리스토텔레스는 실체와 속성의 개념으로 자연을 설명했다. "단풍잎은 노란색이다." 단풍잎은 실체이며, 노란색은 속성이다. 그 이후에 데카르트는 물질과 정신이라는 실체를 규정하고, 각각 다른 속성을 통해서 그 실체들을 구별했다. 이것은 최종적으로 뉴턴에 의해서 시간, 공간, 물질이라는 세 가지를 통해서 자연의 모든 원리가 설명되었다. 이것이 서구에서 실체로서 자연을 설명하는 방식이다. 우리가 자연을 물질이나 실체로 보는 것은 변하지 않는 영속적인 존재를 전제하는 것이다. 그러나 화이트헤드는 물질의 속성은 없고, 오직 사건의 속성만 있을 뿐이라고 한다. 자연을 물질로 보는 방식은 이제 현대 과학에서 폐기되었듯이, 철학에서도 사라져야 할 개념이다. 그 개념은 인간과 자연을 구별하게 만든다. 우리가 사건의 속성으로 물질과 대상을 볼 때, 지구상의 존재들은 모두 수평적인 가치의 가능성을 제기해볼 수 있다. .

그렇다면 화이트헤드가 의미하는 사건은 일상의 경험을 통해서 어떻게 이해될 수 있는지를 설명해 보자. 첫째, 어제 서울역 앞에서 어떤 노숙자가 차에 치었다. 둘째, 광화문에는 이순신 동상이 있다. 셋째, 태양에 검은 선의 스펙트럼이 있다. 일반적으로 첫째의 경우를 우리는 사건이라고 한다. 어떤 시간과 장소에서 일어난 일이다. 내가 서울역 카페에서 친구와 커피를 마시고 있을 때, 부산으로 기차가 곧 출발할 때, 서울역 앞에서 수많은 차들이 지나칠 때의 사건들과 그 차에 치인 사건은 포함되고 중첩된다. 그 사건은 전경과 배경, 부분과 전체가 혼재되면서 우리 앞을, 옆을, 뒤를 가로질러 갔던 것이다. 이처럼, 세계는 사건의 복합체이다.

두 번째 경우도 사건이라고 할 수 있는가? 이순신 동상은 언제나 그 자리에 있다. 그것은 일시적인 사건은 아니다. 조선 시대에는 그 동상은 없었다. 이승만 시대에도 그 동상은 없었고, 광화문도 그렇게 조성되지 않았다. 그런데 지금 그 동상은 지금 광화문이라는 자리에 서 있다. 물론 물리학자가 본다면, 이순신 동상의 전자들은 끊임없이 사라지고 얻는 활동적 과정일 것이다. 그런 전자의 활동의 전제가 되어야 할 것은 지속하는 사건이다. 이순신 동상이 일정한 지속을 통해서 한 장소의 특성을 지니고 있어야 한다. 그 동상은 몇 시간, 몇 분, 몇 초 동안에 거기에서 지속하며, 따라서 그것은 사건의 연속적인 흐름 속에서 전자라는 과학적 대상이 추측될 수 있는 것이다.

세 번째 경우에 태양 스펙트럼에 검은 선이 존재한다. 이것은 과학자들이 관찰한 현상이다. 여기에도 사건이 있는 이유는, 사건의 지속을 통해서만 태양 스펙트럼이라는 대상이 나타나기 때문이다. 그 사건의 지속은 태양 스펙트럼이라는 물질 대상에 검은 선이라는 감각 대상이 드러나게 한 것이다. 따라서 자연에서 발생하는 모든 일은 사건을 전제해야 하며, 그 속에서 대상들이 진입하는 것이다. 다시 말해서, 노숙자의 신체, 이순신의 동상, 검은 선 등의 대상은 모두 사건에 진입한 것이다.

이와 같은 사건 개념을 누구보다 잘 이해한 소설가는 버지니아 울프이다. 그녀는 화이트헤드와 직접 만났다. 어느 정도로 화이트헤드의 사상에 영향을 받았는지는 알 수 없지만, 울프는 화이트헤드가 말하는 사건 개념을 그대로 자신의 소설에서 사용하고 있다. 그녀는 「댈러웨이 부인」에서 주인공의 독백을 통해서 다음과 같이 말한다: "런던의 길거리에, 사물들이 밀려오고 밀려가는 흐름 속에 그녀는 살아 있고, 피터도 살아 있으며, 서로의 속에 살아 있었다. 그녀가 고향집 나무들의 일부이듯이, 저기 보기 싫게 잡동사니처럼 늘어서 있는 집들의 일부이고 한 번도 만나 보지 못한 사람들의 일부이듯이, 그녀는 자신이 잘 아는 사람들 사이에 엷은 안개처럼 펼쳐져 있었다. 언젠가 보았던 나무들이 안개를 떠받치듯이, 그들은 자신들의 가지 위에 그녀를 받쳐 주고 있었지만, 그 안개는, 그녀의 삶은, 그녀 자신은 끝없이 멀리 퍼져 나갔다." 이것은 보통 '의식의 흐름'의 방식이라고 부르는데, 실제로는 사건의 흐름이다. 길거리, 그녀의 몸, 피터의 몸, 나무들, 집들, 사람들, 안개 등이라는 각각의 사건은 지속하면서 서로 간에 포함과 중첩을 통해서 끝없이 관계망을 펼쳐내는 것이다. 고대와 근대의 과학 및 철학이 사건을 파악하지 못한 이유는, 너무 성급하게 인간의 사유와 언어로 건너갔기 때문이다. 우리가 감각을 통해 본 자연을 타인에게 전달하려고 할 때, 우리는 이미 주-술 구조에 사로잡히고 만다. 왜냐하면 전달은 명사와 형용사를 통해 간명한 전달이 경제적으로 적합하기 때문이다. 그녀(그)가 본 자연을 말로 전달하는 그 순간, 이미 그녀는 아름다운 저녁 단풍놀이라는 사건의 구체성을 생략할 수밖에 없다. 역설적으로 그 점이 우리에게 시인이 요청되는 이유이다. 시인은 신체에 유입해 오는 사건을 자신의 몸과 감각으로 느끼고, 최대한 주-술 구조에서 벗어난 방식으로 표현하기 때문이다. 가령, 우리가 구체적인 물질이나 대상이라고 부르는 존재들, 돌멩이, 나무, 소, 개는 모두 추상적인 존재들일 뿐이다. 물론 일상에서 우리는 이것을 구체적인 사물이라고 부른다.

하지만 사건의 관점에서 본다면, 이것 역시 추상물에 지나지 않는다. 그런 사물들은 사고를 통해서 우리가 고정시켜 놓은 일종의 닻과 같은 것이다. 편리함은 있지만, 그것은 사건이 아니라 감각 대상, 지각 대상, 사유 대상으로서 주어지는 것이다. 예컨대, 일상적으로 접하는 가을날의 단풍잎은 무엇인가? 일반적으로 주술 구조로 보자면, '단풍잎은 노란색이다.' 화이트헤드는 단풍잎과 노란색은 각각 물질 대상과 감각 대상이라고 한다. 그렇다면 사건은 어디에 있는가? 사건은 '시간의 주기를 통한 한 장소의 특수한 성격'이다. 사건 속에서 단풍잎은 일정한 기간 동안 모험을 향유하는 물질 대상이며, 노란색은 다른 맥락에서 모험을 즐기는 감각 대상이다. 사건이 주어이며, 대상은 모두 술어적인 패턴으로서 진입하는 것이다. 즉, 그것들은 사건에 진입하는 대상이다. 물론 단풍잎과 노란색은 사건과의 관계를 맺는 방식에서는 차이가 있음은 분명하다.

화이트헤드는 자신이 수학자이며 물리학자임에도 불구하고, 그런 전문적인 지식을 통해서 자연을 전부 이해하려는 태도는 마치 교환을 통해서 모든 것을 설명하려는 자본주의 형태와 비슷한 것으로 본다. 마르크스가 교환가치와 사용가치로 이분화된 자본주의를 비판하듯이, 화이트헤드는 인과적 자연과 외견상의 자연으로 이분화한 '과학적 유물론'을 비판한다. 과학은 외견상의 자연, 즉 석탄을 복사 에너지로 전환하고, 색깔을 빛의 파동으로 전환하는 것이다. 하지만 우리는 석탄으로 인해 타오르는 불을 보고, 그 빨강이 감각을 통해서 우리 몸에 전달되는 것을 느낀다. 그것은 미적인 향유이며, 고흐와 같은 위대한 화가의 낳음의 이유이다. 화이트헤드에게 외견상의 자연은 일종의 추상적인 자연이며, 마치 교환을 통해서만 대상을 보는 것과 같다. 마르크스가 물질의 본래의 의미인 사용가치를 중시하듯이, 화이트헤드는 인과적 자연으로 제시되는 사건을 실재라고 본다. 그래서 화이트헤드는 『과정과 실재』라는 저서를 펴낸 것이다. 그러므로 노란색, 단풍잎, 고양이의 우아한 자세, 전자들의 춤, 평화와 같은 개념은 모두 대상이다. 그것은 감각 대상, 물질 대상, 지각 대상, 과학 대상, 사유 대상이다. 그것들은 사건 속에서 모험을 즐긴다. 사건이라는 활동의 무대는 그런 대상들이 즐겁게 모험을 추구하게 하는 것이다. 따라서 자연의 실재라고 할 수 있는 사건은 그 대상들이 모험을 즐기는 것을 부정하지 않고 오로지 긍정적으로 파악할 뿐이다. 선택과 배제를 하는 부정적 파악은 오직 대상들만이 수행할 뿐이다. 그래서 사건은 긍정으로만 그역할을 수행하며, 대상의 역학은 부정과 선택이다. 이후, 화이트헤드는 긍정만 하는 사건을 '물리적 느낌'이라 하며, 부정과 선택을 하는 사건을 '개념적 느낌'이라 부른다.

【21세기와 화이트헤드】

이제 화이트헤드가 변방의 사유에서 21세기에 중요한 사유의 샘이 되어 가고 있는지를 간단히 정리해 보자. 특히, 사건을 중심으로 사유할 때, 우리는 인간 중심주의에서 벗어나게 된다. 전경과 배경이 끊임없이 교차하는 사건 사이에 자연과 인간을 놓아 보자. 개미, 거미, 곤충, 조명 체계, 콘크리트, 플라스틱 역시 사건이며, 인간은 그 사건들과 함께 포함되고 중첩된다. 서로가 영향을 주고받는 관계이다. 사건 속에서 우리는 서로를 '유혹'(Lure)한다. 구름은 비를 유혹하고, 비는 벼를 유혹하며, 벼는 농부를 유혹한다. 주체는 언제나 객체가 되고, 객체도 언제나 주체가 되는 과정이 일어난다. 사건과 대상은 사변철학에서 느낌 개념으로 변환되며, 모든 것은 느낌들 사이의 만남이 된다. 나무는 나의 몸을 느끼고, 나의 몸도 나무를 느끼고, 이순신 동상은 광화문 거리를 느끼고, 광화문은 인간과 그 동상을 느끼는 것이다. 느낌으로 살아 있는 존재들은 서로 스쳐 지나가면서도 결코 홀로 존재한 적이 없다. 흙, 지렁이, 탄소, 염분은 나무를 느끼고 나무는 인간을 느끼고, 인간 역시 자신의 주변을 느끼며 살아간다. 이와 같이 자연과 인간을 느낌으로 파악할 때, 세계는 서로 포함하고 중첩하면서 살아가고 있음을 지각하게 된다. 과거도, 현재도, 미래도 자연이라는 사건은 서로를 향유하는 생명의 현장이다.

김영진
◈ 명상과 태극권을 좋아하며, 시민들과 <사색의 텃밭>이라는 장에서 고전을 읽고, 사유하는 즐거움을 만끽한다 ◈ 경영학과 과정철학을 새롭게 연결하는 일을 하고 있으며, 현재 주된 저의 관심은 화이트헤드, 들뢰즈, 장자, 주역, 원효, 태극권의 사상을 함께 공부하고 있으며, 이를 통해서 몸과 마음을 함께 실현하는 '느낌 공동체'를 실험하고 있다

스티븐 샤비로와 사변적 실재론   안호성

새로운 사유는 그 시대의 새로운 힘과 조건이 더해지고 그것이 일정 지점에서 사유로서 구체화하면서 산출된다. 실재에 관하여 (직접적으로) 말할 수 없으며 실재에 접근하는 방법(혹은 접근하는 방법에 접근하는 방법으로의 무한 후퇴)에 관해서만 말할 수 있다는 담론이 지배해 온 시대 이후, 접근에 대한 접근의 근거의 근거로 후퇴하는 것이 아닌 실재 그 자체에 다가가려는 논의가 2007년 런던대학 골드스미스에서 열린 최초의 사변적 실재론 회의와 함께 시작되었다. 마침내 철학자들은 자신들이 돌덩어리에 관해 이야기하고 있는 것이며 돌덩어리에 대한 (인간적) 표상에 관해서만 이야기하고 있는 것이 아님을 주장하기 시작했고, 사실상 몇몇 사변적 실재론자는 이제 인간에 대한 (돌덩어리적) 표상을 말한다. 사변적 실재론은 실재가 인간의 정신과 독립된 현존을 가지고 있으며, 그 독립된 현존이야말로 우리가 실재를 구상하는 데 있어 핵심적으로 중요하다고 말한다. 그렇지만 이러한 사상적 운동의 도래를 촉발한 힘과 조건은 무엇일까?

【새로운 자연관? 아니면 자연 없는 자연관?】

부분적으로 그것은 근대성이 특정 한계에 다다랐기 때문이다. 근대성이라는 사고방식과 삶의 방식 전반의 기저에 놓여 있는 전제, 즉 "자연/인간(사회와 문화)" 이원론에 기반하여 "유일한 '자연'에 대한 다양한 사회/문화 해석이 있다"고 말하는 그 전제는 (객체지향 존재론자가 보기에 잘못된) 표준적인 아리스토텔레스적 실체 존재론과 이상한 대칭을 이룬다. 사후에 우연적인 성질들(해석들)로 장식되는 무어라 할 수 없는 덩어리(자연), 인간 관찰자는 결코 자연 그 자체에 접근하지 못하지만, 그러면서 인간의 삶을 지탱하는 것이기에 어떻게든 극복하고 장악해야 하는 조작 가능한 덩어리는 결국 "실재는 담론의 결과일 뿐이고 인간이 무엇을 하든 그 무엇에 실제로 하고 있는 것이 아니다"라는 이상한 귀결로 이끌 뿐이다. 그렇게 인간에 의한 해석, 즉 근대적 존재론은 사회문화적 편향으로 인해 있는 그대로의 자연의 논리를 비튼 결과로서 인식론적으로 설명되고, 유일하게 자연과학만이 사회/문화에 오염되지 않은 자연의 논리를 밝힐 수 있음이 정당화된다. 이렇게 "자연/인간(사회와 문화)" 이원론에 기반하여 "유일한 '자연'에 대한 다양한 사회/문화 해석이 있다"는 사회/문화 상대주의라는 깃발 아래에서, 유일한 자연에 관한 진정한 존재론을 지닌 자연과학은 그 외부에 있는 사람들을 지적으로 지배하고 식민주의적 착취를 정당화하는 근거를 제공할 뿐이다.[i] 그런데 사실 모든 철학자와 과학자가 소위 과학주의라고 불리는 것을 지지하는 것이 아니며, 무엇보다 이 사태의 책임을 전적으로 자연과학에 돌릴 수 없는 이유가 있다.

자연/인간 이원론에는 더 깊은 설명이 필요하다. 객체지향 존재론자 티머시 모턴(Timothy Morton)은 자연이 언제나–이미 인간적인 것의 외부에 있으면서도 인간의 삶을 지탱하는 것으로서 인간을 위해 설계된 인공적인 개념

---

i   奧野克巳·石倉敏明 編集, 『Lexicon 現代人類学』. 以文社, 2018, p19.

임을 역설하고, 그러므로 "자연 없는 생태학"을 주장한다.[2] 슬라보예 지젝은
모턴의 "자연 없는 생태학"에 관하여 다음과 같이 말한다.

지배적인 생태학적 이데올로기의 근본적인 메시지는 매우 보수적인 것이다.
즉, 모든 변화는 오직 더 나쁜 쪽을 위한 변화일 뿐이다. 여기서 무엇이
잘못되었는가? 내가 생각하기에 잘못된 것은 (…) 우리 인간이 우리 자신의
오만함과 지배 의지를 갖추고 뒤흔드는 "자연"과 같은 무언가가 존재한다는
… 주된 입장이다. 우리는 자크 라캉의 모토를 알고 있다. "대타자는 존재하지
않는다." 내 생각에 우리는 이것을 자연으로 확장해야 한다. 진정으로 급진적인
생태학의 첫 번째 전제는 "자연은 존재하지 않는다"여야 한다 (…) 그래서
또다시 우리에게 필요한 것은 자연 없는 생태학, 당신이 이렇게 표현하기를
원한다면, 자연 그 자체의 개방적이고 불균형하며 탈자연화된 특징을 수용하는
생태학이다. 재앙에 대한 우리의 불신을 과학적 이데올로기가 우리 마음에
스며든 탓으로 돌리는 것은 (…) 너무 쉽다. 지배적인 생태학의 표준 테제는
(…) 다음과 같이 말한다. "우리의 생태학적 문제의 궁극적인 원인은 근대 기술,
데카르트주의적 주체성인데, 그 안에서 우리는 아무튼 자연 외부에 있는 추상적
존재자여서 자연을 조작하고 자연을 지배할 수 있다 (…) 우리가 재발견해야
하는 것은 자연이 저 너머에 있는 우리의 조작 대상이 아니라는 것이다.
자연은 우리의 배경 그 자체이고 우리는 자연과 연결되어 있으며, 자연 속에
끼어 있다. 당신은 밖으로 나가서 자연을 느끼고 자연의 숨결을 맡아야 한다.
당신은 당신의 추상적인 과학적 물신화가 (…) 생활세계에 끼어 있음의 소외적
효과라는 것을 받아들여야 한다." 나는 이것이 해결책을 제시하기는 고사하고,
우리의 즉각적인 살아 있는 경험에 대한 이런 종류의 참조가 문제의 원인이라고

2   Timothy Morton, *Ecology Without Nature*. Harvard University Press, 2009.

생각한다.[3]

언뜻 보기에 이것은 새로운 자연관을 구성하려는 모든 시도를 사전에 좌절시키며, 내가 지금부터 논할 저자가 이 점에 얼마나 동의할지도 의문으로 남는다. 그렇지만 문제의 핵심은 물론 자연이라는 단어 자체의 폐기가 아닌 자연이 맡아 온 이데올로기적 역할을 철저하게 해체하는 것이다. 이제 미국의 철학자이자 문화비평가, 그리고 화이트헤드주의자인 스티븐 샤비로를 따라 화이트헤드주의적인 노선을 검토해 봐야 한다. 과연 자연과학은 이런 의미에서 진정으로 자연의 논리를 제공할 수 있는가?

【화이트헤드주의적 접근: 자연의 이분화에 항의하기】

철학자 알프레드 노스 화이트헤드는 "알아차림을 통해 포착된 자연과 알아차림의 원인인 자연" 사이의 상충, 혹은 "자연의 이분화"라고 부르는 것을 극복하고자 했다.[4] 화이트헤드에 따르면, 근대과학의 이론은 실체와 속성이라는 형이상학적 전제를 기반으로 조직되었으며 거기서 우리(인간)는 사물의 속성을 지각하는 것으로 구상되고, 물질(혹은 실체)은 우리가 지각하는 속성이 귀속되는 사물로서 구상된다. 이러한 전제는 예를 들면 존 로크 속에서 찾을 수 있는데, 로크는 일차 성질과 이차 성질을 구별하며 사물에 속한 물질적 특성을 일차 성질로, 이러한 사물에 대해서 우리가 지각하는 색깔, 향기, 소리와

[3]   Slavoj Žižek, Zizek – Ecology Without Nature (Part 4 of 6). https://www.youtube.com/watch?v=PYQu6CrSOgQ&list=PL511DFDC437F22E62&index=4. 번역된 구절의 원문은 다음에서 찾을 수 있음. https://harvardpress.typepad.com/hup_publicity/2007/11/zizek-on-ecolog.html.

[4]   Alfred North Whitehead, *The Concept of Nature: Tarner Lectures (Cambridge Philosophy Classics)*. Cambridge University Press, 2015, p. 21. [알프레드 노스 화이트헤드, 『자연의 개념』, 안형관 옮김, 이문출판사, 1998.]

같은 성질을 이차 성질로 배치한다. 그렇지만 우리는 어째서 이차 성질을 지각해야 하는가? 이차 성질이 순수하게 인간 정신의 소행이라면, 그것은 망상과 다름이 없다. 화이트헤드에 따르면,

> 알아차림을 통해서 포착된 사실로서의 자연은 그 안에 나무의 푸르름, 새들의 노래, 햇볕의 따스함, 의자의 딱딱함, 벨벳의 감촉을 담고 있다. 알아차림의 원인으로서의 자연은 현상적으로 나타나는 자연에 대한 알아차림을 낳도록 정신을 촉발하는 분자와 전자의 추측적 체계이다. 이 두 자연이 만나는 지점이 정신인데, 인과적 자연은 유입하고 나타나는 자연은 유출한다.[5]

문제는 이 이론에 따를 때 알아차림의 원인으로서의 자연은 결코 알려질 수 없다는 것이다. 우리가 한편으로 자연과학이 지향하는 물질에 속한 성질, 다른 한편으로 그 외의 분과학문이 지향하는 정신에 속한 성질이라는 자의적 구별을 고수한다면, 우리는 결코 자연과학이 지향하는 물질에 속한 성질에 다다를 수 없다. 왜냐하면 자연과학이 궁극적으로 감각적인 인간 존재자를 통해 수행되어야 하기 때문이다. 따라서 인과적 자연이라는 개념이 지닌 인공성이 드러난다. 과학주의는 과학적 사실이 여건[데이터]에 관한 해석임을 잊는 것이며, 정확히 그 이유로 인해 그것은 과학적이지 않다. 그래서 라투르의 유명한 저서 제목을 패러디하자면, 과학은 결코 과학주의였던 적이 없다. 샤비로에 따르면,

> 이것이 과학을 다른 형태의 사고나 노력과 극단적으로 분리해서 과학을 왕좌에 올려놓으려는 시도가 근본적으로 잘못된 이유이다. 경험과학과 합리적 담론은 다른 방식의 느낌, 이해, 그리고 세계와의 관계 방식과 대체로 연속적이다.

---

[5]   Ibid., p. 21.

여기에는 다른 종류의 유기체들이 예시하는 비인간적 추론 양태들과 더불어 예술, 신화, 종교, 그리고 서사가 포함된다.[6]

또 다른 측면에서, 철학에서 타자의 문제는 다양한 주제로 이어져 왔으며, 우리는 이제 비인간을 극명하게 의식하게 된 시대에 살고 있다. 이에 관한 가장 뚜렷한 의식은 사변적 실재론의 한 분파라 할 수 있는 객체지향 존재론에서 찾아볼 수 있는데, 예를 들어 객체지향 존재론은 칸트주의적인 인간-세계 균열을 "폴립과 대양저 사이의 균열, 혹은 폴립과 폴립 자체 사이의 균열같이 수조 개를 넘는 균열 사이에 있는 (인간) 정신적인 균열"로 간주하며, 칸트주의적인 균열을 모든 곳으로 확장함으로써 상관주의를 처리한다.[7] 그런데 객체지향 존재론자 그레이엄 하먼이 밝히듯, 객체지향 존재론이 인간-세계 균열을 확장하는 것은 일차적으로 화이트헤드에서 유래한다. 하먼에 따르면, "모든 현전으로부터의 객체의 물러남은 내 모델의 '하이데거' 측면인 반면, 인간-세계 독점의 강제적인 해체는 내 모델의 '화이트헤드' 측면이다."[8] 화이트헤드는 인과적 효과성을 설명하며 다음과 같이 말한다; "우리는 눈을 **가지고** 보고, 혀를 **가지고** 맛을 보며, 손을 **가지고** 만진다."[9] 그러므로 우리는 단순히 보는 것이 아니다. 우리는 일차적으로 눈이 본 것을 보는 것이며, 눈은 그 자체로 비인간 존재자이다. 그러나 시각 경험에 있어 눈 자체는 보이지 않으며, 그로 인해 우리는 그 경험이 눈에 의해 매개되었다는 점을 잊는 경향이 있다. 모턴이 말하듯, 객체들의 광활한 대양에서 인간적 의미는 조그마한 영역에 불과하며, "이 객체들의 광활한 대양에서 모든 객체는 서로 소통하고 정보를 받

---

6   Steven Shaviro, *Discognition*. Repeater Books, 2015, p. 13.

7   Timothy Morton, *Realist Magic: Objects, Ontology, Causality*. Open Humanities Press, 2013, p. 48.

8   Graham Harman, "Response to Shaviro," in *The Speculative Turn: Continental Materialism and Realism*. Bryant, Levi, Nick Srnicek, and Graham Hannan, eds. 2010. Melbourne: re.press. p. 293.

9   Alfred North Whitehead, *Process and Reality*. New York: Free Press, 1978, p. 122. [알프레드 노스 화이트헤드, 『과정과 실재 : 유기체적 세계관의 구상』, 오영환 옮김, 민음사, 2003.]

고, 그렇게 실재라는 연못의 개구리들을 말할 수 있다."[10] 생태적 의식의 시대에, 철학이 다시금 효과적이기 위해서는 비인간 존재자가 목소리를 낼 수 있게 해야 하며, 단순히 목록에 추가하는 것이 아니라 실재를 구상함에 있어 적극적인 역할을 맡게 해야 한다. 그런데 이러한 무시된 불쌍한 존재자들의 목소리를 내게 하는 과제에는 긍정과 부정이 언제나 함께 수반되는데, 왜냐하면 우리는 그 존재자들을 장악하지 말아야 하지만 동시에 그 앞에 비굴해져서도 안 되기 때문이다. 이것은 동맹 및 네트워크의 유한성과 관련된 문제인데, 모턴이 말하듯, "토끼에게 친절하기 위해서 토끼 기생충에게는 친절하지 말아야" 하기 때문이다.[11] 그 무엇도 배제될 수 없기에, 언제나 반드시 무언가가 배제된다.

【스티븐 샤비로와 범심론】

샤비로로 들어가자면, 그는 화이트헤드에게서 영감을 받아 자신의 사변적 실재론을 전개한다. 화이트헤드주의자로서 샤비로는 명백하게 일차 성질과 이차 성질 사이의 구별을 거부한다. 샤비로에게 일차 성질은 정확히 이차 성질과 마찬가지로 매개된 것이다. "저울이나 자(혹은 등가의 과학 도구)를 가지지 못한다는 건, 안구의 망막 내 색깔을 시각화하는 원뿔세포를 가지지 못한 것과 똑같은 진퇴양난에 빠지게 한다."[12] 사물에 속한 것으로 추정되는 수량화 가능한 일차 성질과 사물에 외적인 것으로 추정되는 질적 경험이라는 이차 성질은 측정과 지각으로 분류될 수 있지만, 사실 둘 사이에는 존재론적 차이

---

[10] Timothy Morton, *Realist Magic: Objects, Ontology, Causality*. p. 121.

[11] Timothy Morton, Dominic Boyer, *hyposubjects: on becoming human*. Open Humanities Press, 2021.

[12] Steven Shaviro, *The Universe of Things: On Speculative Realism*. Minneapolis: University of Minnesota Press, 2014, p. 116. [스티븐 샤비로, 『사물들의 우주: 화이트헤드와 사변적 실재론』, 안호성 옮김, 갈무리, 2021.]

가 없다. 측정 장치는 결국 인간 지각의 확장이며, 내 눈이 작용하는 방식과 측정 장치가 작용하는 방식 사이에는 큰 차이가 없다. 이것은 앤디 클락과 데이비드 찰머스의 「확장된 마음」의 문제로 이끈다.[13] 모턴은 정신을 가진 인간이 하는 일과 연필이 탁자 위에 놓일 때 탁자에 하는 일 사이에 큰 차이가 없다고 말한다.[14] 샤비로는 『탈인지』에서 다음과 같이 말하며 모턴과 비슷한 요지를 세운다.

> 나의 정신적 행위 또한 나의 뇌와 신체의 제한을 넘어 확장될 것이다. 나는
> 당신의 전화번호를 내 정신 속에 기억해둘 수도 있다. 그러나 나는 아이폰으로
> 전화를 걸어서 "기억"할 수도 있다. 아이폰에는 그 번호가 아이폰 자체의
> "메모리" 속에 기록된다. 사실상, 내 핸드폰은 나를 위해 기억을 해준다. 나의
> 주의 환기용 인용부호의 사용에도 불구하고 이 두 가지 대안들 사이에는
> 궁극적인 차이가 없다. 두 경우 모두 내가 원하는 대로 손쉽게 검색할 수 있도록
> 정보가 물리적으로 저장된다. 나의 인지력은 계산적 작업의 일부를 외부 장치
> 또는 환경에 떠넘길 수 있을 때 강화된다.[15]

샤비로는 이러한 사유 노선을 따라 일차 성질과 이차 성질 사이를 평평하게 만든다(객체지향 존재론은 조금 다른 노선으로 나아간다). 대신, 샤비로는 칸트주의적 상관주의를 벗어나면서도 사물이 지식으로부터 빠져나가는 방식으로써 모든 현실적 존재자가 사밀성과 공개성이라는 이중적 양상을 가지고 있다고 주장한다. 『사물들의 우주』에서, 다음의 화이트헤드의 말은 반복적으로 등장한다; "현실태의 분석에서 공개성과 사밀성 사이의 안티테제는 모

[13] Andy Clark and David Chalmers, "The Extended Mind," *Analysis* vol. 58 (1998), pp. 10~23.
[14] Timothy Morton, *Realist Magic: Objects, Ontology, Causality*. p. 65.
[15] Steven Shaviro, *Discognition*. p. 197.

든 단계에 개입한다. 문제로 삼고 있는 사실을 넘어서는 것을 참조하여야만 이해할 수 있는 요소들이 있다. 그리고 문제로 삼고 있는 사실의 직접적, 사적, 개인적, 개별적인 요소를 표현하는 요소들이 있다. 전자의 요소는 세계의 공개성을 표현한다. 후자의 요소는 개체의 사밀성을 표현한다."[16] 사실, 이것이 바로 샤비로가 범심론을 정의하는 방식이다. 공개성의 측면에서, 예를 들어 나의 내적 경험은 다른 사람들에게 총체적 신비가 아니다. 나를 잘 아는 사람에게 표정과 말투의 오묘한 차이란 종종 나의 사고나 감정을 지시하는 완벽한 지표가 되고는 한다. 그러나 샤비로의 경우, 생각하는 사람이 생각하는 것과 생각하는 사람의 표정과 말투를 해석하는 경험 사이에는 간극이 있으며, 심지어는 생각하는 사람이 생각하는 것과 그 생각하는 사람이 자신의 사고에 관해 생각하는 것 사이에도 간극이 있다. 이 귀결은 화이트헤드 철학을 따를 때 어쩌면 당연한 것일지도 모르는데, 화이트헤드에게 있어 생성하고 소멸하는 한 계기에서 다음 계기로의 이행은 자동으로 이루어지지 않으며, 따라서 존속하는 생각하는 사람의 경험은 매 순간 재창조되어야 한다. "그러므로 우리는 전제된 완결을 왜곡하는 즉각적 합생의 입각점을 떠나서는 결코 현실 세계를 개관하지 못한다."[17] 하먼은 아마도 생각하는 사람이 생각하는 것과 그 생각하는 사람이 자신의 사고에 관해 생각하는 것 사이에도 간극이 있다는 점에는 동의하겠지만, 화이트헤드하고는 다른 이유로 동의할 것이다. 그리고 이것이 그레이엄 하먼이 자신의 객체지향 존재론을 공간적 기회원인론(어떤 두 존재자도 서로 직접적으로 영향을 미칠 수 없음)의 계열에만 속하는 것으로 간주하는 반면, 화이트헤드의 철학을 공간적 기회원인론인 동시에 시간적 기회원인론(세계가 한 찰나에서 다음 찰나까지 자동으로 존재하는 것이 아니

[16] Alfred North Whitehead, *Process and Reality*. p. 289. [알프레드 노스 화이트헤드, 『과정과 실재 : 유기체적 세계관의 구상』, 오영환 옮김, 민음사, 2003.]

[17] Ibid., p. 211.

며 계속적으로 재창조되어야 함)이라고 간주하는 이유이다(여기서 화이트헤드에 관한 샤비로와 하먼의 견해가 갈라지는데, 샤비로는 화이트헤드가 인과적 효과성의 수준에서 직접적 관계를 허용한다고 생각하는 것처럼 보인다). 어쨌든, 이 간극의 탐구야말로 『사물들의 우주』에서 핵심을 이룬다.

샤비로는 사밀성과 공개성에 관한 화이트헤드의 언급을 따라가며 논의를 전개한다. 그는 사물의 사밀적 양상에 관하여 토머스 네이글의 논문 「박쥐가 된다는 것은 어떠한 것일까」를 참조한다.[18] "어떤 유기체가 의식적인 경험을 조금이라도 한다는 것은, 기본적으로, 그 유기체로 있기라는 어떠한 것이 있음을 의미한다."[19] 여기서 어떠한 것임은 그것이 우리 경험의 무엇과 닮았는가가 아닌 그 유기체 자신에 있어서 어떠한 것인가를 의미한다. 또한, 샤비로에게 있어서 의식은 정신성의 필요조건이 아니기에, 여기서 네이글의 "어떠함"은 화이트헤드가 "느낌"이라고 부르는 것, 혹은 정동이라고 불리는 것으로 확장되어야 한다. "요점은 이중적이다. 우리는 박쥐의 생각에 접근할 수 없다. 우리는 우리 자신을 모델로 박쥐의 경험을 의인화해서는 안 된다. 또한, 우리는 그것이 비인간적이고 우리와 다르다고 해서, 박쥐가 전혀 경험하지 못할 것이라고 주장해서는 안 된다."[20] 샤비로는 이 요지를 내적 경험에 관한 비트겐슈타인의 논의와 연결한다. 샤비로가 드는 예시는 치통이다.

> 비트겐슈타인은 실제로 우리가 자신의 내적 감각을 끌어내고자 표상을 만들어내는 것은 "정보를 전달하는 것이 아니며," 물리적 사물에 관해서 말하는 것과 같은 방식으로 그러한 내적 감각을 말하는 것은 정합적이지 않다고

[18] Thomas Nagel, "What Is It Like to Be a Bat?" in *Mortal Questions*. New York: Cambridge University Press, 1991.

[19] Ibid., p. 170.

[20] Steven Shaviro, *The Universe of Things: On Speculative Realism*. p92. [스티븐 샤비로, 『사물들의 우주: 화이트헤드와 사변적 실재론』, 안호성 옮김, 갈무리, 2021.]

말한다. 치통은 이빨이 지각 대상인 것과 동일한 방식으로 지각 대상이 아니다. 내 이빨을 보거나 만질 수는 있으나 내 치통을 보거나 만질 수는 없다. 실제로 나의 이빨 속에서 치통을 느끼는 방식은 혀나 손가락으로 이빨을 쓰다듬거나, 거울로 이빨을 바라보거나, 심지어 고유 수용성 감각을 통해 이빨의 위치를 아는 것과는 확연히 다르다.[21]

이로부터 샤비로가 비트겐슈타인을 인용해서 내리는 결론은 이것이다. 내적 감각은 "어떤 것인 것은 아니지만, 아무것도 아닌 것은 아니다!"[22] 내적 감각은 관찰될 수 있는 "사실"로서 객관화될 수 없으며, 그러므로 그것은 "어떤 것"의 문제는 아니다. 그러나 그것이 어떤 것이 아니라고 해서 아무것도 아닌 것은 아니기에, 그것은 그 자체로 우화적인 것, "어떠한 것"인 것이다. 이것이 사물의 사밀적 양상에 관하여 샤비로가 세우는 논지이다. 범심론의 요지는 단순히 돌덩어리가 정신을 가지고 있다는 것이 아니다. 샤비로의 말을 빌리자면, "범심론이란 이러한 사밀성과 관계성[공개성]의 이중성이 단순히 인간적 고뇌가 아닌 삼라만상의 조건이라는 인식이다."[23]

그래서 결국, 샤비로의 범신론은 자연의 탈자연화에 성공했을까? 이에 관해 단순하게 대답할 수 없다. 샤비로의 범심론은 소위 자연적 존재자라고 불리는 것과 인간 존재자, 그리고 인간의 생산물을 분리하지 않는다. 범심론은 그것들을 다른 모든 것과 마찬가지로 하나같이 "자연적"이거나 하나같이 "자연적이지 않은" 것으로 만들며 평평한 존재론에 합류한다. 자연이 어떻게 정의되든, 임의의 사물 a가 자연적이지 않다면 다른 사물들도 마찬가지일 것이

21 Ibid, pp. 92~93. [스티븐 샤비로, 『사물들의 우주: 화이트헤드와 사변적 실재론』, 안호성 옮김, 갈무리, 2021.]

22 Ludwig Wittgenstein, *Philosophical Investigations*, 4th ed. Translated by G. E. M. Anscombe, P. M. S. Hacker, and Joachim Schulte. Madden, Mass.: Wiley-Blackwell, 1953, p. 304. [루트비히 비트겐슈타인, 『철학적 탐구』, 이영철 옮김, 책세상, 2019.]

23 Steven Shaviro, *The Universe of Things: On Speculative Realism*. p. 107. [스티븐 샤비로, 『사물들의 우주: 화이트헤드와 사변적 실재론』, 안호성 옮김, 갈무리, 2021.]

며, 사물 a가 자연적이라면, 다른 사물들도 자연적일 것이다. 또한 그렇게 함으로써, 샤비로는 "자연은 신비로운 것이고 우리 추상적인 인간 존재자는 어떻게든 자연을 극복하고 장악해야 한다"는 논리에서 벗어나 모든 사물의 내적 "어떠함," 즉 "어떤 것"이라고 말할 수 없는 그 사밀성을 제시하며 단순히 자연을 신비로운 것으로 만드는 것이 아닌 우리 인간, 그리고 인간의 생산물까지, 삼라만상을 신비로운 것으로 만든다. 우리는 모두, "어떤 형태의 기술적 매개에 호소하지 않고서는 '너 자신을 알 수' 없다."[24] 그리고 이 사태는 숨이 막힐 듯한 인식론적 암울함과 심각함을 자아내기는커녕, 새로운 자유의 기회를 개방하는 것처럼 보인다.

안호성

◈ 현재 직장 생활을 하면서 동시에 번역가로서 활동하고
있다 ◈ 화이트헤드 철학과 사변적 실재론에 관심이
많으며, 최근에는 특히 객체지향 존재론에 관심을 가지고
관련 도서를 번역하고 있다 ◈ 옮긴 책으로는 『사물들의
우주: 사변적 실재론과 화이트헤드』와 『탈인지』가 있다

[24] Steven Shaviro, *Discognition*. Repeater Books, 2015, p. 215.

가죽가방과 스테이크 그리고 경물敬物

김남희

【가죽가방은 사물?】

여러분의 '최애템'은 무엇인가요? 제가 최고로 애정하는 아이템은 가방입니다. 패션에 관심 있는 분들이라면 공감을 하실 겁니다. 왜냐하면 가방은 생존 키트 기능을 하기도 하지만 스타일을 완성하는 데도 중요한 역할을 하기 때문이죠. 그래서 많으면 많을수록 좋고, 갖고 있어도 더 갖고 싶은 아이템이 바로 가방입니다. 프랑스 사회학자인 장 클로드 카프만(Jean-Claude Kaufmann)은 가방에 투영된 여자들의 심리를 포착하고 연구한 적이 있는데요. 그는 75명의 여성들을 인터뷰하면서 가방이 사물 그 이상이라는 것을 알게 됩니다. 뜻밖에도 가방에 담겨 있는 그녀들 각각의 삶을 발견한 것이죠.

저에게도 가방은 사물 그 이상입니다. 특히나 애정하는 ○○ 브랜드의 가방이 있는데요. 한때는 이 브랜드에서 생산된 지갑, 수첩, 펜 파우치, 열쇠 파우치, 신발 등 소품까지 수집할 만큼 광적이었습니다. ○○ 브랜드의 가방은 제게 장 클로드 카프만이 발견한 것과 비견될 만큼 중요한 가치를 깨닫게 해 주었기 때문입니다.

○○ 브랜드 가방의 소재는 베지터블 가죽입니다. 이 가죽의 특징은 자연스럽다는 것인데요, 가죽 본연의 주름이나 상처와 같은 흔적이 고스란히 남아

있는 것을 말합니다. 소비자 입장에서는 이러한 흔적이 불량이라고 생각하기 쉽습니다. 저 또한 ○○ 브랜드의 가방을 처음 보았을 때 같은 질문을 한 적이 있습니다. 그때 판매하시던 분이 이렇게 말씀하셨습니다.

사람도 살다 보면 피부에 상처가 생기기도 하고 갑자기 살이 찌면 피부가 트기도 하잖아요. 이처럼 가죽의 주름과 상처는 불량이 아니라 소가 살아온 세월의 흔적이랍니다. 부드럽게 어루만져 주세요.

부끄러웠습니다. 당시 저는 동학(東學) 공부를 헛하고 있었습니다. 불량이라 생각했던 가죽의 얼룩이 소의 살갗이었다는 사실 그리고 가죽가방이 사물이기 이전에 생명체였다는 것을 알게 되었을 때, 비로소 저는 해월의 경물(敬物) 사상을 이해하게 되었습니다.

【경물敬物】

동학에서 경물은 말 그대로 '사물을 공경하는 것'입니다. 예를 들어, '집에서 기르는 가축을 아끼고, 나무의 새순을 꺾지'(『해월신사법설』「내수도문」) 않는 것이며, '날짐승, 길벌레도 목숨이 있다는 것'(『해월신사법설』「대인접물」)을 알고 함부로 해치지 않는 것입니다. 그렇다고 경물이 '사물을 숭배하라'는 의미는 아닙니다. 『해월신사법설』「기타」 편에 따르면, 해월은 산에 물에 복을 비는 것은 어리석은 풍속이라고 비판합니다. 또한 경물은 내 주변의 물건을 단지 아끼며 사용하라는 의미도 아닙니다.

'사물을 공경한다는 것'[敬物]은 곧 '사물에 온전히 몰입하는 것'이라고 할 수 있습니다. 여기서 사물에 온전히 몰입한다는 것은 마음의 흐트러짐 없이 의식을 집중시켜 사물을 지극히 공손하고 경건한 마음으로 대하는 것이라 할 수 있습니다. 왜냐하면 '사물 하나하나가 곧 한울'[物物天]이고, 그 사물을 접하는 일 또한 '한울의 일'[事事天]이기 때문입니다. 즉 모든 사물이 한울을 모시고[侍天主] 있기 때문에, 해월은 "능히 이 이치를 알면 살생은 자연히 금해지리라"(『해월신사법설』「대인접물」)고 하였습니다. 다만 인간이 생명체를 함부로 죽이지 않는 것은 경물의 소극적 의미라 할 수 있습니다.

해월은 "제비의 알을 깨치지 아니한 뒤에라야 봉황이 와서 거동하고, 초목의 싹을 꺾지 아니한 뒤에라야 산림이 무성하리라."(『해월신사법설』「대인접물」)라고 말합니다. 이는 살생이 살림으로 발현될 수 있다는 것을 보여줍니다. '사람마다 만물을 공경하면 만상이 거동하여 온다'(『해월신사법설』「성·경·신」)는 표현에서도 잘 드러나고 있습니다. 따라서 경물의 적극적 의미는 '한울의 살림'[養天主]이라 할 수 있습니다.

살림의 대상은 생물뿐만 아니라 무생물에도 해당됩니다. 해월은 "땅을 소중히 여기기를 어머님의 살같이 하라."(『해월신사법설』「성·경·신」)고 당부하면서, 빠르게 지나가는 어린이의 나막신 소리가 땅을 울리게 하여 가슴이 아프다고 토로했습니다. 땅이 한울이니[物物天], 그 땅을 딛고 살아가는 사람들의 행위도 한울의 일이라 여기고 처신해야[事事天] 함을 강조한 것이라 할 수 있습니다.

> 가신 물이나 아무 물이나 땅에 부을 때에 멀리 뿌리지 말며, 가래침을 멀리 뱉지 말며, 코를 멀리 풀지 말며, 침과 코가 땅에 떨어지거든 닦아 없이 하고, 또한 침을 멀리 뱉고, 코를 멀리 풀고, 물을 멀리 뿌리면 곧 천지부모님 얼굴에 뱉는 것이니 부디 그리 아시고 조심하옵소서. (『해월신사법설』「내수도문」)

땅이 곧 '어머님의 살'이며 '천지부모님'이라는 표현은 단순한 은유적 표현이 아닙니다. '천지만물이 다 한울님을 모시고 있기 때문에 저 새소리도 시천주의 소리'(『해월신사법설』「영부주문」)였듯이, 해월에게 땅의 울림도 한울의 울림으로서 실재적 경험이었습니다. 해월이 1872년 1월, 49일간의 기도를 마치고 나와 처음으로 한 설법이 대인접물(待人接物)이었다는 것을 상기할 필요가 있습니다. 그는 도(道)를 구하는 자는 사람을 대하는 곳에서 세상을 기화(氣化)할 수 있어야 하고, 물건을 접하는 곳에서 자연의 이치를 깨닫는 것에 충실해야 한다고 설파했습니다. 모심의 대상이 한울뿐만 아니라 인간과 사물도 포함된다는 것을 강조한 것이라 할 수 있습니다.

이후 해월은 인간과 사물의 관계를 좀 더 적극적으로 해석합니다. 땅을 접하는 인간이 그 땅에 온전히 몰입하여 조심하고 또 조심하면 한울을 살리는 것[養天主]이 되지만, 땅을 함부로 하면 한울을 해치는 것[傷天主]이라고 보았던 것입니다. 이는 수운의 시천주 개념을 양천주와 상천주로 구분함으로써 사물에 온전히 몰입하는 인간의 마음 자세와 더불어 구체적이고 적극적인 몸의 행위를 강조한 것이라 할 수 있습니다.

> 공경이란 것은 도의 주체요 몸으로 행하는 것이니, 도를 닦고 몸으로 행함에
> 오직 공경으로 종사하라. (『해월신사법설』「강서」)

120여년 전 공경의 대상을 한울과 인간뿐만 아니라 사물로까지 확장한 해월의 혜안은 놀랍습니다. 한편 생태운동이 여전히 구호로만 그치는 경우가 많은 상황에서 몸으로 행하는 것이 곧 경물이라는 해월의 주창은 오늘날에도 경종을 울립니다.

그때나 지금이나, 가죽가방은 제게 경(敬)의 의미를 상기시켜 줍니다. 저는 '가방을 든다'라고 하지 않고 '가방을 모신다'고 표현합니다. 값비싼 명품이어서 애지중지 모시는 것은 아닙니다. 가방이 곧 한울이기에, '가방을 모신다'는 표현은 가방에 대한 저의 경건한 마음의 자세입니다. 가죽가방 안에 생명의 역사가 담겨 있기에, 저는 오늘도 가방을 모시며 부드럽게 어루만집니다. 상처[흠집]가 나면 더욱 쓰다듬어 줍니다. 그러면 제 손길로 가죽의 상처는 옅어지

52

고 가방의 색은 진해지면서 은은한 광택이 납니다. 그 가방은 사용하면 할수록 닳고 헤지는 것이 아니라 제 손길[몸]과 함께 새로운 생명의 역사를 만들어갑니다. 해월의 경물사상을 모르는 사람들은 이러한 과정을 베지터블 가죽의 '에이징' 또는 '경년변화'라고 말합니다.

【토스카나 T-Bone 스테이크】

학문을 업으로 삼지 않았다면 지금쯤 무엇을 하고 있을까? 연구하고 글을 쓰는 일이 버거울 때마다 이탈리아 토스카나의 어느 가죽 공방에 있는 저의 모습을 상상합니다. 제가 열광하는 그 ○○ 브랜드의 공장이 피렌체에 있기 때문입니다. 피렌체 여행을 한 분들이라면 아시겠지만, 피렌체 가죽 시장은 필수 여행코스입니다. 피렌체의 대표 음식이 T-Bone 스테이크인 점도 가죽 시장과 무관하지 않습니다. 토스카나 지역 들판에서 방목한 소의 고기로는 스테이크를, 소의 가죽으로는 가방을 만들었던 것이죠.

피렌체에서 약 1시간 떨어진 토스카나의 작은 마을 판자노 인 끼안티(Panzano in Chianti)에는 전 세계 육식 애호가들이 피렌체 식 비프 스테이크(Bistecca alla Fiorentina)를 맛보기 위해 몰려드는 유명한 식당이 있습니다. 요리사 다리오 체키니(Dario Cecchini)가 운영하는 곳인데요. 정육점과 식당을 함께 운영하는 그는 이탈리아에서뿐만 아니라 세계적으로도 인정받는 푸주한이기도 합니다. 2019년 OTT 넷플릭스의 다큐멘터리 <셰프의 테이블> 시즌 6에 다리오 체키니의 요리 이야기가 소개되면서 음식에 대한 고유한 철학 또한 알려지게 됩니다.

그 가운데 하나가 '동물에 대한 존중'입니다. 푸주한이라는 직업 정신과 완전히 모순돼 보이는 체키니의 음식 철학은 '육식이냐 채식이냐' 선택의 기로에서 갈등하는 현대인들에게 근본적인 문제를 제기합니다.

"동물을 존중한다는 건 무슨 의미일까요? 우리 모두 돌아보며 기억해야 합니다. 우리 음식 문화가 무엇을 기반으로 했는지를." (넷플릭스, <셰프의 테이블 – 다리오 체키니>).

그런데 그의 대답은 'carpe diem'(오늘을 즐겨라)을 비틀어 'carne(고기) diem', 즉 육식을 즐기라는 것입니다. 다만, 인간이 육식을 한다면 제대로 된 '고기 덕후'가 되어야 한다고 주장합니다. 그가 이렇게 모순된 주장을 하는 이유는 250년간 도축업을 해온 가업과 수의사가 되고 싶었던 꿈 사이에서 갈등한 경험에 있습니다. 동물을 살리는 수의사가 되고 싶었지만 아버지의 갑작스러운 죽음으로 마음에도 없는 도축업자가 되었을 때, 아버지의 친구이자 동업자인 고기 선별사 오를란도가 그에게 다음과 같이 충고합니다.

동물이 사는 동안 우리는 최고의 삶을 제공해 줘야 한다. 우리 손으로 숨을 거둬가면 동물이 남긴 선물을 존중해야지. 넌 삶의 일부를 나누는 거다. 절대 잊어선 안 돼. (넷플릭스, <셰프의 테이블–다리오 체키니>)

이후 그는 '소가 인간에게 남긴 선물'을 판매합니다. 체키니의 식당에는 T-Bone 스테이크 단품 메뉴가 없습니다. 소 전체를 이용한 코스 요리만 있을 뿐입니다. 눈알이 든 소시지, 골수로 찐 사태, 주둥이와 발굽 살라미 등…. 스테이크와 살코기만이 먹거리라고 생각했던 현대인들에게 체키니는 코부터 꼬리까지 소 전체를 요리하여 고기의 모든 부위가 동등하게 가치 있음을 일깨워 줍니다. 그의 요리는 스테이크만을 위해 동물을 도살할 수 없다는 강한 의지의 표현이자 만물을 가치 있게 다뤄야 함을 보여주는 생태적 가르침이라 할 수 있습니다.

【불경물不敬物】

> 처음에는 동물을 돌보겠다는 제 꿈을 좇는 것이 불가능하다고 생각했습니다.
> 하지만 해가 지나며 이해하게 됐죠. 수의사는 동물을 구하고 도축업자는 동물을
> 죽인다는 게 핵심이 아닙니다. 진정한 핵심은 우리는 모두 하나라는 겁니다.
> (넷플릭스, <셰프의 테이블–다리오 체키니>)

'동물과 인간이 하나이며 죽임과 살림이 하나'라는 체키니의 요리 철학에서 우리는 놀랍게도 해월의 이천식천(以天食天) 사상을 발견할 수 있습니다. 이천식천은 말 그대로 한울로써 한울을 먹는다는 것으로, 모든 존재가 한울이기에 우리가 음식을 먹는 것은 곧 한울을 먹는다는 것을 의미합니다. 이치에 맞지 않은 것처럼 보이는 이 개념을 해월은 기화 작용으로 설명합니다.

> 한울 전체로 본다면 한울이 한울 전체를 키우기 위하여 같은 바탕이 된 자는
> 서로 도와줌으로써 서로 기운이 화함을 이루게 하고, 다른 바탕이 된 자는
> 한울로써 한울을 먹는 것으로써 서로 기운이 화함을 통하게 하는 것이니,
> 그러므로 한울은 한쪽 편에서 동질적 기화로 종속을 기르게 하고 한쪽 편에서
> 이질적 기화로써 종속과 종속의 서로 연결된 성장발전을 도모하는 것이니….
> (『해월신사법설』, 「이천식천」)

동질적 기화와 이질적 기화를 통해 한울 전체가 길러지고 성장한다는 이천식천 개념은 곧 시천주(侍天主)의 '시'(侍) 자를 '식'(食)으로 풀이한 것이라 볼 수 있습니다. '안으로 신령이 있고'[內有神靈] '밖으로 기화가 있어'[外有氣化] '온 세상 사람이 각각 알아서 옮기지 않는 것'[各知不移]은 곧 '개별 생명인 만유는 우주적 생명을 안으로 품고 있고'[內有神靈], '밖으로는 기화를 통해 모든 생명체가 서로 관계성을 지니며 성장을 도모하는 것이니'[外有氣化] '온 세

상 사람이 각각 밥 한 그릇을 먹는 이치를 알아서 옮기지 않는 것'[各知不移]으로 재해석될 수 있습니다.

체키니가 다양한 고기 요리를 통해 손님들과 육식을 즐기는 그 순간은 장일순의 표현을 빌리면 '식사할 때마다 거룩하고 영광된 제사를 지내는 것'이라 할 수 있습니다. 즉 이 순간은 동질적 기화로서 동물의 희생을 기억하는 음식을 매개로 서로의 기운이 화해지는, 소위 '화기애애한' 시간이 됩니다. 나아가 동물이 최고의 삶을 살 수 있도록 배려하고 동물이 남긴 선물을 요리하여 먹는 행위는 이질적 기화로서 인간과 동물이 서로 먹이는 과정을 통해서 서로의 성장과 더불어 우주적 성장을 도모하는 행위라고 할 수 있습니다. 체키니의 이천식천은 "이제 전 제 자리를 찾았습니다. 정육점의 도마 앞이죠. 제 세계의 중심이죠."(넷플릭스, <셰프의 테이블-다리오 체키니>)라는 고백에서 절정을 이룹니다. 해월이 보기에, 체키니는 경물(敬物)을 통해 천지기화의 덕에 합일한 푸주한이라 할 수 있겠습니다.

동물을 접하는 체키니의 태도와 인식은 동물을 고기로만 취급하는 사람들에게 그리고 채식만이 생태적 행위라고 주장하는 사람들에게 경물에 대한 하나의 대안을 줍니다. 육식도 우주적 성장을 도모하는 생산적인 행위가 될 수 있음을 보여주고 있는 것이죠.

여기서 이돈화가 재해석한 경물 개념을 환기할 필요가 있겠습니다. 그는 경물을 도덕적 경물과 경제적 경물로 구분하였습니다. 도덕적 경물이 모든 자연물을 사랑하고 보호하는 일이라고 한다면, 모든 물품을 절약하고 경제적 생산을 충실히 하는 일은 경제적 경물이라고 보았습니다. 이돈화는 도덕적 경물의 한 예로 동물학대 폐지를 주장하는데요, 1930년대에 이미 경물 사상을 동물권 관점에서 새롭게 해석했다는 점이 놀랍습니다.

동물도 자연의 일부이다. 그러므로 우리가 그를 이용하며 또는 식료(食料)로 삼는다. 이것은 이천식천의 원리에 어쩔 수 없는 일이다. 그러나 우리가 동물을 잡아먹는다 하여 동물을 사용할 때 학대하며 동물을 참살하는 것과 같은 것은 도저히 용서할 수 없는 도덕률이다. (이돈화, 『신인철학』)

또 놀라운 점은 이돈화의 경물에 대한, 시대를 통찰하는 재해석과 이돈화의 식견입니다.

> 우리는 일없이 일초일목(一草一木)을 상(傷)치 말 뿐 아니라, 나아가 그를 잘 이용하고 이용하기 위하여 양성하여야 한다. 우리나라가 경제상으로 쇠퇴한 원인으로 말하면 불경물(不敬物)의 원인이 그 주요한 점이다. 그 증거로는 산악이 동탁(童濯, 벌거벗은)한 것으로 이를 알 수 있다. … 우리나라는 산국(山國)이라 경제적 또는 문화적 경향이 대부분 산에 있음에도 불구하고 산성(山性)을 동탁케 한 것은 자연에 대한 일대불경(一大不敬)이니만큼 그만큼 죄가 크다 볼 수 있다. 여하튼지 경물을 단지 경제상으로 볼지라도 불경물의 폐해는 실로 망국인(亡國人)의 근본이라 아니 할 수 없다. (이돈화, 『신인철학』)

이돈화의 관점에서 '자연[사물]을 잘 이용하고, 또 이용하기 위해 자연[사물]을 양성하는 것'이 경물이라 할 수 있습니다. 반대로 '제대로 이용하지도 못하고 양성하지도 못하는 상태'는 불경물(不敬物)입니다. 불경물은 오늘날 지속 가능한 발전을 위한 생태적 지혜와 자원의 재활용과 같은 대안을 좀 더 적극적으로 모색하게 하는 성찰적 개념이라 할 수 있겠습니다.

물론 불경물을 경계하며 경물하는 것이 쉽지는 않습니다. 해월도 제자들에게 "천심(天心)을 잃지 않고 식도(食道)를 미리 갖추고 기(氣)를 바르게 하는 것이 가장 어렵다."(『김낙철 역사』)고 여러 차례 말한 바 있습니다. 그럴 때마다 수운의 "공경이 되는 바를 알지 못하거든 잠깐이라도 모앙함[우러러 그리워함]을 늦추지 말"(『동경대전』 「전팔절」)고, 공경이 되는 바를 알지 못하거든 내 마음의 거슬리고 어두움을 두려워하라."(『동경대전』 「후팔절」)는 말씀을 되짚어 보면 좋겠습니다. 그렇다면 불경물을 경계하고 경물을 위한 첫걸음은 다음 질문에서 시작됩니다. 여러분이 모앙하는 사물은 무엇인가요? 그리고 여러분의 마음을 거스르게 하는 사물은 무엇인가요?

저에게는 가죽가방이 모앙하는 사물이자 경물을 깨닫게 하는 사물입니다. 그리고 제가 남기는 음식물 쓰레기가 불경물이자, 그 음식물 쓰레기를 퇴비로 만드는 일이 불경물을 경계하는 첫걸음입니다.

김남희
◈ 현재 가톨릭대학교 학부대학 교수로 재직 중이다
◈ 독일 자르브뤼켄 대학에서 종교학과 신학을 공부하면서
우리의 종교 사상에 관심을 갖게 되어 동학을 만나게
되었다 ◈ 요즘은 비교종교학과 종교사회학에 빠져
엘리아데와 막스 베버를 주제로 다양한 변주를 시도하려고
한다 ◈ 강아지와 함께 숲속을 산책하면서 자연의
아름다움과 생명의 존귀함을 느끼는 삶을 살고 있다

인류세 시대에 다시 읽는 기학氣學

조성환

【기학의 탄생】

1860년은 한국철학사에서 주목할 만한 해이다. 이 해에 최제우는 경주에서 동학을 창학(創學)하였고, 최한기는 서울에서 『인정(人政)』을 저술하였다. 『인정』은 최한기 기학(氣學)의 완성 단계에 나온 저작으로, 1857년에 쓴 『기학(氣學)』을 잇고 있다. 따라서 1860년을 전후로 한반도에서는 기학과 동학이라는 두 개의 자생철학이 탄생한 셈이다. 이 두 신학(新學)은 종래에 중국으로부터 불교나 유교를 수입하여 철학을 했던 방식과는 달리, 자신이 직접 새로운 학(學)을 만들었다는 점에서 획기적이다. 이들은 더 이상 중국 성인(聖人)의 말씀을 토대로 철학을 하는 것이 아니라, 자연에 대한 새로운 이해나 하늘의 소리에 대한 재해석의 방식으로 철학을 하기 시작하였다.

그 계기를 제공한 것은 서양의 등장이다. 서학(西學)과의 만남이 새로운 학문을 낳게 하는 추동력으로 작용한 것이다. 특히 최한기는 서양의 천문학에 큰 관심을 보였는데, 『지구전요地球典要』(1857)나 『성기운화星氣運化』(1867) 같은 저작들은 그러한 관심의 산물이다. 그렇다고 해서 그가 전통적인 세계관을 버린 것은 아니다. 오히려 동아시아의 범주 위에서 서양의 자연과학을 이해하고자 하였다. 그런 작업의 중심에 '기화'(氣化)가 있다. 기화란 '기의 변화’라는 뜻으로, 에너지나 형태 또는 운동 등의 변화를 총칭하는 개념이다.

기화는 최한기 이전부터 동아시아에서 자연 현상을 설명하는 주요 개념 중의 하나였다. 대표적인 예가 중국 송대의 성리학자들이다. 예를 들면 다음과 같다.[1]

> A. "태허로 말미암아 천(天) 개념이 생겼고, 기화로 말미암아
>   도(道) 개념이 생겼다." -장재(張載)[2]
> B. "만물의 시작은 모두 기화이다." -이정(二程)[3]
> C. "기화의 흐름은 멈춘 적이 없다." -주자(朱子)[4]

A에서 장재는 기화를 도(道)의 속성으로 설명하고 있다. 여기에서 ‘도’는 만물의 운행이나 질서를 가리킨다. 우주는 기의 변화가 일정한 질서를 띠는 형태로 운행되고 있다는 의미이다. B에서 이정은 기화를 형화(形化)의 전 단계라고 말하고 있다. 여기에서 기화는 만물이 막 생성되기 시작하여 형체가 갖추어지기 이전의 단계를 말한다. 가령 정자와 난자가 만나서 임신이 된 직후의 상태가 기화에 해당한다. 따라서 A가 우주론적인 차원의 기화 개념이라면, B는 생성론적인 차원의 기화 개념이다.

C의 화자인 주자는 A 장재와 B 이정 등의 학문을 종합하여 ‘주자학’이라는 체계를 완성한 집대성자이다. 그는 나무가 밤낮을 불문하고 끊임없이 자라는 것을 예로 들면서 "기화의 흐름은 멈춘 적이 없다"고 하였다. 이것은 자연의 변화의 지속성을 말하는 것이다. 그래서 A는 자연의 질서를, B는 생성을, C는 지속을 각각 말하고 있다. 그러나 하나같이 그것을 기화 개념으로 설명하고 있다. 즉 자연에서 끊임없이 일어나는 일정한 생성변화를 성리학자들은 ‘기

[1] 이하의 ‘기화’의 용례에 대해서는 《농촌과 목회》 83호(2019년 가을)에 실린 조성환의 〈동학의 기화사상〉를 참고하였다.
[2] 由太虛有天之名, 由氣化有道之名. (『正蒙』)
[3] 萬物之始, 皆氣化. 既形然後以形相禪, 有形化. 形化長則氣化漸消. (『二程集』卷五·二先生語五)
[4] 氣化流行, 未嘗間斷. (『孟子集註』「告子(上)」)

화'라고 말하는 것이다. 그래서 주자의 제자는 '천지기화'(天地氣化)라고도 하였다(『주자어류』, 권3 「귀신」). 천지는 지금으로 말하면 '우주'나 '자연'에 해당하는 말이기 때문에, 천지기화란 이 세계가 항상 변화하고 있다는 의미이다.

그런데 성리학자들은 이 기화가 정해진 질서에 따라 진행되고 있다고 생각하였다. 그리고 그 질서를 리(理)라고 하였다. 그러나 과학적 관점에서 보면 그것이 정말로 자연계의 실제 질서인지, 아니면 유학자들이 자의적으로 규정한 것인지는 엄밀히 따져봐야 할 문제이다. 가령 동아시아인들은 "땅은 네모나다"(地方)고 생각했는데, 서양인들은 근대 시기에 "땅이 둥글다"(地球)는 사실을 발견하였다. 최한기 이전의 실학자로 유명한 홍대용은 "지구가 회전한다"는 파격적인 주장까지 하였다. 이같은 발견의 바탕에는 자연을 바라보는 방식의 전환이 있다. 즉 이전부터 내려오는 진리를 곧이곧대로 믿는 것이 아니라 자신이 직접 눈으로 확인하고 검증한 사실을 받아들이는 것이다.

이러한 관점에서 홍대용은 『기학』보다 100여 년 전에 쓴 『의산문답(醫山問答)』(1766)에서 "눈으로 직접 확인한 실제 현상에 따르는 것이 가장 좋다"(豈若從現前目訂之實境也)는 진리관을 피력하였다. 최한기의 기학 역시 이러한 입장을 따르고 있다. 그는 종래의 자연 이해가 불완전하고 불철저했음을 지적하고, 자연을 더욱 정밀히 관측하여, 거기에서 인간의 규범을 새롭게 도출해 내야 한다고 생각하였다. 성리학적으로 말하면 리(理)를 다시 정해야 한다는 것이다.

최한기에 이르러 기화의 용례가 급증하고, 그 내용도 분화되는 것은 이러한 이유에서이다. 『인정(人政)』에서는 무려 150여 차례나 기화 개념이 나온다.[5] 그 용례도 다양하여, '기화지정'(氣化之政),[6] '일신기화'(一身氣化),[7] '천인

5 이 숫자는 〈한국고전종합DB〉 사이트에 실려 있는 〈한국문집총간〉의 『인정』에 나오는 '기화'의 용례 수를 대략적으로 파악한 것이다.

6 『人政』「서문」

7 『人政』卷一, 測人門[一] 總論, 辨相人異

기화'(天人氣化)[8] '천지기화'(天地氣化)[9] '승순기화'(承順氣化),[10] '기화도덕'(氣化道德)[11] 등등, 기존에는 보이지 않던 새로운 개념들이 속속 등장하고 있다. 이것은 최한기가 리의 질서가 아닌 기의 변화를 자신의 철학의 출발로 삼고 있음을 말해 준다. 그래서 기학이란 "기화를 철학적으로 탐구한 학문 체계"라고 말할 수 있다.

　이 중에서 특히 '기화의 정치'나 '기화의 도덕'과 같은 개념이 주목할 만하다. 자연이나 우주뿐만 아니라 인간사회에 대해서도 기화 개념을 적용하고 있기 때문이다. 구체적으로는 정치도 기화이고 도덕도 기화라는 것이다. 이로부터 최한기의 기학에서는 인간과 사회와 자연이 모두 기화의 장으로 이해되고 있음을 알 수 있다. 그리고 이러한 새로운 패러다임으로 인간과 사회와 자연을 통합적으로 설명하고자 했음을 알 수 있다. 즉 세계 전체를 '기화' 개념으로 통일적으로 설명하려 한 것이다. 이것은 종래에는 볼 수 없었던 발상이다. 토마스 베리의 '통합생태학' 개념을 빌려서 말하면, 일종의 '통합기화학'이라고 할 수 있다.

【존재의 조건으로서의 대기大氣】

최한기의 기학 체계에 의하면 우주는 '대기'(大氣)라는 거대한 에너지로 이루어져 있다. 만물은 대기에 의해 존재하고 자연도 대기에 따라 변화한다. 천체가 운행하는 것도 대기가 있기 때문이고, 인간이 살 수 있는 것도 대기 덕분이다. 대기는 우주 만물을 움직이게 하는 근원적인 힘이다. 따라서 기학에서 대

---

[8] 『人政』 卷二, 測人門[二] 總論, 資稟事業貴賤

[9] 『人政』 卷八, 敎人門[一] 敎之成不成

[10] 『人政』 卷四, 測人門[四] 行事 事之難易

[11] 『人政』 卷五, 測人門[五] 天人運化 道德大小

기는 오늘날 atmosphere의 번역어로 사용되는 대기와는 차원이 다르다. 번역어로서의 대기는 지구를 둘러싸고 있는 얇은 막을 가리키지만, 기학에서의 대기는 우주의 궁극적 실재를 의미하기 때문이다. 그것은 우주에 존재하는 모든 에너지들을 총칭하는 개념이다. 따라서 지구의 대기는 기학의 '대기'의 일부에 해당하는 셈이다. 하지만 지구의 대기는 기후를 결정하는 중요한 요소이다. 따라서 지구의 대기가 없다면 지구상의 생명체는 살기 어려울 것이다.(이하에서는 혼란의 방지하기 위해서 지구의 대기를 '대기층'으로 부르기로 하자)

지구환경학자들에 의하면, 인류는 지난 100여 년 동안 석탄, 기름, 가스 등을 태우고 사용하면서 얇은 대기층의 화학구조를 변화시켰다. 그리고 그것이 지구의 생태계와 인간의 건강에 커다란 영향을 끼쳤다.[12] 기학 체계로 말하면 대기층의 변화가 인기(人氣)와 물기(物氣)에 영향을 끼친 것이다. 그런데 대기층이 변한 것은 인간의 산업 활동 때문이다. 즉 증기기관이 발명된 이래로 인간이 만든 도구가 대기층을 변화시키고, 그 변화된 대기층에 의해 인간[human]과 비인간[non-human]의 기(氣)에도 영향을 끼친 것이다. 결국 인간의 산업 활동이 대기층, 인기(人氣), 물기(物氣) 등으로 이루어진 대기 시스템에 변화를 일으킨 셈이다. 그러나 대기의 패턴이 바뀌자 인간들은 커다란 혼란을 겪기 시작하였다. 올여름에 겪은 기후변화로 인한 재난과 사고가 단적인 예이다.

이처럼 대기는 생명체가 살아가는 데 없어서는 안 될 필수적인 요소이다. 그럼에도 불구하고 그동안 인간들은 대기라는 존재를 망각하고 살아왔다.

운화하는 대기가 항상 피부와 뼈를 두루 적시고 있는데도 불구하고,

마치 물과 물고기가 서로를 잊고 있듯이, 이것을 무형이라고 치부하기에

---

[12] 김해동·김정배·김학윤·배헌균, 『지구환경학 입문』, 계명대학교출판부, 2014, 19쪽.

이르렀다. (『기학』154쪽)[13]

최한기에 의하면 대기는 존재의 조건이다. 그것은 우리를 둘러싸고 있으면서 우리의 생존을 가능하게 하는 필수적인 요소다. 마치 공기(空氣)가 없으면 한 시도 살 수 없듯이, 대기가 없으면 생명체는 존재할 수 없다.(공기는 대기의 일부이다) 그럼에도 불구하고 인간은 그 존재의 고마움을 잊고 사는데, 그 이유는 태어날 때부터 당연하게 주어졌기 때문이다.

하지만 기학적 관점에서 보면 대기야말로 부모와 같은 존재이다. 따라서 우리는 대기를 부모의 은혜처럼 여겨야 한다고 최한기는 말한다.

대기가 호흡하고 적셔주는 혜택과 부모가 낳고 기른 은혜에 대해서는 이 몸이

세상에 사는 동안 수시로 힘을 다해야 한다. (『기학』, 204쪽)

여기에서 최한기는 마치 동학사상가 최시형이 "천지가 부모이다"라고 하는 '천지부모론'을 설파했듯이(『해월신사법설』「천지부모」), 대기의 은혜는 부모의 은혜와 같다고 설파한다. 하지만 우리는 몸에 이상이 생겨야 건강의 중요성을 알듯이, 대기에 문제가 생겨야 비로소 그것의 소중함을 깨닫기 마련이다. 지금 인류가 당면하고 있는 기후변화라는 위기 상황이 그것이다. 최한기의 기학이 오늘날 다시 소환되는 것은 이러한 이유에서이다.

【활동운화하는 우주】

그렇다면 대기는 어떠한 속성을 지니는가? 우리는 그것의 존재를 어떻게 확인

[13] 이 글에서 인용하는 최한기의 『기학』 원문과 번역은 2004년에 통나무출판사에서 나온 손병욱 역주, 『기학』을 참고하였다.

할 수 있는가? 최한기에 의하면 그것은 '활·동·운·화'에 의해서이다. 여기에서 활(活)은 살아 있다는 뜻이고, 동(動)은 움직인다는 말이며, 운(運)은 운행한다는 것이고, 화(化)는 변화한다는 의미이다. 만물은 활, 동, 운, 화라는 네가지 형태의 운동을 하고 있다. 최한기는 이것을 줄여서 '운화'라고도 한다. 천체는 운행하고 동물은 활동한다. 이것은 우리 눈에 보이는 현상이다. 하지만보이지 않는 사물도 활동운화하고 있다. 예를 들면 부패하고 있는 물질이 그렇다.

> 대저 기의 본성은 활동운화하는 것이다. 우주에서는 지구, 해, 달, 별이 운화하는가운데 점차 형성되었고, 지표면에서는 바다와 육지의 산물들이 운화하는가운데 점차 이루어졌다. 사람의 몸에서는 오장육부와 혈맥이 대기의 운화를이어 받아서 신체 내의 기의 운화를 이루고 있고, 병과 항아리에서는 통하고막힘, 들어오고 나감이 대기의 운화를 이어받아서 병과 항아리 안의 운화를이루고 있다. 기계에서는 순환하는 기관이 대기운화의 힘을 빌려서 (인간의)활동을 돕는 바탕으로 삼는다. 생물에는 영양분을 공급하는 운화가 있고, 썩은물건[朽物]에는 부패하는 운화가 있다. (『기학』, 108~109쪽)

이에 의하면, 태양계와 지구 행성, 그리고 그 안에 살고 있는 인간과 만물은 모두 운화에 의해 형성되었고, 운화에 의해 존재한다. 인간의 신체 안에서는 피가 순환하고, 산소가 들어오고 나간다. 물은 수증기로 기화되어 하늘로 올라갔다가, 비가 되어 다시 지상에 내려온다. 최한기는 이런 모든 운동과 변화를 '운화'라는 개념으로 설명한다. 공기도 운화하는 사물이고, 물도 천지 사이를 운화한다. 심지어는 물건이 썩는 현상도 운화의 일종이다.

이처럼 기학 체계에서는 인간과 비인간이 모두 '활동운화하는 기'로 간주된다. 인간 역시 동물과 마찬가지로 활동운화하고, 사물 또한 인간과 마찬가지로 활동운화한다. 인간 이외의 존재도 활동운화를 통해서 우주의 운행에 동참

한다는 점에서는 인간과 다를 바 없다. 그래서 이 세계에 궁극적으로 존재하는 것은, 대기라는 본체와 그것의 활동운화 현상, 이 두 가지로 요약될 수 있다.

위의 인용문에서 최한기는 활동운화 중에서 '운화'에 초점을 맞춰 설명하고 있지만, '활동' 개념으로 중심을 이동하면, 최근에 서양에서 논의되고 있는 최신 철학과도 대화가 가능하다. 가령 미국의 정치학자 제인 베넷은 2010년에 『생동하는 물질(Vibrant Matter)』이라는 책을 썼는데,[14] 여기에서 '생동하는'은 사물이 힘을 가지고 있다는 의미이다. 최한기 식으로 말하면 '활동하는 기'라는 것이다. 그래서 제인 베넷은 사물에 '힘'이라는 접미사를 붙여서, '사물-힘(Thing-power)'이라는 표현을 사용한다. 마치 한국어에서 사람이나 신의 이름 뒤에 '님'이라는 접미사를 붙이듯이, 사물에도 '힘'이라는 접미사를 붙이고 있다. 모든 사물은 모종의 힘을 행사한다고 보기 때문이다. '사물-힘'은 기학적 개념으로 말하면 '물기화(物氣化)'로 치환될 수 있다.[15] 예를 들면 다음과 같다.

> 로버트 설리번은 『목초지』에서 쓰레기 속에 존속하는 생기(vitality)에
> 대해 기술한 바가 있다: "그 (…) 쓰레기 더미는 살아 있다. (…) 그곳에는
> 어두운 무산소계 밑에서 무성히 활동하는 수십억의 미생물들이 있다. (…)
> 뉴저지나 뉴욕의 찌꺼기의 극히 일부를 소화시킨 뒤, 이 세포들은 막대한 양의
> 이산화탄소와 따뜻하고 습윤한 메탄가스, 그리고 지면을 통해 새어나가는
> 거대한 열대성 바람을 내뿜어 목초지의 화재를 야기하거나 대기권에 도달하여
> (…) 오존을 침식시킨다. (『생동하는 물질』 44~45쪽.)

---

[14] 제인 베넷 지음, 문성재 옮김, 『생동하는 물질』, 현실문화, 2020. 이하 『생동하는 물질』로 약칭.

[15] 推物氣化, 測人氣化, 自有統合之氣化.(사물의 기화를 미루어서 사람의 기화를 헤아리면 저절로 통합된 기화가 있게 된다.) 『기학』, 102~103쪽.

이 설명에 의하면 우리가 무심코 버리는 쓰레기도 쓰레기더미 속에서 기화한다. 그리고 그 기화의 위력이 대기층에까지 영향을 미친다. 사물의 기화가 하늘의 기화에 영향을 주는 것이다. 이와 같이 모든 사물은, 단순히 수동적인 물체로 있는 것이 아니라, 이 세계에 모종의 힘을 발휘하고 있다. 이런 관점에서 제인 베넷은 사물을 – 인간도 포함해서 – '행위소'(actant)라고 부른다('행위소'는 브뤼노 라투르에게서 빌려온 개념이다). 이처럼 사물이 힘을 행사하는 행위소라는 사실을 받아들이게 되면, 우리의 행위도 달라질 수 있다.

> 우리가 접하는 것이 잡동사니, 폐물, 쓰레기 또는 재활용품이 아니라,
> 퇴적된 한 더미의 활기 넘치고 잠재적으로 위험한 물질이라면 우리의
> 소비 양식은 어떻게 변할 것인가? (『생동하는 물질』 9쪽)

즉, 쓰레기가 무기력한 사물(死物)이 아니라 우리에게 반격을 가할 수 있는 활물(活物)이라는 사실을 인식하면, 쓰레기를 대하는 우리의 태도도 달라질 수 있다는 것이다. 이것은 기학적으로 말하면, "사람의 기화는 사물의 기화에 따라 달라질 수 있다"고 표현될 수 있다. 그렇게 되면 사물의 기화와 사람의 기화가 하나로 통합된 천인기화(天人氣化)의 상태에 이를 수 있다고 최한기는 말한다.

> 사물의 기화를 미루어서 사람의 기화를 헤아리면 저절로 통합된 기화가 있게
> 된다. (推物氣化, 測人氣化, 自有統合之氣化.『기학』, 102~103쪽)

여기에서 물(物)은 크게 두 가지로 나뉠 수 있다. 하나는 자연물이고, 다른 하나는 인공물이다. 인공물은 인간이 만든 도구를 말한다. 최한기 기학의 특징은 '도구의 기화'를 따로 설정하고 있다는 점이다. 그래서 이 세계는 '자연-인간-기술'의 세 차원의 기화로 분류될 수 있다. 바로 이 점이 종래의 성리학과 구분되는 요소이다.

크게는 우주운화의 기가 있으니, 역수(曆數)를 정리하여 그 대강을

제시하는 것이다.

다음으로 인민운화의 기가 있으니, 정교(政敎)를 닦고 밝혀서 바른 길로

인도하는 것이다.

작게는 기용운화의 기가 있으니, 책을 지어서 간직하고 기계와 도구를 제작하여

백성의 쓰임을 넉넉히 하는 것이다. (『기학』, 168쪽)

여기에서 우주운화는 자연의 영역을 말하고 인민운화는 사회의 영역을 가리킨다. 그리고 기용운화는 기술의 영역을 나타낸다. '기용'(器用)은 '도구의 사용'이라는 뜻이다. 인류가 만드는 도구는 자연의 모습을 조금씩 변화시켜 왔다. 최근에는 기후까지 바꾸고 있다. 따라서 도구의 역할은 결코 무시할 수 없다. 다만 최한기는 아직 인류세(人類世)의 도래까지는 예측하지 못했기 때문에 기용운화의 영역을 '작다'고 말하고 있는 것이다. '실용'의 차원에서만 도구를 보고 있기 때문이다. 그러나 이 시대에 살았다면 기용운화에 대한 평가도 달라졌을 것이다.

위의 인용문에 이어서 최한기는 세 차원의 기화를 삼기운화(三氣運化)라는 개념으로 나타내고, 그것이 통합된 차원을 일기운화(一氣運化)라고 부른다.

이것을 합하면 일기운화(一氣運化)가 되고, 나누면 삼기운화(三氣運化)가 된다.

(…) 이것이 기학이다. (『기학』, 169쪽)

일기운화는 '자연-사회-기술'이 하나로 얽혀 있는 차원을 말한다. 그리고 기학은 이 세 차원의 기화를 통합적으로 탐구하는 학문을 말한다. 마치 제인 베넷이 그냥 생태학이 아니라 '정치생태학'을 말하듯이, 최한기의 기학도 그냥 정치학이 아니라 '정치기술생태학'을 말하고 있는 것이다.

이렇듯 최한기는 대단히 현대적이다. 비록 전통적인 유교적 가치관은 고수

하고 있지만, 그리고 아직 산업사회를 경험하지는 못했지만, 그의 철학은 기후변화 시대의 인간관과 자연관을 설명하기에는 더할 나위 없다. 무엇보다도 "자연은 기의 변화에 다름 아니다"는 기학적 자연관과, "인간의 활동이 기를 변화시킨다"는 기학적 인간관은, 인간과 자연의 경계가 무너지고 있는 인류세적 현상을 잘 설명해 준다.

반면에 서양어의 'climate'은 철학적 개념으로 사용된 적이 없다. 단지 인간과는 무관한 배경이나 환경을 의미하는 용어일 뿐이다. 그뿐만 아니라 인간이 기를 생성하거나 기의 영향을 받는 존재라는 인식도 서양철학에는 없다. 단지 이성을 사용하여 도구를 만들거나 합의를 도출해 내는 합리적 존재라는 인간관이 서구 근대에는 지배적이었다. 그러나 오늘날에는 그 인간이 만든 도구가 지구의 대기 시스템을 바꾸고 있다. 기용운화가 우주운화에 변화를 일으키고 있다. 그리고 그 변화된 우주운화가 인민운화에 영향을 끼치고 있다. 결국 인간의 행위가 다시 인간의 삶으로 되돌아오고 있는 것이다. 그래서 최한기의 개념으로 말하면, 우리는 지금 삼기운화가 하나로 얽혀진 '일기운화'의 시대를 경험하고 있다. 그것이 인류세이다.

* 이 글은 《다른백년》에 연재한 〈조성환의 K-사상사〉 중에서 최한기에 관한 부분을 보완한 것이다.

조성환

◈ 젊어서 많은 방황을 하다가 40이 되어서야 한국철학에
눈을 떴다 ◈ 50에는 지구학을 알게 되었고, 지금은
인류세철학과 기후인문학을 모색 중이다 ◈ 그 방법은
조동일 선생의 말씀대로 "동학과 기학을 합치는" 것이다
◈ 여기에 다시 디패시 차크라바르티와 브뤼노 라투르의
인류세인문학을 얹히고자 한다 ◈ 최근에 『키워드로 읽는
한국철학』을 쓰고, 『인류세의 철학』을 번역(공역)하였다

지구를 수리하기,
인간을 수선하기

인터뷰어 **한윤정**

산드라 · 산뜻

일시: 2022. 10. 09. 오후 3시

장소: 도서출판 모시는사람들

한윤정

생태전환 매거진 『바람과 물』 편집장. 소설과 영화를 좋아했던 성정으로 개발과 파괴에 대한 반감을 가지면서 생태문명으로의 전환을 추구하게 됐다. 읽고 듣고 쓰고 엮는 일을 한다.

인터뷰어

산드라(이원진): 소개말 전달 예정

산뜻(성민교): 『다시개벽』 편집위원. 요즘은 삶을 떳떳하게 살아가는 사람들, 다시 말해 아이와 어른의 삶을 존경하고 있다. 아이들을 위한 교육 콘텐츠를 만들고 있는, 철학도였던 사람.

【지구-인간 개념의 갱신】

산드라 선생님께서 쓰신 책 『집이 사람이다』[i]를 재밌게 읽었습니다. 어렸을 때 적산가옥에 사시면서 살림집 설계도를 그리는 아버지와 함께 집에 대한 로망을 갖게 되셨다고 저자 소개에 쓰셨고, 김재관 목수의 '이치를 닦다'란 의미의 '집수리(修理)하는 사람' 이론이 특히 인상적이었어요. 제가 퇴계철학 전공자라 '리'(理) 개념에 눈이 가면서, 집 수리가 집의 이치를 닦는 거였구나, 인상 깊더라고요. 이런 점에서 보자면 자아의 연장이 집인 것처럼 지구는 집의 연장이 아닐까 하는데요. '지구수리'를 지구재생의 관점에서 보면 좋을 거 같다고 생각했습니다. 지구 수리는 어떤 의미가 있을까요?

한윤정 책이 예쁘죠. <타임> 지 표지 사진을 여러 차례 찍으신 박기호 사진가와 함께 작업해서 사진이 워낙 좋았어요. 제가 경향신문사를 그만두기 직전인 2016년에 연재했던 기사를 모은 책인데요. 저에게는 어릴 때부터 집과 아버지의 추억이 많이 겹쳐 있습니다. 거기에다 이 책을 낼 즈음, 아버지가 많이 편찮으셔서 응급실에 입원하셨을 때 교정을 봤고 돌아가신 직후에 책이 나왔어요. 저자 소개에서 아버지에 대한 이야기를 하는 것으로나마 위안을 삼고 싶었습니다.

　'수리'가 '이치를 닦다'라고 한 건 김재관 건축가의 의견이었어요. 저도 그 이야기를 듣는 순간, '대단한 레토릭이다'라는 생각이 들더라고요. 레토릭을 넘어서, 원래 그런 뜻이라는 걸 우리가 잊어버리고 있었던 것 같기도 하고요. 집수리가 집의 이치 또는 문법을 살펴야 하는 것처럼, 말씀하신 지구수리 역시 지구의 원리를 따져보고 거기에 맞는 삶의 형식을 찾아가는 것이라고 생각됩니다. 지금은 지구의 여기저기를 마구 파헤치면서 난개발한 상태이니까요. 지

---

[i]　한윤정 저/박기호 사진, 인물과사상사, 2017.

구헌장이나 프란치스코 교황의 교서 『찬미받으소서』[2]에서는 실제로 지구를 '우리 공통의 집'(Our Common Home)이라고 부릅니다.

기자생활을 그만두고 미국 클레어몬트신학대학원 과정사상연구소에서 방문연구원으로 3년간 있었어요. 그때 과정사상연구소와 연계된 생태문명원(Institute for Ecological Civilization)이란 단체에서 '생태문명'이란 말을 접했습니다. 처음에는 너무 거창하고 어색하게 느껴졌지만, 지금 보니 생태문명이 결국 지구수리를 하자는 것이에요. 지금까지의 문명이 자연을 정복하고 생태계를 파괴하면서 이루어진 것이라면 생태문명은 지구 용량의 한계를 인정하면서 생태와 문명이 조화를 이루는 최고의 문명을 만들자는 것이니까요. 이제 우리는 엄청난 지식과 과학기술을 바탕으로 지구의 이치를 알 수 있는 단계까지 왔으니 그 이치를 닦는 지구수리가 생태문명과 잘 통한다고 생각됩니다.

지구의 이치를 탐구한 건축가로는 파올로 솔레리(Paolo Soleri, 1919~2013)가 있습니다. 과정사상연구소를 설립한 생태신학자 존 B. 캅 주니어 박사님(1925~)이 생태문명에 대해 쓴 글을 모아서 제가 『지구를 구하는 열 가지 생각』[3]이란 제목의 편역서를 냈는데요, 거기 보면 솔레리가 1960년대 중반부터 미국 애리조나 주에 건설한 아르코산티라는 생태도시가 소개돼 있습니다. 도시의 편리함과 전원의 여유로움을 두루 갖추고 있는데다, 주거와 작업 공간을 합쳐 교통량을 줄이고 공동체의 삶을 추구하죠. 햇빛이나 공기의 흐름 등 자연의 원리를 활용한 냉난방은 패시브 하우스의 원조이기도 합니다. 그런데 사실 그분의 아이디어도 유럽 전통 건축에서 나왔다고 해요. 유럽도 오랫동안 좁은 땅에 많은 사람들이 살면서 효율적인 삶을 추구할 수밖에 없는 조건이었으니까, 당연히 효율이 높고 자원이 적게 드는 방식으로 생활을

2   프란치스코 교황 저/한국천주교주교회의 역, 한국천주교중앙협의회, 2015.
3   존 B. 캅 주니어 저/한윤정 역, 지구와사람, 2018.

해 왔겠죠. 이런 점에 비추어보면 우리가 지금 살아가는 방식은, 『토마스 베리의 위대한 과업』[4]에도 나오다시피 문명인이라는 자만심에 가득 차서 '빈 땅을' 개척한 미국 식민자들의 의식의 산물이에요. 지구와 인간의 역사에서 전무후무한 생활방식일 수밖에 없죠.

산드라 생태전환 매거진 『바람과 물』을 만들고 계신데요, 지난 5호(2022.7)의 주제가 '흙의 생태학'이었습니다. 'Farm to Table,' 즉 가까운 농장에서 재배한 유기농 농산물을 소비자의 식탁에 바로 올림으로써 대규모 단일경작을 부추기는 식량기업의 횡포를 막고, 푸드 마일리지를 줄이고 유기농을 육성하자는 개념도 있죠. 저도 최근 넷플릭스에서 다큐멘터리 '키스 더 그라운드'를 봤는데, 정말 경운기를 쓰면 안 되고 비료도 쓰면 안 되겠구나 싶더라고요. 탄소중립을 실천하는 데는, 탄소를 배출하지 않는 것도 중요하지만 배출된 탄소를 토양에 고정시키는 것도 중요한데요, 그렇다고 해서 모든 먹거리를 국산 유기농으로 하자면, 저만 해도 주부로서 부담이 되고, 이상과 현실 사이에 딜레마를 느끼고 있습니다. 평소에 어떻게 생각하고 계시는지 궁금했어요.

한윤정 러시아-우크라이나 전쟁이 터지면서 세계 곳곳에서 식량위기가 고조됐고, 전기와 석유에 의존하는 현대 농업이 기후위기와도 직결돼 있어서 '흙의 생태학'이란 주제를 정하게 됐습니다. 저도 지금 말씀해 주신 문제들에 대해서 여러 사람의 의견을 들어보고 자료도 보면서 고민해 봤는데 딜레마 상황인 게 사실입니다. 옳은 것은 분명히 있지만, 옳은 것만을 추구할 수는 없는 것이 현실인 것 같아요.

1960년대 초반에 녹색혁명이 일어나서 지금 80억 명의 인구가 먹고 사는 건데, 유기농사로 했을 때 그 인구가 당장 먹고 살지 못한다는 게 현실이죠. 또

---

4 토마스 베리 저/이영숙 역, 대화문화아카데미, 2009.

유기농사라는 게 농약을 치지 않는 대신 사람 손으로 일일이 벌레를 잡아내야 하는 등 노동생산성도 낮아서, 작은 규모로는 할 수 있지만 대규모로 하려면 많은 고민이 필요하고요. '무조건 유기농이 좋다고만 이야기하기는 어렵겠다' 하는 생각을 했습니다. 한국은 농민도 농토도 계속 줄어들고 있는데다 기후위기로 점점 농사가 어려워지는 형편이죠. 정부 정책은 에너지를 더 많이 쓰는 스마트팜으로 가거나 안전한 수입선을 확보하는 '곡물 엘리베이터'를 확대하자는 것이에요. 농업 역시 세계 분업 체제로 가야 하고 중국, 동남아처럼 농업생산성이 높은 국가와 계약을 맺어 안정적으로 수입하자는 것인데, 지난 여름의 파키스탄처럼 생산지에 기후재난 사태가 닥쳐서 생산량이 급감한다면 판로 확보는 이차적인 문제인 것 같아요.

한국이 당장 농산물을 자급자족하거나 전체를 유기농으로 바꾼다는 건 어렵겠지만, 그럼에도 현실성 있는 논의를 하기 위해서는 결국 정치의 차원이 필요해요. 환경운동가 헬레나 노르베리-호지는 '경제를 지역으로 되돌리자'고 주장하면서 정부와 공공의 보조금을 주요한 전환의 수단으로 듭니다. 스마트팜 역시 저렴한 농업용 전기, 기계설비 등에 정부 지원금이 다 들어가는 거잖아요. 그 보조금을 유기농업에 쓸 수 있다면, 훨씬 더 상황이 좋아지고 지금처럼 가격이 비싸지 않을 수 있겠죠. 그럼 유기농산물 수요가 늘어나고 농사 짓는 사람들이 많아지고 유기농 면적도 넓어지고, 이런 식으로 선순환을 만들 수 있을 것 같습니다. 그런데 정부 입장에서 보면, 유기농업을 지원하면 농사 짓는 사람만 돕는 거지만, 스마트팜을 지원하면 연관된 전기, 설비, 기술 등 전후방산업들을 다 지원하는 효과가 있는 거잖아요. 결국 GNP와 경제성장이냐, 지구와 사람의 건강이냐 사이의 선택이고, 가치관과 세계관의 문제, 나아가 정책과 정치의 문제로 가게 됩니다.

【정치 개념의 갱신】

산드라 정치 이야기가 나왔습니다. 경향신문 칼럼에서 외국의 기후시민의회에 대해 소개하면서 국내에서도 이런 시민의회가 필요하다고 말씀하신 걸 읽었는데요. 시민의회는 출범됐나요?

한윤정 안 됐습니다. 현재의 대의제 민주주의에서는 기후위기 대응에 필요한 정치가 불가능하니 시민들이 직접 정책 결정에 참여하도록 해달라는 게 기후시민의회의 취지인데요. 지난 몇 년간 기후위기에 대한 관심이 높아지고 시민사회의 요구가 커지면서 탄소중립녹색성장기본법이 제정되고, 정부 차원의 탄소중립위원회('탄중위')가 만들어지기는 했죠. 탄중위가 다양한 대표자를 위촉해서 정책 자문을 한다고는 했지만, 결국 전문가 그룹이 중심이 되면서 획기적인 변화를 기대하기 어렵게 됐어요. 처음에 참여했던 기후운동단체 대표는 빠져나왔습니다. 그나마도 보수정부로 바뀌면서 위원회 명칭에 '녹색성장'이 추가됐죠. 기후시민의회는 세계적인 기후행동단체인 '멸종반란'의 핵심적인 3대 요구 중 하나였고, 이것이 관철된다면 중대한 변화가 생길 수 있겠죠.

산드라 기후행동에 대한 얘기가 나왔는데, 급진적 액티비즘(activism, 활동주의)에 대해서 시민들의 의견이 분분하잖아요. 그럼에도 오늘날 기존의 보수와 진보에 속하지 않는 정치적 부동층, 잠재층을 '녹색계급'으로 묶어내야 한다는 시각이 커지고 있습니다. 녹색계급의 정치역량을 결집시키려면 어떻게 해야 할까요?

한윤정 요즘 많이 논의되는 인류세의 핵심은 누구도 이 체제로부터 자유로울 수 없다는 거잖아요. 기후생태위기에 더 책임이 있는 사람과 덜 책임이 있는 사람은 있지만, 우리 모두 그 혜택을 나눠 가지며 살아가고 있다는 걸 인정해야 합니다. 식량 가격, 에너지 가격이 갑자기 올라가면 '이게 뭐야?'라는 생각이 들겠지만, 기후문제는 식량 가격, 에너지 가격이 올라가고 소비가 줄어야 해결이 되거든요. 물론 이 지점에서 성장과 소비를 줄이지 않으면서 기후문제를 해결할 수 있다는 주장이 나오기도 하지만요. 결국 내가 사는 이 세계의 바깥을 상상하는 것의 어려움과 두려움이 문제인 것 같아요. 너무나 깊고 강한 관성이죠. 우리는 이렇게 관성에 깊게 매여 있는데, 어디서 파문을 일으켜야 할까, 라는 맥락에서 운동이 터져 나오는 거고요.

정치학에서는 '시민불복종'이라는 개념을 쓰죠. 정부, 법, 제도, 이런 것들이 부당할 때, 제도적으로는 적법하지만 그것 자체가 선이 아닐 때, 거기에 저항하는 방법이 시민불복종이고요. 민주주의가 정립되어 온 역사에서 나타난 시민들의 적극적인 정치참여 방식이죠. 모두가 그렇게 할 수는 없겠지만, 그런 액티비스트들이 한국에 나타났습니다. 적지 않은 자기희생을 감수하고 있죠. 저는 최근 3-4년 사이에 기후운동이 강력해진 걸 보면서, 일제강점기와 비슷하다는 생각을 많이 해요. 독립운동 안에서도 다양한 방향성이 있었잖아요. 제도개선, 국제관계, 무력투쟁, 재정지원, 심퍼사이저(공감하는 사람들), 이 그룹이 제일 크죠, 등등…. 그렇게 다양한 층이 형성되어 있는 상황이 비슷하다고 느껴져요. '각자 자기 품성에 맞는 방식으로 나름의 일을 하고 있구나' 하는 생각을 하죠.

산드라 한국에서 지난 3-4년 간 일어났던 기후운동 중에 가장 효과적이었다고 생각하시는 건 어떤 건가요?

한윤정 아무래도, 청소년과 청년들의 기후운동이었던 것 같아요. 기후위기는 미래의 시간을 생각하도록 만들었고, 미래세대가 당사자로서 이 문제에 가슴이 뜨거워질 수밖에 없죠. 그들이 실제로 느끼는 공포, 우울, 절망 등의 크기와 폭은 기성세대와는 차원이 다르다고 생각합니다. 그러면서 세계시민 감각과 디지털 감성으로 무장하고 있어서 효과적으로 소통하고 행동하죠.

'청소년기후행동'이 자신들을 '멸종위기종'이라고 불렀을 때, 많은 설명을 뛰어넘는 호소력이 있었어요. 청소년기후행동의 가장 강력한 행동은 사법구제의 수단으로 2020년 헌법재판소에 현재의 기후대응 법률이 자신들의 생존권을 침해한다는 내용의 헌법소원을 청구한 겁니다. 작년에 독일에서는 그레타 툰베리 이후 시작된 전 세계 청소년 기후단체인 '미래를 위한 금요일'(Friday for Future)이 헌법재판소에서 기후대응 법률의 위헌 판결을 받아내면서 강력한 영향력을 미쳤습니다. 한국에서도 청소년기후행동을 시작으로 여러 건의 헌법소원이 제기됐는데 아직 판결이 안 나고 있습니다. 헌법재판소의 판결은 우리 사회가 공유하는 법 감정에 의존하는 경향이 있기 때문에, 많은 시민들이 공감하고 전체적인 흐름이 바뀌는 게 중요할 것 같아요. 독일은 녹색당이 집권당이 될 만큼 강세이기 때문에 진보적 판결이 나올 수 있었겠죠.

'청년기후긴급행동'이라는 활동가(activist) 그룹도 있어요. 베트남 붕앙2 석탄발전소를 짓는 두산중공업을 비판하면서 두산 사옥 앞의 기업 로고에다 초록색 스프레이를 뿌리는 직접행동을 했는데요. 그것 때문에 두산으로부터 형사고발과 손해배상 청구소송을 당해서 형사, 민사 재판을 받고 있어요. 이러한 가시적인 직접행동들이 시민불복종 운동을 선명히 보여주는 것 같아요.

산드라 경향신문 칼럼(2020.2.8. 「고래가 지구상에서 사라진다면」)에서 울산지방법원 형사 2단독 유정우 판사가 쓴 판결문에 대한 인상을 쓰셨어요. 2020년 6월 울산 울주군 앞바다에서 밍크고래를 불법 포획한 혐의로 기소된 선장 2명과 선원 7명에게 징역 2~8년이라는 꽤 높은 실형을 선고한 사건이었죠. 특히 전체 26쪽의 판결문 중 6쪽을 '인간의 소탐대실'이라며 고래가 지구상에서 사라지면 안 되는 이유를 판사가 설명한 점에 포착하셨습니다. 천성산 도롱뇽은 '원고 부적격 판정'을 받았었지만, 인도 갠지스 강의 법인격이 인정돼 변호사를 선임할 수 있게 된 결정을 보면 한국에서도 조금씩 비인간의 법인격이 인정되기 시작한 거 아닐까요?

한윤정   청소년, 청년들의 직접행동과 함께, 또 다른 폭발력을 가진 운동이 동물권 운동입니다. 2016년 강남역 사건 이후 '페미니즘 리부트'로 불리는 페미니즘 운동이 일어났고, 사회적 권력으로부터 배제되는 약자에 대한 관심이 고조되면서 동물권, 비거니즘 운동까지 그 맥이 이어지고 있습니다. 최근에는 많은 관광객들 때문에 몸살을 앓고 있는 제주에서 제주남방큰돌고래를 생태법인으로 인정해야 한다는 운동이 일어나고 있죠. 고래 판결의 경우, 책임 있는 사회구성원이 어떤 의식을 갖고 일하는지에 따라 적지 않은 변화가 올 수 있다는 점을 보여주는 사례라고 생각했습니다. 판사든 교사든 주부든, 각자 자기 자리에서 필요한 일들을 하는 것, 생태적 가치관을 가지고 자신의 삶과 일을 대하는 것만이 전체의 변화를 가져올 수 있다고 봅니다.

【경제 개념의 갱신】

산드라   선생님은 탄소중립을 실현하는 데 있어서 2050년까지 우선순위가 무엇이라고 보시는지요?

한윤정   한국에서는 가정용보다 산업용 전기 소비가 많은데 상당 부분을 화석연료로 충당하고 있어요. 경제에 큰 타격을 주지 않으면서 연착륙하려면 산업의 구조조정을 해야 하는데요, 우리는 주력산업이 석유화학, 철강, 자동차 등 탄소를 많이 배출하는 업종이어서 그 기업들이 RE100[5]으로 전환하는 게 가장

---

[5]   Renewable Energy 100의 약자로 2050년까지 기업에서 사용하는 전력의 100%를 재생에너지로 대체하자는 국제 기업간 협약 프로젝트.

중요하겠지요.

산드라　빌 게이츠도 최근 『기후 재앙을 피하는 법: 우리가 가진 솔루션과 우리에게 필요한 돌파구』[6]에서 원자력발전소 개량 등 기업이 기후위기에 해야 하는 역할을 강조하였습니다. 결국은 경제가 문제인 거죠. 『지구를 구하는 열 가지 생각』에서 허먼 데일리의 '행복 경제학'을 많이 말씀하시더라고요. 경제를 새롭게 정의하고 전환하는 게 필요할 것 같은데요.

한윤정　경제를 바꿔야 하는데, 경제를 바꾸는 것이 가장 어렵고도 두려운 일이죠. 최근 돌아가신 경제학자 허먼 데일리(1838~2022)는 생산-소비-폐기로 이어지는 경제 과정에서 자연에 관련된 비용을 회계에 반영한 경제학을 만들고자 했어요. 자연은 공짜라고 생각했는데 그 비용을 경제지표 안으로 끌어들여 자연의 가치를 계산하기 시작한 게 생태경제학입니다. 허먼 데일리는 생태신학자인 존 캅과 함께 『공동선을 위하여(For the Common Good)』이라는 책을 펴냈고, 존 캅 박사님은 그 후 GPI(Genuine Progress Index, '참 발전지수')라는 대안지표를 개발하는 데까지 나아갔습니다. 2008년 금융위기 이후 프랑스 사르코지 대통령의 제안으로 유럽연합(EU)에서 경제학자 조지프 스티글리츠에게 의뢰해 '행복지표' 연구가 본격화됐는데요. 허먼 데일리와 존 캅이 수십 년 앞서 이런 대안지표 작업의 선구자 역할을 한 것이죠. GNP를 대체하는 행복지표는 탈성장을 반영할 수 있도록 고안돼 있습니다.

　새로운 대안지표로는 ESG(Environmental-환경, Social-사회, Governance-지배구조의 약자로 기업의 지속 가능성을 달성하기 위한 비재무적 지표)가 있는데요, 자산운용사 블랙록의 CEO 래리 핑크가 ESG 개념을 제기한 이후 국제기구에서 표준을 만들고 있지만, 2030년이 돼야 초안이 나

---

[6]　빌 게이츠 저/김민주, 이엽 역, 김영사, 2021.

온다고 들었습니다. 우리 정부에서 샘플링을 해 봤더니 포스코가 1위로 나왔다고 해요. 그런데 포스코는 한국 전체 탄소배출량의 17%를 배출하는 기업이잖아요. 사회봉사나 지배구조 면에서 높은 점수를 받은 것 같은데, 이런 현실은 아직까지 지표가 정확하지 않고 한계는 있다고 봐야 하는 거죠. 2050년에 탄소중립을 하려면 ESG가 그 일정에 맞추기 어려운 건 분명하지만, 그래도 안 하는 것보다는 훨씬 좋다고 생각합니다. 지표의 기준에 맞춰 조금씩 변화하려고 노력할 테니까요. 기후 문제에는 온건주의와 점진주의도 동시에 필요한 거 같아요. 세상이 복잡하고 생각이 너무 달라서, '활동가'의 얘기만으로 세상이 움직일 것 같지는 않으니까요.

산드라　유럽은 정부와 기업의 기후 대응에서 우리보다 많이 앞서 있는 편이죠?

한윤정　유럽 국가들이 빨리 탄소중립에 뛰어드는 것은 선진국이고 의식 수준이 높기 때문이기도 하겠지만, 피해가 직격탄으로 오기 때문이에요. 기후변화로 인해 적도 인근에서 생성된 멕시코 난류가 올라가지 않으면 영화 <투모로우(Tomorrow)>처럼 극도의 한파가 몰아치는 게 유럽의 지형적 특성이거든요. 그래서 이 문제를 여론으로 끌어내서 정책으로 연결하기도 수월하지요. 우리도 요즘 사상 최고의 폭염, 폭우 등 심각한 재난을 겪고 있지만, 파키스탄과 독일의 홍수, 호주와 미국의 산불처럼 엄청난 재난까지는 일어나지 않았죠. 우리는 다행히 극심한 기후변화의 영향을 덜 받는 지리적 위치에 있다고 해요.
　그래서 탄소중립이라고 해도 느낌이 좀 다른 것 같아요. 안전의 문제보다는 경제의 문제로 받아들이죠. 식량과 에너지의 대외의존도가 높은 무역중심 국가이니까요. 그런 만큼 자칫 무역장벽을 피하기 위해 '탄소중립만 하면 된다'는 식으로 가는 것을 경계해야 합니다. 핵심은 지금의 문명을 다른 방향으로 바꾸어야 한다는 거죠. 우리는 기후위기도 그렇지만 불평등이나 사회적 스트레스가 강해서 자살률이 높은 것처럼 사회문제가 더 심각하거든요. 생태적 사회로의 전환이라고 하는 변화를 통해 기후위기 대응과 평등한 사회로의 전환을 함께 추구해야 하는 거죠.

산드라 선생님은 한 칼럼 「눈물의 벽, 피 묻은 짜장면」(2022.1.15)에서 한국은 K-콘텐츠의 성공으로 국격이 높아졌으나, <오징어 게임>이나 <지옥> 등의 작품은 죽고 죽이는 서바이벌 자본주의, 정체 모를 불안과 죽음의 그림자를 다루고 있는 점을 봐야 한다고 하셨죠. 이런 검은 기운이 K-콘텐츠의 실체라면 정신적으로는 선진국이 아니라고요. 어떻게 보면 한국은 위도상으로는 기후위기를 심각하게 실감할 수는 없지만 약자의 윤리를 보호하는 기후정의를 외치기에 가장 적합한 조건을 갖고 있다는 생각도 듭니다.

한윤정 예, 저도 동의합니다. 우리는 지난 60년 동안 압축 성장을 해 온 국가이고, 그 과정에서 노동자들의 희생이 너무 컸습니다. 선진국이라고 하는 지금에야 중대재해처벌법이 만들어졌지만, 그마저 계속 약화시키려 하고 있죠. 일하다가 죽는 사람이 이렇게 많은 국가를 선진국이라고 할 수 있을까요? 노동자들은 현장을 지키면서 누구보다 자본주의의 폐해, 생태환경의 파괴, 안전의 위험을 뼈저리게 체험하고 있는 분들이라 기후위기 대응에도 쉽게 동의하고 동참한다고 생각합니다. 프랑스의 '노란 조끼' 운동이 유명한데요, 유류세 인상에 저항하던 노동자들이 단기적으로 보면 자신들에게 손해인 기후위기 운동에 함께 나섰습니다. 우리나라에서도 얼마 전 서울시청 앞에서 924기후정의행진이 열렸는데, 그때 민주노총 소속 조합원들이 용산 대통령실 앞에서 시위를 마치고 와서 합류하는 장면을 보면서 뭔가 큰 힘을 받는 기분이었습니다. 산업화, 민주화가 지난 연대의 가치였다면, 이제는 생태화라는 과제 앞에서 두 세력이 힘을 합쳐야 할 것 같아요.

【문화 개념의 갱신】

산뜻　현대인에게는 소위 대의라고 부를 만한 게 작동하지 않고 이데올로기가 약화되면서 파편화된 개인은 그만큼 외롭기도 하지만, 또한 독립할 수 있는 구조에 대한 상상도 가능하다고 보거든요. 한 개인의 삶을 바꾸는 것이 그 삶이 놓인 세계의 맥락 안에서 다른 이들의 삶에 더 강력한 영향을 끼칠 수 있는 시대이고요. 뒤에 놓여 있는 대의는 없더라도, 그만큼 작은 것'들'의 잠재력이 분출될 수 있고, 분출되어야 할 것 같아요.

산드라　생태전환 매거진 『바람과 물』을 만들면서 저희가 논의했고 지향했던 방향과도 통하는 것 같아요. 결국은 개인들이 자기의 문제로 느끼고 가치 부여를 해야 해요. 기후생태 위기가 감수성 영역으로 들어오면서 어떤 삶을 선택하는 게 정당하고, 자기에게 스스로 설명이 되는지 고민하는 분들이 점점 늘어나고 있습니다. 일종의 문화운동이라고 할 수 있는데요, 친환경적 생활방식 자체가 굉장히 '힙'하게 보이는 시대가 됐죠. 그런 시대적 감성을 매력적으로 발화하고 설득력 있게 제시하는 게 저희 잡지의 목표입니다. 누구도 배제하지 않고, 각자의 판단과 개성을 중시하면서도 동료시민들과 함께 뜻과 힘을 모아서 기후위기 시대에 적응하고 살아갈 수 있다는 긍정적이고 포용적인 메시지가 중요하겠죠. 어떤 분이 "2030년 기후위기 막기 어렵다. 2040년 견뎌야 할 것이다."라고 하시던데 저도 동의합니다. 적응 과정에서 사회적 응집력이라고 할까, 우리가 공동체로서 서로를 어떻게 도울 수 있을지 생각할 시기인 것 같아요.

산뜻　가장 눈여겨보는 현상이 있을까요?

한윤정　가장 흥미로운 것은 젊은 여성들의 미감이 변하고 있다는 거예요. 제

주변에 4년간 옷을 한 번도 안 산 20대 여성이 있어요. 4년 전 미국에서 오리털 파카 한 벌을 폭탄세일로 1.5달러에 파는 것을 보고 더 이상 옷을 사지 않기로 결심했다고 해요. 그 옷과 가격표에 숨어 있는 동물 학대, 개발도상국 여성노동자들의 착취를 절감했기 때문이에요. 중요한 건 옛날에 산 옷, 주변에서 주는 옷, 엄마에게 물려받은 옷을 입으면서도 너무 개성 있고 세련돼 보인다는 거죠. 이 친구처럼 사는 것이 '와~ 멋지다.'라는 생각이 들면 변화가 생기지 않을까요? 저도 그 이야기를 들은 뒤 옛날보다 옷을 덜 사게 됐습니다. 요즘 동물권 운동이 많은 공감을 얻고 있기도 하죠. 활동가들은 '인간동물, 비인간동물'이라는 말을 쓰는데요. 그들처럼 고기를 '동물사체'라 하고, 물고기를 물살이라 부르는 순간, 느낌과 생각과 행동이 많이 달라지잖아요. 이런 게 굉장히 빨리 변화하는 것 같아요.

산뜻 맞아요. 결국 사람들은 멋진 삶을 살고 싶은 거니까요. 멋지고 행복하고 떳떳해 보이는 것을 따라가죠.

한윤정 예, 무엇이 멋진 삶이고 무엇이 행복한 삶인지는 절대적인 게 아니라 시대와 상황에 따라 달라지니까요. 대량생산-대량소비 시대를 지탱했던 '새것이 좋다'는 관념이 바뀌고 있습니다. 최근에 『인류세의 철학』[7]이란 책을 읽었습니다. 저자는 후쿠시마 재난이 지나간 뒤 폐허가 된 장면을 담은 사진을 보면서 평화로운 정적과 일종의 아름다움 같은 걸 느끼죠. 일본은 워낙 재난이 많은 나라이기도 해서 전통 속에서 남다른 사생관과 미의식을 발전시켜 왔는데요, 와비사비(わびさび, 侘寂)라는 말이 떠올랐습니다. 에도시대 다도(茶道)에서 나온 말인데, 일견 간소하고 조잡하고 열등해 보이는 것이 뿜어내는 아우라를 말하죠. 현대의 삶은 완전, 깔끔, 청결에 대한 강박이 극심한데요,

---

7　시노하라 마사타케 저/조성환, 이우진, 야규 마코토, 허남진 역, 모시는사람들, 2022.

부족과 불완전의 인정, 붕괴의 감각, 폐허를 껴안고 천천히 살아가기 등이 앞으로 달라지는 세계에 필요한 정신이 아닐까, 그런 생각이 들었습니다.

산드라 문화부 기자 생활을 오래 하셨는데, 요즘 재밌게 보고 있거나 추천할 만한 기후 소설이나 영화가 있으세요?

한윤정 옛날에는 소설과 영화를 많이 보았어요. 내가 직접 경험할 수 없는 세계에 대한 정보와 감각을 주는 디테일이 살아 있다는 느낌이었죠. 그런데 나이가 들면서 구조를 보려는 마음이 점점 생기고, 소설과 영화를 읽는 것도 좋지만 철학을 좀더 공부하고 싶다는 생각이 듭니다. 딱히 기후 소설은 아닌데 윌리엄 모리스의 『에코토피아 뉴스』('News from Nowhere')[8] 그리고 어니스트 칼렌바크의 『에코토피아』[9]라는 작품이 떠오릅니다. 둘 다 유토피아를 변형한 에코토피아라는 용어를 사용합니다. 모리스의 작품은 초기 사회주의자들 가운데 비주류 세력이 꿈꾸었던 세계가 자본과 노동의 관계 재편일 뿐만 아니라 인간과 자연이 공존하는 생태사회였다는 것을 보여주고요, 칼렌바크의 작품은 에코토피아에서의 생산, 소비, 기술, 정치, 문화, 남녀관계까지 너무 치밀하고 자세하게 묘사하고 있습니다. 영화로는 넷플릭스에서 본 <돈룩업>이 떠오르네요. 기후 인플루언서인 레오나르도 디카프리오가 나오죠. 넷플릭스 다큐멘터리 보고 비건이 된 사람도 많고, 그 힘은 정말 강력한 것 같아요. 특히 청소년들에게는 영화가 효과적인 교육 수단이죠.

산드라 서울시교육청의 생태전환교육 중장기계획(2020~2024) 수립에 자문 역할을 하신 것으로 알고 있습니다. 구체적으로는 어떤 교육인가요?

~~~~~~

[8] 윌리엄 모리스 저/박홍규 역, 필맥, 2016.
[9] 어니스트 칼렌바크 저/김석희 역, 정신세계사, 1991.

한윤정 생태전환교육은 환경교육을 넘어 교육을 생태적으로 전환하자는 취지를 담고 있습니다. 유엔에서 각국의 교육 정도를 측정하는 인간개발지수(HDI)라는 게 있는데요, 이것이 높을수록 탄소발자국도 높게 나온다는 조사 결과가 있어요. 교육을 받은 사람이 많아질수록 지구에 해롭다는 것이죠. 지금 교육 시스템이 산업문명에 맞춰진 것이니 당연한 일이겠죠. 그래서 생태전환교육은 기후위기 시대를 살아갈 아이들에게 필요한 가치관과 역량을 키우는 데 초점을 맞추고 있습니다. 화석연료에 기반한 현재와는 다른 미래를 상상하고, 그런 미래를 만들어갈 창의적 교육을 시키는 게 새로운 정책의 목표예요. 안타깝게도 공교육에서는 환경이 선택과목(7%만 채택)인 상황이라 학교 차원에서 전면적인 환경교육을 시키고 있지 못해요. 교육과정은 그렇다 해도, 아이들이 많은 시간을 보내는 학교 자체가 생태적 전환을 경험해 보는 공간이 되면 좋겠다는 것입니다. 예를 들어 학교에 태양광 패널을 설치해 자체 생산한 전기를 사용한다든가, 제로웨이스트('자원전면재활용')를 실천하고 채식을 한다든가, 운동장을 텃밭으로 바꾼다든가, 학교와 마을이 함께 협동조합을 운영해 사회적 경제를 실험한다든가 하는 것들이죠. '탄소배출제로학교'라는 이름으로 전환된 삶을 실천하는 리빙랩('생활실험실')이 될 수 있어요. 서울 관악구의 성대골 에너지자립마을과 연계된 국사봉중학교에 가 보면 운동장에서 전기를 만들고 마을 주민들이 매점을 운영합니다. 이런 사례를 전체 학교로 확산하면서 교육 과정의 일부로 포함시키려는 것이죠.

산드라 서울시교육청 이외의 다른 교육청에도 확산되고 있나요?

한윤정 2020년에는 전국시도교육감협의회에서 생태전환교육을 지지했고, 교육부의 2022 교육과정 개정에도 생태전환교육이 들어갈 예정이었는데, 지금은 주춤한 상태입니다. 그러나 워낙 중요한 문제이니까 지역별로 진행되고 있어요. 경남 통영시는 ESD(Education for Sustainable Development) 즉 유네스코가 지정한 지속가능 발전교육 도시가 돼 있고요. 경남교육청은 에너지와 플라스틱을 줄이는 '에플다이어트'를 시작했습니다. 울산교육청은 매달 세 번째 수요일을 '채식의 날'로 운영하고요. 부산교육청은 지역 여건을 담은 환경교과서를 개발했고, 충북교육청은 초록학교 만들기와 학교숲 운동을 대표정책으로 채택했어요. 충남·경기교육청도 나름대로의 역할을 잘 하고 있습니다. 기후위기는 우리 문명이 중병에 걸렸다는 증후이자 문제 상황이고, 그걸 해결하는 게 생태적 전환이에요. 어떤 내용으로 대처할지는 각자의 상황에 따라 다른 거 같아요. 농촌과 서울의 전환은 다를 수밖에 없겠죠.

산드라 『바람과 물』을 간행하면서 어려운 점이 있으신가요?

한윤정 저희 편집위원 구성을 보면 시니어그룹은 구도완(환경사회연구소장), 박경미(이화여대 교수), 윤형근(한살림 전무), 이문재(경희대 교수), 이병한(다른백년 대표), 장우주(달과나무 연구위원) 선생님이고요. 실무그룹은 저, 윤신영(얼룩소 에디터), 이소연(당근마켓 에디터), 이지훈(도봉숲속마을 교육기획자), 장윤석(녹색전환연구소 연구원)입니다. 구성이 굉장히 다양하죠.

저희는 발행 초기부터 좋은 이야기도 들었지만 "뭐하는 잡지냐!"는 비판도 많이 들었어요. 잡지운동이라는 게 지향성이 분명해야 하는데, 저희 잡지는 예컨대 탄소중립위원회의 입장도 실리고 탄소중립위원회에 대한 반대 입장도 같이 실리거든요. 지금의 위기는 한 가지 방법으로 해결할 수 없다는 게 저희 생각입니다. 탄중위도 중요하고, 탄중위를 욕하는 사람도 똑같이 중요해요. 다양한 의견이 모이는 플랫폼이 되려고 해요. 새로운 세계관과 거기에 이르는 경로를 함께 모색하는 게 목표입니다. 지금은 패러다임이 바뀌는 시기임은 분명하거든요. 지그문트 바우먼은 이를 '인터레그넘'(Interregnum, 두 왕 사이의 시간, 바우먼은 두 시대 사이의 혼란기라고 명명)이라고 했어요. 너무 어려운 문제인 만큼, 혼자가 아니라 여러 사람의 지혜를 모아서 현재를 '모자이크'

('이어붙이기') 해 보고 미래를 '매핑'(mapping)하는 개념으로 조금씩 나아가는 시도가 필요하다고 생각합니다.

산드라　마지막으로 『다시개벽』의 독자들에게 전하고 싶으신 메시지가 있을까요? 말씀해 주셨듯이 잡지는 운동이고, 저희는 자생적 학문운동을 지향하는 잡지잖아요.

한윤정　문명 전환을 함께 이야기하는 동반자가 있다는 점이 무엇보다 든든합니다. 『다시개벽』은 동학사상을 토대로 지구인문학을 추구하는 잡지라고 이해하는데요, 동학의 가치는 생태문명으로의 전환을 이야기하는 시대에 더욱 빛난다고 생각합니다. 삶과 정치, 영성이 모두 결합돼 있기 때문이죠. 제가 공부했던 미국 과정사상연구소는 알프레드 노스 화이트헤드의 과정철학을 기본으로 동서 비교철학을 연구하는 곳인데요, 그곳 학자들도 동학사상에 관심이 많습니다. 과정철학자인 김상일 교수님이 『수운과 화이트헤드』[10]라는 책을 내기도 했죠. 화이트헤드의 철학은 들뢰즈, 브뤼노 라투르를 거쳐 포스트휴머니즘 철학의 객체지향 존재론, 그레이엄 하먼, 스티븐 샤비로, 레비 브라이언트 등으로 이어지고 있는데요, 동학 연구도 포스트휴먼 철학과 활발하게 만나는 것으로 알고 있습니다. 지금은 대전환이 필요한 시기이고, 그만큼 철학이 중요하다고 생각합니다. 철학은 모든 지식과 사상의 토대를 밝혀주니까요. 『다시개벽』의 독자들에게 하고 싶은 메시지라면, 정기구독 신청해 주시고 열심히 읽어주시길 간곡히 부탁드립니다.(웃음)

~~~~~~

[10]　김상일 저, 지식산업사, 2001.

【나가며(산뜻)】

비가 많이 오던 한글날, 인사동 수운회관-모시는사람들에서 인터뷰가 끝난 후 한윤정 선생님은 메밀이 맛있는 집에 가서 밥을 먹자고 하셨다. 우리는 들깨칼국수와 메밀전, 그리고 막걸리를 나눠 먹었다. 오랜만에 만난 어른이 기뻐 모든 질문이 마치 어리광처럼 푸념처럼 튀어나왔는데, 그녀의 모든 대답은 잘 정리된 고민 같았다. 정답은 없지만 길을 잃을 리도 없다는 우아한 확신의 태도가 오래 남을 것 같다.

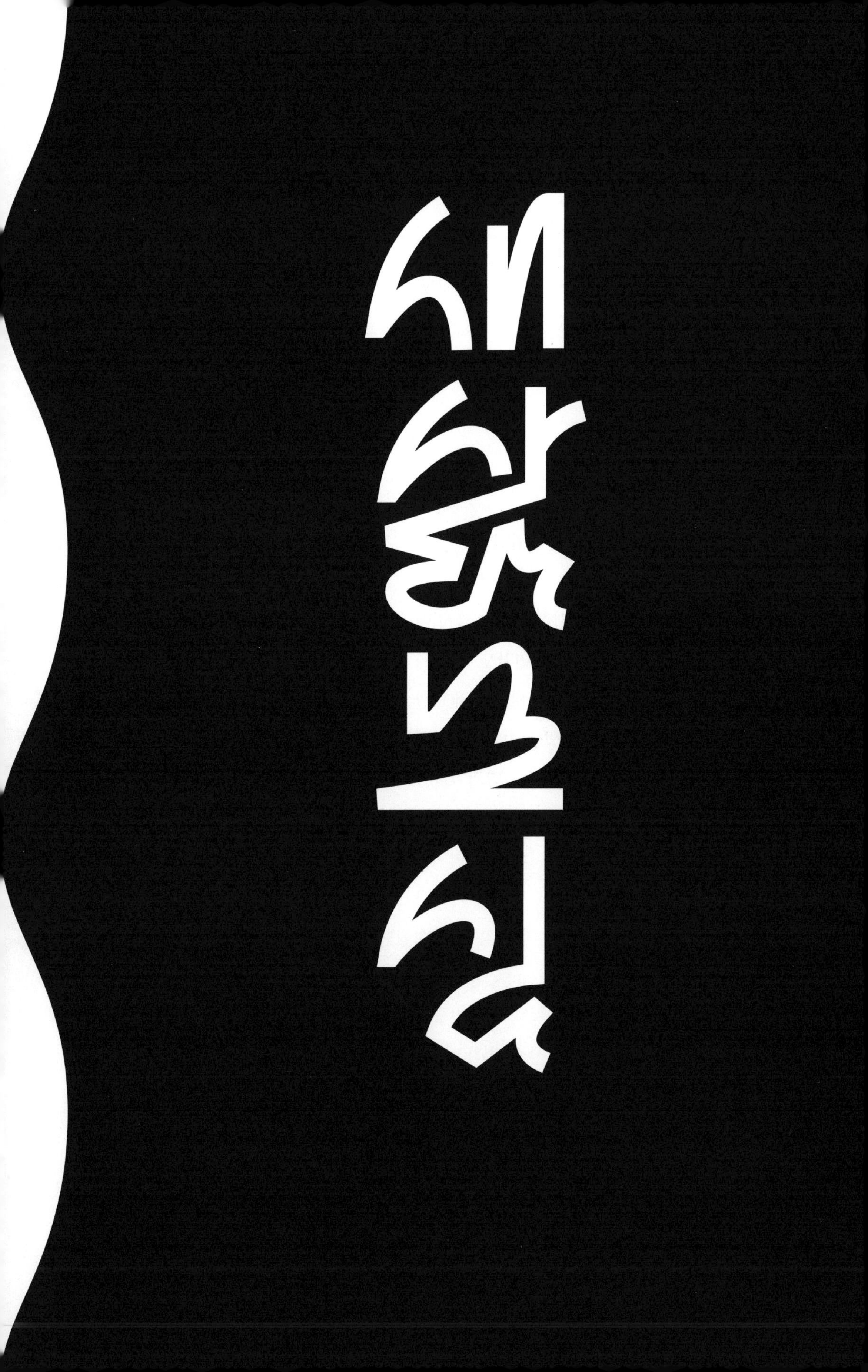

신명과 역설: 생명의 세계관 '또' 다시 쓰기

주요섭

【 '생/명'으로 생명을 다시 생각하기 】

'세계관'이란 말 그대로 '세계를 보는 관점'이다. 예컨대, '생명의 세계관'은 세계를 '살아있는 전체'로 본다. 인간도 하나의 생명이지만 나무와 풀도 생명이고 돌멩이와 기계도 생명이다. 생명의 세계관으로 볼 때, 이 세상과 우주를 움직이는 '보이지 않는 손'은 생명이다. 정치와 경제의 최종심급 역시 생명이다.

세계관은 한 사회의 지배적 이념과 가치, 그리고 사회적 서사의 바탕이 된다. 헐리우드 SF영화에서 '세계관'이라고 말할 때의 그것처럼, 세계관은 객관적 진리나 법칙이 아니라 하나의 관점이다. 그리고 사회적 세계관의 경우, 영화적 세계관과 다르게 작가의 설정이 아니라 오랜 시간에 걸쳐 사회적으로 구성된다. 다시 말하면, 그것은 사회 혹은 사회집단이 스스로 자신의 관점을 기술하는, 사회의 자기기술(self-description)이라고 말할 수 있다. 그런 맥락에서 '생명의 세계관'은 생명운동의 자기기술이라고 말할 수 있다. 물론, 사회의 자기기술은 바뀔 수 있다. 다시 쓰기'가 가능하다.[i] 이때 다시 쓰기, 즉 재-기술

---

i '자기기술'은 대해서는 독일의 사회학자 니클라스 루만의 개념이다. 이에 대해서는 루만의 사회학적 체계이론을 집대성한 『사회의 사회』(2014) 5장 자기관찰과 자기기술 부분(1006-1021) 참조.

(re-description)은 '바르게 쓰기'나 '새로 쓰기'와 구별된다. 기존과 다르게 보고 쓰는 일이다. 그러므로 그것이 '새로운 것'으로 받아들여질지는 알 수 없다. 하지만, 다시 쓰기는 기존의 세계관과 사고방식, 나아가 사회적 활동에 자극을 주어 변화를 추동할 수는 있을 것이다.

이는 '생명의 세계관'에 대해서도 마찬가지다. 생명의 세계관은 '생명의 세계관들'이다. 복수(複數)다. 이미 수많은 생명의 세계관들이 있었다. 문화권과 세대와 시대에 따라 생명은 수없이 다르게 관찰되고, 또 다르게 기술되어 왔다. 다시 말해, 생명의 대한 관념은 시대에 따라 끊임없이 변해왔다. 오늘날 코로나19 팬데믹시대는 또 다른 생명 관념을 형성케 한다. 숙주의 존재 여부에 따라 생명/비(非)생명을 넘나드는 바이러스의 반(半) 생명적 형식(semi-life form)은 또 다른 생명 사유를 촉발한다. 바이러스는 생명이면서 동시에 생명이 아니다. 죽은 것도 아니고 산 것도 아니다. 생(生)/사(死)를 진동한다. '생명의 역설'을 떠올리게 한다. 바이러스는 일정한 조건에서만 살아있다. 조건화를 통해 생(生)/사(死)의 역설에서 벗어나 살아있다. 역설/탈(脫)역설의 논리를 빌려 말하면, 탈역설화²됨으로 해서 생명은 살아 있다. 인간 생명 역시 생/사의 역설 속에서 살아간다는 점에서는 바이러스와 다르지 않을 것이다.

'생명'이라는 현상은 실제적이지만, 물론 하나의 개념이다. 일본어번역사전에 의하면, '생명'이라는 말은 메이지유신 이후 일본의 지식인들에 의해 만들어진, 영어 life, 불어 vie의 번역어이다. 불과 150년, 그것도 일본에서 만들어진 말이다. 김지하 시인은 대담집 『생명과 자치』(1996: 64-69)에서 '기(氣)' 대신 '생명'이라는 말을 선택할 수밖에 없었던 이유를 무려 열한 가지나 제시한다.

한국에서 '생명의 세계관'은 1982년 원주의 사회운동 그룹에 의해 작성되

---

2   역설과 탈역설화는 루만의 핵심 개념이다. 이에 대한 기초적인 이해는 클라우디오 바랄디·지안카를로 코르시·엘레나 에스포지토(Claudio Barald·Giancarlo Corsi·Elena Esposito)가 지은 『루만 개념사전』(2022)의 '역설' 항목 참조.

고 발표된 '생명의 세계관 확립과 협동적 생존', 이른바 '생명운동에 관한 원주 보고서'에서 처음으로 적시된다. 그리고 1989년 한살림모임은 한살림선언을 통해 '전일적 생명의 세계관'을 천명했다.[3] 생명의 세계관이 사회적으로 소통된지 40년, 이제 '또 다른' 생명의 세계관이 필요하지 않을까? 생명사상의 재-기술, 혹은 생명의 세계관 다시-쓰기가 요청되고 있는 것 아닐까.

다시 쓰기가 일반적으로 그렇듯이, 또 다른 생명사상의 출발점은 '부정(否定)의 감각'이다. 의심하고 되묻는다. 동학의 교조 수운 최제우를 빌려 말하면, '각비(覺非)'의 사유이다. 예컨대 이런 식이다. 유기체적 생명 관념을 부정함과 동시에 초월적 생명 관념을 부정한다. 자연주의적 생명 관념을 부정함과 동시에 사회 구성주의적 생명 관념을 부정한다. 기독교의 창조질서로서의 생명세계를 부정함과 동시에 동아시아의 음양론적 생명세계를 부정한다.

이 글에서 주로 참조하고 있는 체계이론과 정동이론 역시, 이를테면 '부정'의 사상이다. 정동이론의 선구적 사상가들인 들뢰즈와 가타리(1999: 314)는 "각각의 학문이 그 자신을 위해 그와 관련된 '부정(非/Non)'과 근본적인 관계를 맺을 때만이 가능할 수 있다."라고 말한다. 또한, 체계이론가 니클라스 루만은 "비-현재적인 잠재성들의 세계구성은 인간의 '부정' 능력에 근거한다"[4] 고 논한 바 있다. 가톨릭 신부이자 반자본주의 사상가였던 이반 일리치는 더욱 치열하다. 생명의 존엄을 내세우며 '생명을 우상화하는' 의료산업과 종교계에 맞서고, '실체로서의 하느님'을 섬기는 가톨릭 성직자들에 도전한다. 이반 일리치는 단언한다.

"마치 하느님이 존재하는 듯한 모양새를 띠는 어떠한 논의에 대해서든 자신의

---

3   원주보고서에서 한살림선언에 이어지는 역사적 흐름에 대해서는 김소남(2017) 참조.

4   사회이론에 관한 니클라스 루만과 위르겐 하버마스의 논쟁을 담은 책, 『사회이론인가, 사회공학인가? 체계이론은 무엇을 수행하는가?』(2018: 42)에서 루만이 언급한 내용이다.

존재와 생명을 걸고 반대하는 사람이어야 한다"(이반 일리치·데이비드 케일리,
2013: 305-306).

한편 한국의 생명사상가 김지하 역시 '부정의 생명사상'을 설파한다. 김지하
(2005: 354)에 따르면, 존재 바깥으로 추방했던 "무(無)와 비(非)-존재 카오
스와 타협하지 않고서는" 창조와 진화가 만날 길이 없다. 이런 맥락에서 김지
하는 생명을 '활동하는 무(無)'라고 정의하기도 한다. 역설적 사유다. 김지하
의 '부정의 생명사상'은 다시 말하면 '역설의 생명사상'이기도 하다.

한살림선언은 '전일적(全一的)' 생명의 세계관을 표방했다. '생명의 지평'
을 바라보면서, '살아있는 전체'로서의 세계를 강조했다. 그러나 오늘 다시 쓰
는 생명의 세계관의 출발점인 '부정의 사유'는 전일성에 물음표를 던진다. 생
명세계의 질서와 조화, 통일성에 대해 의문을 제기한다.

부정과 재-기술을 위해서는 먼저 해체가 선행되어야 한다. 예리한 분석이
이루어져야 한다. 그리고 분석과 해체를 위해서는 수술실의 그것처럼 메스가
필요하다. 이번 작업의 도구는 '생/명'이다. 기존의 생명 관념을 '생'과 '명'으
로 해체하고 다시, '생/명'으로 재구성한다. '생/명'이라는 기호는 '부정의 생
명감각'을 '부정의 생명사상'으로 변환하기 위한 분석의 도구이다.

이를테면, 생명은 '생(生)'이면서 동시에 '명(命)'이다. 이때 생(生)이라는
글자는 새싹[5]의 상형으로써 형태가 있는 생명체를 지시한다. 명(命)이라는 글
자는 '주어진 의무'라는 뜻도 있으나, 의지와 노력으로 어떻게 할 수 없는 '객
관 상황'을 의미한다.[6] '생(生)'은 유기체적 질서를, '명(命)'은 비-유기체적 무

---

[5] "生자는 '나다'나 '낳다', '살다'라는 뜻을 가진 글자이다. 生자의 갑골문을 보면 땅 위로 새싹이 돋아나 는 모습이 그려져
     있었다. 그래서 生자는 본래 '나서 자라다'나 '돋다'라는 뜻으로 쓰였었다. 새싹이 돋아나는 것은 새로운 생명이 탄생했음을
     의미한다. 그래서 生자는 후에 '태어나다'나 '살다', '나다'와 같은 뜻을 갖게 되었다. 生자가 다른 글자와 결합할 때는
     본래의 의미인 '나다'를 전달하는 경우가 많다. 예를 들면 姓이라는 글자는 태어남(生)은 여자(女)에 의해 결정된다는
     뜻이다."(네이버 한자사전)
[6] '명(命)'은 하늘의 명령이라는 뜻이다. 즉 천명(天命)이다. 『맹자』안에서 이 천명은 다시 두 가지 뜻으로 사용된다. 하나는

질서를 가리킬 수도 있다. 그리고 생과 명 사이, '/'는 체계이론을 따라서 생명체와 환경 사이의 역설적 경계를 표상할 수도 있고, 하나의 사건으로 경험되는 온전한 한 세계의 순간을 상징하는 기호가 될 수도 있다.

'생/명'이라는 분석과 탐구의 도구는 무엇보다 체계이론의 '체계/환경' 및 '형식/매체' 도식을 수용한 것이지만, 사실 인류 역사 이래로 적지 않은 비슷한 도식이 관찰된다. 대승불교의 '색(色)/공(空)'의 논리가 일단 떠오른다. 또한 노자의 '유명(有名)/무명(無名), 기철학의 '객형(客形)/태허(太虛)'[7], 그리고 신유학의 '태극/무극'도 궤를 같이하는 것으로 보인다. 동학의 '태극/궁궁'과 '기연/불연'[8]도 이와 다르지 않다. 물리학자 데이비드 봄의 '드러난 질서/숨겨진 질서'도 같은 차원에서 볼 수 있을 것 같다. '혼돈적 질서'를 의미하는 카오스모스(chaosmos)[9] 개념이나 들뢰즈와 가타리의 카오스모제(chaosmose)[10]도 같은 맥락에서 이해할 수 있을 것이다. 한국의 생명사상을 태동시킨 김지하는 '활동하는 무', '살아있는 없음', '흰 그늘' 등을 통해 생명의 역설을 개념적으로, 혹은 미학적으로 표현하려 했던 것으로 보인다.

그렇다. '생/명'으로 생명에 관해 다시 묻는다. '생/명'이라는 기호를 도구로 하여 기존의 생명 관념을 해체하고 재구성한다. 그리고 이를 통해 생명의 세계관 다시쓰기를 시도해본다.

현대어로 '사명'이라고 할 수 있는 내게 주어진 의무라는 뜻으로 쓰인 경우이고, 다른 하나는 내 의지와 노력으로 어떻게 할 수 없는 '객관상황'을 의미한 경우이다. [네이버 지식백과] 명 [命, mandate, ming] (서울대학교 철학사상연구소)

[7] 장재의 '객형/태허' 도식에 대해서는 손영식(2012) 참조.

[8] 생/명의 도식에 따라, 수운 최제우의 '불연기연'을 해체하고 앞뒤를 바꾸어 재구성했다. 태극/궁궁도 마찬가지다. 여기서 기연/불연은 현재(顯在/the actual)/잠재(潛在/the potential)로 재해석된다.

[9] 문학비평용어사전에 따르면, "카오스모스[Chaosmos]는 카오스와 코스모스가 합쳐진 용어로, '혼돈'과 '질서'를 대립적으로 보던 서구 형이상학의 과학관을 극복하고 새롭게 탄생한 개념이다. 중략. 카오스모스에서 질서와 혼돈은 대립적인 개념이기보다 상호보완적이며 중첩된 개념이다. 질서정연하게 인식되던 세계는 우연적이고 가변적인 항이 지배하는 비선형적이고 탈유기적인 세계로 변모하고, 동시에 그러한 카오스적 세계 내에서도 복잡하고 다양한 질서가 존재한다. 프랙탈 이론이나 카타스트로피 이론도 이러한 카오스모스의 세계관과 유사한 맥락에 놓여있다.(권채린)". [네이버 지식백과] 카오스모스 [Chaosmos] (문학비평용어사전)

[10] 카오스모제는 '카오스(Chaos, 혼돈)'와 '코스모스(Cosmos, 질서)'의 상호침투(Osmose)'를 의미한다. 카오스모제에 구체적인 내용에 대해서는 대해서는 펠릭스 가타리(2003) 참조.

【'생': 생명은 '몸'이다】

생명은 무엇보다 '살아있는 몸'이다.[ii] '몸(身體)'이 있어야 생명이다. 이때 살아있는 몸이란 우리가 일상적으로 경험하듯 '희로애락'하고 '생로병사'하는 몸이다. 몸으로서의 생명은 생생하게, 하나의 실존으로 경험된다. 그리고, 그것은 어떤 형식(form)을 지니고 있다. 땅에서 돋아나는 새싹의 모양을 형상화했다는 '생(生)'이라는 글자처럼, 무늬, 모양, 형태를 지닌 '생명체(生命體)'다. 생명체는 수없이 다양한 모습으로 관찰된다. 그러므로 생명은 '생명들'이다.

1) '살아지는 몸'으로서의 생명

생명은 만질 수 있고, 껴안을 수 있다. 부드러운 촉감이나 따뜻한 온기로 느껴지기도 한다. 새싹과 같은, 고양이와 같은 유기체들이다. 생명은 생물학적으로 자라난 몸이기도 하고, 사회적으로 길들어진 몸이기도 하다. 피트니스나 수련을 통해 훈련된 몸이기도 하다. 병든 몸이기도 하고 죽어가는 몸이기도 하다. 그런 맥락에서 생명은 다른 무엇보다 '신체'다.

신체는 고정된 사물이 아니다. '생성'이다. 주변의 환경과 또 다른 생명체들과 관계 속에서 이루어지는 '공동 생성'이다. 몸은 능동적으로, 동시에 수동적으로 만들어진다. 체화(體化/embodiment)의 과정이다. 생명으로서의 몸은 '살아짐(lived)'이며, 동시에 '살아감(living)'이다.

또한 생명체는 개체로 경험되고, 개체들은 다시 다양성으로 인식된다. 손가락의 지문도, 사람들의 얼굴도, 길고양이들도, 똑같은 생명체는 없다. 모든 꽃은 다르다. 모든 소리는 다르다. 다름으로써 특별한 존재가 된다. 세상에 똑같은 것은 없다. 그러므로 생명은 항상 '생명들'이다. 단수가 아니라 복수다.

[ii] '살아있는 몸'과 관련해서는 토마스 하나(2013)를 참조한다. 한국어로 번역된 책 제목은 『부드러운 움직임의 길을 찾아』이지만, 원제는 『(The)body of life』이다. 원제가 저자의 의도를 명확히 전달한다.

생명이 신체적이라는 말은, 다시 말하면 물질적이라는 말이기도 하다. 김지하의 표현을 빌자면, 생명은 물질적 유기화를 통해 생명체가 된다.

"생명은 보이지 않고 언제나 신선하고 쉴 새 없이 움직이지만, 그것은 운동하는
과정에서 잠정적으로 물질화될 수밖에 없다. 물질을 매개로 해서 시간 속에서
지속되고 물질을 매개로 해서 공간 속에 확대될 수밖에 없는 것이 생명의
운명이다. 생명은 일단 운동한다 할 때는 가시적인 물질로, 하나의 유기체적인
단위 속에서 일정한 물질로서 유기화된다. 유기화된다고 해서 생명이
종식·정지되는 것이 아니다. 성주괴공(成往壞空)' — 유기적 생명체는 태어나서
성장해서 완숙되었다가 소멸한다고 해서 생명이 없어지는 것이 아니다.
가시적인 형태로 물질화된 단위 생명체의 외피(外皮) 형식 자체가 나타났다가
성장했다가 없어지는 것이다. 그 과정을 통해서 생명은 또 영속적인 물결을
보내는 것이다. 유기체의 해체 뒤에도 생명은 계속 다른 형태로 전환·운동하는
것이다. 인간이 죽어서 흙이 되어 다른 여러 요소로 분해되는 것도 하나의
전체적인 생명과정이다."(김지하, 2002b: 119)

그렇다. 생명체가 되기 위해서는 물질화, 형식화, 개체화가 이루어져야 한다. 초점은 '화(化)'에 있다. 생명체는 항상 '생명체화'다. '살아나고 살아가고 사라지는' 생장소멸(生長消滅)의 과정이 그것이다.[12]

---

[12] 동학에서도 동아시아의 전통에 따라 생명체론을 전개한다. 유성유물, 이롬과 형식이 있다. 동경대전 불연기연편에서는
이렇게 말한다. "천고만물이여, 각각 이롬이 있고 형식(형태)가 있다(千古之萬物今 各有成各有形)." 기연이 하나의
형식이라면(顯在), 불연은 '아직 형식 아님'(潛在)으로 해석될 수 있을 것이다.

2) 생명체라는 형식

이를테면, 생명체는 하나의 '형식'[13]이다. 그리고 그 형식이란 항상 '형식화 (formation)'이다. 고정된 격자와 같은 것이 아니다. 비유컨대, 축구선수 손흥민의 "폼이 살아있다 폼이 죽었다" 할 때의 그 폼이 바로 형식화이다. 생명은 하나의 몸짓으로부터 시작된다.[14] 그리고 몸짓의 연쇄과정을 통해 자기생산적인 신체(身體)라는 폼을 갖게 된다. 요컨대 생명은 어떤 활동 형식으로서만 지속할 수 있다. 이를테면, 폼생폼사(form生form死)[15], 폼이 나면 살고 폼이 죽으면 사라지는 게 생명이다.

이러한 '생명체화'의 과정은 시간적 과정이기도 하다. 생명체는 시간적으로 형성된다. 생명은 자신을 스스로 끊임없이 변화시키며 진화한다. 의식이 있는 생명체인 인간은 자신의 생장소멸을 보통 과거, 현재, 미래의 선형적 시간으로 경험한다.

산다는 것은 '생명형식(life form)'을 생산하고 재생산하는 시간적 과정인 셈이다. 그러나 한번 만들어진 삶의 형식은 우리의 삶을 구속한다. 고착된 생명형식은 생명의 새로운 전개를 억압한다. 그런 점에서 삶이란 폼생폼생 (form生form生), 끊임없이 새로운 형식을 생성하는 과정이기도 하다. 물론 폼생폼생의 전제는 '폼사(form死)'다. 형식(form)의 소멸이다. 폼의 죽음이다. 기존의 형식이 사라져야 새로운 형식을 만들 수 있다. 그렇다. 죽어야 거듭날 수 있다. 죽어야 다시 살 수 있다. 부활할 수 있다.

그렇다. 모든 형식은 언제든지 바뀔 수 있다는 점에서 잠정적이다. 형식은

---

[13]   여기서 형식은 form의 번역어다. 그런데 사회학자 니클라스 루만은 『형식의 법칙』을 쓴 수학자 스펜서 브라운을 따라서, '이것/이것 아님'의 구별 자체를 형식으로 정의한다. 예컨대 '생명/비생명'의 구별 자체 하나의 형식이다. 생명이라는 지칭은 처음부터 비생명을 전제하기 때문이다.

[14]   다르게 말하면, 태초에 한 움직임, 한 획(劃), 작동이 있었다. 그리고 그것은 세계 내에서 일어난다.

[15]   '폼생폼사는 국어사전에 나오는 표현이다. 네이버 국어사전에 나오는 일반적인 의미는 "폼에 살고 폼에 죽는다는 뜻으로, 겉으로 드러나는 멋을 최우선 순위로 두는 태도나 생각을 속되게 이르는 말"이다.

또한 실체가 아니라는 점에서 가상적[16]이다. 다시 말해 모든 생명체들은 잠정적이고 가상적이다. 구성적이다. 예컨대 꽃들은 실체로가 아니라, 실체로 경험되는 꽃핌이라는 개화(開花) 사건이다. 생명체가 생명활동을 하는 것이 아니라, 생명활동이 생명체를 만든다. 이를테면 생명체라는 생명 주체성의 출현은 생명활동의 효과이다.[17]

3) 만들어지는 자아

자기생산체계로서 생명체의 가장 특이한 점은 "자기 옷을 스스로 여민다는 사실, 곧 자신의 역동성(생명활동)을 바탕으로 자신을 주위 환경과 다른 것으로 구성한다"는 사실이다(마뚜라나·바렐라, 2013: 58). 다시 말해 스스로 자신과 환경의 차이를 생산한다는 것이다. 그리고, 이 과정을 통해서 '자아'로 인식되는 어떤 것이 생겨난다. '자아라는 형식'이 만들어진다.

불교의 유식론(唯識論)[18]을 빌리면, 오직 의식이 있을 뿐이다. '자아'가 있어 의식의 활동이 이루어지는 것이 아니라, 의식의 재귀적 작동이 '자아'와 '대상'으로 여겨지는 것들을 지어낸다. 루만의 사회학적 체계이론에 의하면, '자아' 역시 '타아(他我)'와의 구별에 의해 만들어진 하나의 사회적 형식이다. 자아는 원래부터 있었던 것이 아니라 사회적으로 만들어진다. 같은 맥락에서 민족이나 계급과 같은 '사회적 자아' 역시 사회적 소통과정에서 만들어진 상상적 구성물이다.[19]

---

[16] '자아의 가상성'에 대해서는 바렐라(2017) 참조.

[17] 생명 철학자 에반 톰슨(2017)은 생명체의 형성과정을 '자기 특정화 시스템(self-specification system)'이라고 개념화한다. 그리고 생물학적 자기생산(autopoiesis) 이론을 5개의 명제로 설명한다. ①생명활동은 자기생산이다. ②자기생산은 한 자아의 창발을 낳는다. ③한 자아의 창발은 한 세계의 창발을 낳는다. ④자아와 세계의 창발은 곧 의미 만들기이다. ⑤의미 만들기는 곧 인지이다.

[18] 유아론(唯我論)이 아니라는 점에 유의해야 한다.

[19] 생명과 자아에 대한 탈-주체적 사유는 대승불교를 비롯해 오랜 역사를 지니고 있으나, 앞서 살펴본 체계이론이나 정동이론의 핵심적 사유이기도 하다. 생명사상의 역사 속에서도 이와 관련된 탐구가 있었다. 윤노빈의 『신생철학』이 그것이다. 윤노빈은 '요소론적 세계관'에 대해 '행위적 세계관'이라는 이름으로 이런 논지를 전개한다. 윤노빈(2013: 75).

그러므로, 자아라는 형식은 항상 바뀔 수 있다. 더욱이 자아가 어떤 문제에 봉착했다면, 스스로 변화시켜야 한다. 미국의 어느 사회운동가는 자아의 'trans-form(형식-변환)'의 프로세스를 이렇게 정리한다.[20] 뭔가가 잘못 만들어지거나(mis-formed) 일그러질(de-formed) 때 질병과 부조화 상태가 일어난다. 그러므로 치유란 문제가 생긴 형식(form)을 탈바꿈 혹은 변환(trans-form)시키는 것과 관계된 일이다. 그가 제시하는 탈바꿈을 통한 네 단계의 치유과정은 다음과 같다.

> 1단계(in-form yourself): 이미 형식으로 현실화되어 있는 것에 대해 이해하라.
> 2단계(con-form): 질병의 상태에서 떨어져 나오려고 하는 대신 그 상태를 수용하라. 그 형식(form)과 공명하면 우리는 그것에 대해 더 큰 영향력을 얻는다.
> 3단계(un-form): 그것을 놓아줌으로써 그 상태를 해체시켜라.
> 4단계(re-form): 해방된 에너지를 우리의 목적과 의도에 맞게 바꾸라.

결론은 're-form(재-형식화)', 또 다른 형식으로 다시 되기이다. 삶과 사회도 세계도 마찬가지다. '폼생폼생(form生form生)'이다. '다시'의 과정이다. '또 다른'의 과정이다. 끝없이 새로운 폼을 만들어가는 과정이다.

【'명': 생명은 신명이다】

그런데 우리의 생명체험은 새봄 파릇파릇 새싹과 만나는 설렘이기도 하지만, 가끔은 의식의 경계 너머 아득한 느낌이나 깊은 침묵이기도 하다. '생'의 생명

---

[20] Leonard Laskow, Healing with Love. p4-10. 브루스 립튼·스티브 베어맨(2012: 489-490)에서 재인용.

과 구별되는 '명'의 생명이 그것이다. 이때, 생명은 모양이 없어 만질 수도 없고 볼 수도 없다. 그리하여 어쩔 수 없이 하나의 방편으로써 이름을 붙인다.[21] '거룩한 생명', '신비한 생명'이나 혹은 신명(神明), 영성, 기(氣), 도(道), 무(無), 공(空), 허(虛), 천(天), 그리고 동학의 궁궁(弓弓)[22]이 그것이다.

1) 비-생명과 함께 살기

우리는 일상에서 신체의 내장기관 활동을 알아차리지 못한다. 내장기관들은 의식에서 사라진 존재이다. (배가 아플 때 비로소 그 존재를 자각한다.) 의학적으로 고혈압과 콜레스테롤 수치가 문제가 있음에도 살아있는 의식은 그것을 알아차리지 못한다. 그리고 그런 분자적 수준의 화학적 작용은 물질적이다(크리스 쉴링, 2011: 331).

요컨대 생명은 스스로 자각하지 못한 채 비(非)-생명적인 것과 함께 살고 있다는 것이다. 비-생명체인 물과 공기와 태양이 없으면 생명체도 없다. 생명은 비-생명적인 것과 함께라야만 살아갈 수 있다. 특히 현대사회에서 생명은 무엇보다 기계들과 공생한다. 휴대폰은 이미 두뇌의 일부이며, 신체의 연장(延長)이다. 이미 냉장고와 수많은 간편시스템, 모바일과 피시 속의 플랫폼들 그리고 지하철과 버스 등 갖가지 교통수단들과 신체는 긴밀히 연동되어 있다. 그리고 하나둘 신체 안에 장착된다. 기계와의 공생시대, 동학에서 말하는 경물(敬物) 사상은 자연스러운 것이 된다.[23]

---

[21] 체계이론에 관점에서는 이렇게 말할 수 있다. "그런데 이 궁극적인 실재는 진정 언어로 표현하는 것이 불가능하기 때문에 논의의 대상이나 배움의 대상으로 삼을 수 없다. 즉, 외부에서 기술할 수 있는 대상이 아니라는 것이다."(한윤경, 2017; 219) 그래서 하느님의 세계도 창세 이전은 논외다. 말씀 이전은 말할 수 없다. 우주의 역사는 빅뱅으로부터 시작된다. 빅뱅 이전은 논외다.

[22] 궁궁은 조선 말 민중들의 염원이었다. 현실적인 피난처이기도 했고 유토피아이기도 했으며 생명력의 근원, 혹은 궁극적 진리로 인식되기도 했다. 동학을 창도한 수운 최제우 역시 그 궁궁을 열망했고, 궁궁을 체험했던 것으로 보인다.

[23] 이때 경물의 물(物)은 일차적으로 돌멩이와 같은 비-생명이 아니라, 동물, 생물의 물, 즉 비인간을 의미한다. 홍대용의 그 유명한 인물균론(人物均論)을 참고할 수 있다. 기계 혹은 인공지능의 자기생산체계로서의 가능성과 체계/환경 관계에서 체계/체계로의 관계형식의 변화에 대해서는 별도의 연구가 필요하다. 혹 기계체계가 자기생산체계로까지 진화할 경우, 기계에게 인간을 포함 비-기계들은 환경이 될 것이고, 그때 기계의 내면은 그 속을 알 수 없는 블랙박스가 될 것이다.

신체 자체를 '생명체계/생명환경'의 관점에서 볼 수도 있다. 사실은 신체는 처음부터 익명의 타자들과의 공존이다. 인간 생명체는 수십조 개의 세포들의 연합체이지만, 동시에 수십조 개의 바이러스 및 세균과 같은 미생물들이 함께 살고 있다. 이들은 유기체의 내부환경이 된다.[24] 그러므로 앞서 이야기한 자기 만들기는 곧 '자기/타자' 만들기, 혹은 '자기들/타자들' 만들기이다. 그런 맥락에서 생물학자와 사회사상가들은 '자기생산'(autopoiesis) 개념 대신 '공동-생산(sym-poiesis)' 개념을 제안하기도 한다.[25]

2) 카오스 생명

또 다른 관점에서 '명'의 생명을 탐구할 수도 있다. 이때 '명'의 생명은 '생명/환경' 도식의 환경에 머물지 않는다. 환경 이상이다. 예컨대 한국의 선가(仙家)에서는 운행체계로서의 몸(身)과 생명체의 질료로서의 몸뚱이(體)를 구별한다(박현, 2012: 51).[26] 정동이론에서는 '유기체적 몸'과 구별되는 '비-유기체적 몸'을 이야기한다.

앞에서 '명'의 생명을 기, 무, 공과 같은 개념으로 대신했거니와 그것은 모순과 역설로, 혹은 복잡성과 우연성으로, 대체로는 불확실성이나 혼돈으로 경험되고 표상된다. 요컨대, '생/명'이라는 생각도구를 사용하면, 생명은 '코스모스-생명'/'카오스-생명'으로 다시 볼 수 있다는 말이다.

성서에서 혼돈, 즉 카오스는 '형식없음(formless)'이다. 이를테면 혼돈은 천지창조 이전, 말씀(logos) 이전의 상태다. 생명체 출현 이전의 세계이다. 이는 '형식이 없다'라기 보다는 '형식화'하기 전의 '미결정'의 상태를 의미할 것이다.

---

[24] 최신 생물학에서는 숙주(host)와 박테리아와 같은 공생 미생물을 하나로 칭하는 개념을 사용한다. 홀로비온트(holobiont)가 그것이다. 인간은 생명체는 30개 조의 세포결합체와 그보다 더 많은 39개 조의 미생물들이 함께 사는 생명공동체인 것이다. 홀로비온트 및 홀로게놈 개념에 대해서는 안영우(2018) 참조.

[25] 예컨대, 린 마굴리스나 도나 해러웨이(2021) 등이 그들이다.

[26] 선가의 몸뚱이 개념은 '몸의 현상학'으로 널리 알려진, 메를로 퐁티의 '살' 개념을 떠올리게 한다. 퐁티의 보이지 않는 몸과 살 개념에 대해서는 퐁티(2004) 참조.

"천지가 아직 나눠지지 않은 상태(창세기 1:2). 사물의 구별이 도무지 되지 않는
상태(시편 107:27). 문자적으로 '무형'(無型), '텅빔'이란 뜻. 성경에서는 '혼란',
'공허', '허망', '황야', '텅 빈 곳'이라는 의미로서(창세기1:2; 이사야 45:18;
예레미야 4:23), 주로 천지가 창조되기 이전의 상태를 묘사할 때 사용된다.
영어성경 KJV, RSV는 'without form'(형태가 없는)으로 번역했다"[27]

체계이론의 개념을 빌리자면, '무(無)-구별'의 상태라고나 할까. 시간적으로
말하면 '전(前)-구별'의 상태이다. 여기서 무-구별은 인식론적인 것만이 아니
다. 카오스 생명은 존재론적 미결정의 상태, 혹은 잠재성의 상태다.

　동학의 천(天) 개념도 같은 맥락에서 다시 볼 수 있을 것이다. 동학의 교
조 수운 최제우는 시천주(侍天主)로 시작하는 주문 21자에 대한 해설을 붙이
면서도 유일하게 천(天)에 대해서만은 아무런 언급을 하지 않았다. 천에 대
한 설명이 없다. 하늘(天)은 정의할 수 없는 것이다. 정의를 내리거나 구별을
하는 순간 이미 하늘이 아닌 것이다.[28] 그런 점에서 동학의 '천' 개념 역시 코스
모스적이라기보다는 카오스적이라 말할 수 있다. 만약 시천주의 천(天)을 공
(空)이나 허(虛)로 해석하면, '한울님 모심'이란 곧 '공을 모심', '허를 모심'이
된다.

　수운 최제우와 당대 민중들이 열망했던 '궁궁(弓弓)' 역시 카오스적인 것으
로 해석될 수 있을 것이다. 이때 궁궁은 태극적(太極的) 질서와 구별되는 다시
개벽의 근거 아닌 근거로서 '비구별의 지대'(마수미)이며, 이는 다시개벽의 잠
재적 원천이 된다. 그런 맥락에서 동학의 본주문 지기금지원위대강(至氣今至

27　[네이버 지식백과] 혼돈 [混沌, formless] (교회용어사전). https://terms.naver.com/entry.naver?docId=2377109&
　　cid=50762&categoryId=51365
28　그런 맥락에서, 수운의 '불택선악(不擇善惡)'은 중요한 함의를 지니고 있다. 수운의 언급 그대로, 한늘은 선악을 구별하지
　　않는다. 기독교의 하나님도 그렇거니와 구별하는 신은 이미 신이 아니다. 이를테면, 신은 비구별의 지대에 계신다.
　　동학사상을 재해석, 재구성 하는데 있어 불택선악은 키워드가 될 수 있을 것으로 보인다. 불택선악은 수운의 동경대전의
　　논학문편, 용담유사의 안심가 및 도덕가편에서 언급된다.

願爲大降)의 '지기(至氣)'에 대한 해설인 '혼원지일기(渾元之一氣)'를 카오스적 코스모스, 즉 혼돈적 질서로 해석한 김지하의 통찰력이 탁월하다. 그리고 이런 해석의 연장선에서 모심(侍)에 대한 수운의 설명, 즉 내유신령 외유기화(內有神靈 外有氣化)를 다시 해석해볼 여지가 있다. 신령의 거룩함이란 질서 이전, 미결정의 잠재성을 의미할 수도 있다는 말이다.[29]

3) 신명, 살아있는 것으로 살아있게 하는 힘

요컨대 생명세계는 카오스적이다. 복잡계 이론을 꺼낼 필요도 없다. 세계는 "무질서하고 카오스적이며 에로스적이며 가이아적이며 역설 지향적"이다(김지하, 1996: 463). 그리고 이때 김지하의 카오스 우주는 무엇보다 에너지적이다. 물질적이고, 신체적이다. 단 여기서의 신체는 유기체적 신체가 아니라, '비-유기체적 신체'이다. 카오스적 신체이다. 김지하는 '영성의 그물'로서의 몸을 이야기한다. '신령한 몸'을 강조한다. 그러나 '영성의 그물'은 초월적이지 않다. 김지하는 거꾸로 '성스러운 육체주의', '영성적 육체주의'를 제안한다. 그렇다. 그야말로 '몸의 우주성'이다.[30] '유기체적 몸'으로 현재화(顯在化)된 '우주적 몸'이다.[31]

　　앞에서 김지하에게 생명은 곧 기(氣)라고 말했거니와, 동아시아에서 '기'는

---

[29] 그런 점에서는 신은 비-형식적이다. 그러므로 신을 닮아가고자 하는 사람은 형식없음(formless)으로 가는 것, 공포로서의 죽음이 아니라, 형식 없음, 미결정과 잠재성으로 돌아감으로서의 죽음인 셈이다. 그것은 부활의 전제조건이다. 부활은 죽음이라는 문턱을 넘어야만 가능한 일이다. 동학의 다시개벽도 마찬가지다.

[30] 이 지점에서 최근 널리 소개되고 있는 '신유물론'의 여러 가지 흐름을 떠올린다. 김지하를 통해 한국형 신유물론, 이를테면 **'거룩한 유물론'**이라는 조어를 떠올리게 된다. **'몸의 우주성'**에 대해서는 같은 제목의 책(유아사 야스오, 2013)을 참조할 수 있다.

[31] "손가락 하나, 발끝 하나, 털끝 하나, 피부 어느 한 부분도 깊은 정신의 그물이 다 뻗치지 않은 곳이 없어요. 그리고 피부를 통해서, 육체를 통해서 신령한 전 우주, 전 외계 우주, 전 심층 무의식, 전 의식계와 전 감각계를 통괄하여 유통하고 순환 교섭하는 대생명, 영성적 생명, 즉 기가 활동하는 것이죠. 육체는 바로 영성의 그물입니다. 따라서 그들의 육체주의가 단순히 물질적 육체주의를 벗어나서 성스러운 육체주의, 영성적 육체주의, 영과 육을 하나로 합하여 물질과 정신을 일원적으로 통합하는 그러한 차원 높은 새 시대의 성스러운 육체주의로 변할 수 있다면, 그들의 육체 탐닉과 육체 모색은 새로운 차원에서 건강하고 발랄한 몸의 문화, 신령한 몸의 문화를 창조하게 될 것이며, 새로운 문명 전환과 새로운 문화의 기초를 열 수 있는 것입니다."(김지하, 1996: 279)

물질적이면서 동시에 비-물질적이다. 이를테면, '폼생폼사'의 생명활동은 기의 취산(聚散), 모이고 흩어짐으로 설명된다. 기가 모여 생명체가 되고, 흩어지면 카오스적 생명으로 되돌아간다. 한 마디로 생명활동이란 곧 '기의 감응(感應)'으로 이해된다. 이때 생명은 '감응하는 생명'이 되고, 세계는 잠재적인 생명의 흐름이 된다. '지각적 경험'의 세계와 구별되는 '감응적 경험'의 세계라고 말할 수도 있다[32]. 그런 맥락에서, 생명의 세계관이란 다시 말해, '감응적 생명의 세계관'이라고 말할 수 있을 것이다.[33] 그러나 감응적 경험의 세계는 '초월적 세계'라기보다는 '미지의 세계'라고 말해야 할 것이다.

감응하는 생명, '생명을 생명이게 하는 힘'에 김지하는 '신명'이라는 이름을 붙인다. '생명'은 '신명'이다. 1986년 발행된, 한국전쟁 당시 죽임당한 원혼들의 해원을 노래한 시집 '검은 산 하얀 방' 서문에서 김지하는 스스로 묻는다. "그 소리, 속으로부터 울려나오던 그 소리는 도대체 무엇인가? 도대체 그 무엇이 다가오고 있음을 알리는 조짐인가? 이런 일은 무슨 힘에 의해 일어나는 것인가?" 그리고, 김지하는 스스로 답한다.

"이 물음에 대답할 자는 오직 하나—

모든 것을 아우르며 모든 것을 놓아주며 모든 것을 살아 뜀뛰게 하는 활동하는

무(無), 신명—

지금 여기 죽임당하는 매일매일의 삶 속에서 솟구쳐 출렁거리며 모든 존재를

죽임에서부터 살려내고 인간의 사회적 삶과 내적인 삶, 인간만이 아니라 모든

생물, 무생물, 물질과 기계까지도 거룩하게 드높이고 서로 친교하고 공생하고

해방하고 통일하여 '한울'로 살게 하는 가없는 저 화엄의 바다, 그 약동하는
생명의 물결뿐이리라."

【 '/' : 생명은 '역설'이다 】

우리는 종종 삶과 세계를 질서와 무질서, 조화와 부조화, 평화와 비평화가 혼
란스럽고 복잡하게 뒤섞인 것으로 체감한다. 모순적인 것, 분열적인 것, 역설적
인 것으로 경험된다. 그러나 동시에 살아있음은 어떤 경우에도 분리할 수 없는
하나의 사건으로 경험된다. 이를테면 조화로운 것은 조화로운 것대로 분열은
분열대로, 혹은 '조화로운 분열'이든 '분열된 조화'든 어떤 한 순간으로 체험된
다. 생명은 '생/명' 사건이다.

1) 생명의 전제조건으로서의 '경계'

생명 사건은 무엇보다 '경계적 사건'이라고 말할 수도 있다. 경계가 있어야 생
명체다. 예컨대 세포는 막(膜, membrane)의 존재로 인해 세포가 된다. 피부
와도 같은 이 테두리는 단순히 물질대사의 범위를 한정할 뿐만 아니라 물질
대사의 과정에 참여한다. 만약 막이 없다면 세포의 물질대사는 마치 분자들
의 수프처럼 흩어져버려 세포라는 독립된 개체를 이루지 못할 것이다(마뚜라
나 · 바렐라, 2013: 57).

　그런 맥락에서 경계적 사건이란, 다시 말하면 생명체와 생명체의 외부, 즉
생명체와 생명환경의 '동시발생'을 의미한다. 한 사건의 두 면이다. 환경이라
는 무대가 먼저 존재하고 그 위에서 생명체가 생겨나는 것이 아니라, 생명활
동을 통해서 생명체와 환경이 동시발생하고 공진화하며 한 세계를 산출한다.
한살림선언은 생명과 환경의 상호 생성, 즉 '한 세계의 창발'의 예로 생명체의

진화과정에서 지구 대기권에 산소를 공급했던 원생세포의 경우를 들고 있다.[34]

사회조직이나 공동체도 마찬가지다. 예컨대 한살림이라는 조직이 만들어 진다는 것은 '한살림체계/한살림환경'의 동시발생이다. 그 전체를 일러 '한살림 세계'라고 말할 수 있을 것이다. 한살림과 비(非)-한살림은 동시 발생한다. 그러므로 공동체 만들기란 공동활동의 경계 만들기를 통해 공동체와 공동체 환경을 동시에 산출하는 과정이 된다.

경계는 '경계면(interface)'으로 인식되기도 한다. 예컨대 피부 호흡이 그 렇듯이, 경계는 출입처나 혹은 통로가 되기도 한다. 컴퓨터에서 인터페이스는 "사물과 사물 사이 또는 사물과 인간 사이의 경계에서, 상호 간의 소통을 위해 만들어진 물리적 매개체나 프로토콜을 말한다(두산백과)." 감각학에서도 인 터페이스라는 개념을 사용한다. 예컨대 인간의 피부는 진화하여 기계와 사람 간의 인터페이스로 존재한다고 본다(안덕선·김승현, 2012: 53)[35].

그런 점에서 죽음도 일종의 인터페이스라고 할 수 있을지 모르겠다. 죽음-사건은 이를테면, 생명과 비-생명의 접촉면이다. 이승과 저승을 이어주는 인 터페이스다. 방의 안과 밖을 나누면서 동시에 넘나들 수 있는 문턱이다. 문턱 을 넘어야 방에 들어갈 수 있는 것이다.

그런 맥락에서 보면, 문제의 핵심은 경계가 아니라 경계에 대한 '자각의 부 재'이다. 우리가 코로나19 바이러스를 통해 경험하듯이 바이러스라는 반(半)-생명적 형식은 경계가 모호해 보인다. 경계는 고정된 것이 아니라, 상황적이 다. 사실 꿈과 현실을 구별하기도 어렵고, 잠든 상태와 죽음의 상태를 나눌 수 도 없다. 세상이 모든 것이 그렇듯이 경계도 고정되지 않는다. 그때그때 출현

---

[34] "지구상 최초의 생명의 형태인 원생세포(prokaryote)들은 광합성을 통해 산소를 만들어 내어 지구의 대기권에 현 수준의 산소가 함유되도록 함으로써 산소를 호흡하고 살아가는 유핵세포(eukaryote)와 그 밖의 고등생물들이 살아갈 수 있는 생태적 질서를 창조하였다."(한살림선언)

[35] "피부란 것은 감각과 감각(sensibility)이 상호 교차하는 지점이며, 접촉한다는 것, 터칭(touching)이라는 것은 만진 것과 만져진 것의 경계나 분별의 바로 직전의 결정적인 단계이다. 그러므로 피부는 곧 접촉이 발생되는 장소이며 주체와 객체가 하나가 되는 장소이다."(안덕선·김승현, 2012: 58)

한다. 경계는 진동한다. 미결정의 진동상태에 있다가 어떤 조건 속에서 결정화(結晶化)된다.

2) 태초에 역설이 있었다

이런 맥락에서 생명 사건은 역설적 사건이다. 살기 위해서는 경계(차이)를 만들어야 하지만, 경계(차이)가 고착되면 생명은 지속될 수 없다. 체계이론에 따르면, 생명체와 그 환경은 폐쇄적이면서 동시에 개방되어 있다. 폐쇄/개방의 역설이 생명체의 자기생산을 가능케 한다. 그렇다. 태초에 역설이 있었다.[36]

루만에 따르면, "역설에 기초를 두는 것은 탈근대적 사고의 중심적 특징들 가운데 하나"이다. "역설(Paradoxie)이 우리 시대의 정통(Orthodoxie)이다." (루만, 2012: 1307). 체계이론에서 역설은 "작동 가능성에 대한 조건이 동시에 불가능성의 조건"일 때 발생한다. 논리학으로 말하면 "거짓의 조건이 동시에 진실을 위한 조건"일 때 역설이 관찰된다. 이런 경우, 진술이 참인지 거짓인지를 결정하는 것은 불가능하다. 예컨대 '이 문장은 거짓이다.'라는 진술이 그것이다. 만약 이 문장이 거짓일 경우, 이 진술은 참이 되어버린다. 반대로 이 문장이 참일 경우, 참이라는 진술이 거짓이 되어버린다. 참과 거짓을 결정할 수 없고, 우리는 역설에 빠지게 된다.

한편, 생명사상가 김지하 역시 역설을 반복해 강조했다. "세계를 이해하는 방법론으로서의 역설"을 명시하기도 했고(김지하, 1996: 233), 21세기는 '영성의 시대'이자 '역설의 시대'라고 선언을 하기도 했다(김지하, 2002: 706). 또한 '역설의 생활화'를 강조하기도 하고, 나아가 김지하의 '역설의 생명운동

---

[36] '태초에 역설이 있었다'는 루만의 인식론을 해설한 헬가 그립(2013)의 소제목 중 하나이다.

론'[37]을 전개하기도 했다.[38]

> "역설이라는 것은 옛날에는 석가모니나 예수만이 사용했습니다. 진흙 속의 연꽃,
> 비둘기와 뱀, 전부 역설입니다. 오늘날 우리는 역설을 생활화하지 않으면 살지
> 못하게 되어 있습니다. 심리적으로 역설을 체득해야 합니다. 세계화와 지방화,
> 민족의 입장을 지지하면서 세계화해야 합니다. 온갖 것이 역설로 되어 있습니다.
> 안으로부터의 역설을, 마음 기본질서의 역설을, 그것이 곧 생명과 마음과
> 삶의 질서라는 것을 알지 못하면 일반대중은 오늘의 현실에서 제대로 살지
> 못합니다."(김지하, 2002c: 304)

우리는 일상에서 수많은 역설을 경험하며 살아간다. 예컨대 이런 것들이다. 애착이 크면 클수록 미움도 기진다. 앎이 거질수록 무지도 커진다. 내부는 외부를 통해서만 존재한다. 구별을 통해서만 정체성을 확인한다. 결정적으로 우리는 '자신의 부정해야 자기를 보전하는' 폼사폼생의 역설 속에서 살고 있다.

사회적 삶 역시 역설의 연속이다. 예컨대 시민이라는 개념은 '비(非)-시민'을 전제로 하는 것이다. 또한 인권이라는 개념도 '비(非)-인권'을 동시에 발생시킨다. 인간의 권리를 강조하는 순간, 그것은 곧 '비(非)-인간'의 권리를 원초적으로 배제하는 것을 의미한다. 이는 논리적인 문제만이 아니다. 실존적인 문제다. 재난 지원에서 배제되는 '비(非)-국민들', 부계가족 중심의 복지체계에서 배제되는 '비혼(非婚) 가족들', 이성애적 양성평등 제도에서 배제되는 다

---

[37] "생명현상 즉 자기 작동의 현상은 그 자체가 '아니다-그렇다'가 공존하는 역설을 근거로 한다. 생명운동은 이 양극이 공존하도록 하는 운동이다. 생명의 철학은 이 역설에 대해 탐구해야 한다. 역설적인 생명논리에 의해 여러 쌍의 혼란스런 양극을 동시에 파악하는 접근이 필요하다. 역설, 역리는 항상 '기우뚱함'에도 불구하고 균형을 이루어야 하고 이 '기우뚱함'은 시대적 사회적 조건에 의해 결정된다."(김지하, 2002b: 372)

[38] 여기서 핵심은 '영성'과 '역설'의 연결해서 본 점이다. 그러나 반대일치나 양극의 공존 식의 이해로는 이론적으로 충분치 않다. 김지하에게서 이론적으로 엄밀한 개념 정의와 논리를 기대하기는 어려울 것이다. 이에 대해서는 루만의 역설 개념과의 비교를 포함해 보다 심화된 연구가 필요하다.

양한 '비(非)-이성애자들' 등 절박한 배제의 현실들이 엄존한다. 오늘날 가장 큰 사회적 이슈 중 하나인 '배제'의 문제는 '포함/배제'의 역설의 문제인 것이다.[39]

앞에서 김지하의 '역설의 생활화'를 언급했거니와 역설의 통찰은 이를테면, 삶의 지혜다. '내'가 출현하는 순간 '자아/비(非)-자아', 즉 '자기/타자'가 동시에 발생한다는 점을 깨닫게 해준다. 타자들이 있음으로써 자기가 있음을 자각할 수도 있도록 도와준다. 그뿐만 아니라 자기가 처음부터 실체로서 존재했던 것이 아니라 구성된 존재임을 자각하도록 도와준다. 그리고, 기존의 생명 사유가 '생명/비-생명'을 구별하고 있음을 깨닫게 해준다.

요컨대 생/명 관점에서 생명 사건은 '경계적 사건'이며 '역설적 사건'이라는 것이다. 색즉시공이나 불연기연, 카오스모스는 이런 생명의 역설, 삶의 역설을 가리키는 깨달음의 언어였던 것이다.

3) '현재적 생명'과 '잠재적 생명'의 통일로서의 생명

한살림선언에 따르면, "한살림은 새로운 세상을 창조하는 생명의 통일활동"이다. 한살림선언은 '생명의 대통일'을 선언한다. 동학의 동귀일체(同歸一體)를 인용하며 우주적 생명세계의 통일성을 강조한다. 한살림선언에서 한살림운동은 "우리 민족의 통일만을 지향하는 것이 아니라 전 인류, 전 생태계, 전 우주생명과의 통일을 지향하는 생명운동이다."

그러나 '생/명'의 관점에서 생명체는 '경계' 사건, 혹은 '차이' 사건이다. 생명 사건은 '차이의 반복'(들뢰즈)을 통해 생명체로 형식화되는 것이다. 폼생폼사의 과정에서 경계를 만들고 환경과의 차이를 생산하며 '또 하나'의 생명체가 된다. 생명/환경의 한(혼) 생명세계를 산출한다. 그러므로, '생/명'의 관점

---

[39] 그러므로, 우리는 탈-역설화, 즉 일정한 조건을 만들어 역설을 회피하거나 혹은 유예함으로써 삶을 영위하고, 사회와 문명을 유지한다. 예컨대 인권의 조건을 '국민'으로 한정한다든지, 상위법을 만들어 합법/불법을 결정할 수 없는 상황을 예비한다.

에서 생명의 통일이란, 이를테면 생명와 비-생명, 살아있는 것과 살아있지 않은 사이 '차이의 통일성'이 된다.

아니다. '생명의 세계관'이 이 세계를 '살아있는 전체'로 보는 관점이라면, 생명은 '생명과 비-생명의 통일'이 아니라, '활동하는 생명'과 '잠자는 생명'의 통일이라고 말해야 한다. 루만과 들뢰즈의 현재/잠재(顯在/潛在) 구별을 빌려 말하면, 생명체는 '현재적(顯在的) 생명과 '잠재적(潛在的) 생명'의 통일이 된다. 이는 정/반-합의 변증법적 통일이나, 음/양의 조화와 구별된다. 동학과 김지하에게서 '현재/잠재의 통일'이라는 범주와 사고방식을 발견한다. 색/공, 객형/태허, 카오스모스를 같은 맥락에서 읽는다. 특히 수운 최제우의 불연기연(不然其然)을 기연(其然)/불연(不然)으로 다시 읽고, 현재/잠재의 통일성으로 다시 쓴다. 그런 맥락에서 기연(其然)은 항상 불연기연(不然其然)이다. 색(色)은 항상 색즉시공이다. 코스모스는 항상 카오스모스다. '혼돈으로부터의 질서'로 경험되기도 하지만, 항상 '혼돈적 질서'다.[40]

이러한 '생/명'의 통일 사건은 우리의 삶에서 우발적 사건으로 경험된다. 인과적이지 않다. '우연성(contingency)'[41]이라는 개념으로 설명될 수 있다. 우연성은 이를테면, 생/명, 혼돈적 질서, 카오스모스의 활동형식이다. 바야흐로 우연성의 시대다. 대 석학들이 이구동성으로 우연성을 논한다. 독일의 신학자 판네베르크에 따르면, "신은 우연성의 형식으로 활동한다(장회익, 2001: 110-125). 니클라스 루만(2015)에게 우연성은 현대사회의 고윳값이다.[42]

---

[40] 카오스모스는 혼돈과 질서를 합한 개념이지만, '혼돈으로부터의 질서'로 보느냐, '혼돈적 질서'로 보느냐에 따라 중대한 차이가 있다. 프리고진의 비평형역학과 양자역학의 차이일 수도 있고, 양자역학 내에서의 코펜하겐 해석과 데이비드 봄의 차이로 드러나기도 한다. 더욱 많은 연구가 필요하지만, 여기서는 후자를 따른다. 예컨대 데이비드 봄의 숨겨진 질서,'전일적 운동(holistic movemont)'를 지지한다. 김지하의 카오스모스도 후자로 이해된다.

[41] contingency는 보통 우연성으로 번역된다. '상황적 사건' 정도로 이해된다. 루만의 사회학적 체계이론에서 우연성은 "필연적인 것도 아니고 불가능한 것도 아닌 것"으로 정의된다. 흔히 '다르게도 가능한'이라는 말로 사용된다. 루만에게 '우연성'과 '우발성'은 다른 개념이다. 우발성은 "체계에 의해 조정되지 않는 모든 것"을 의미한다. 예컨대 조직체계가 예상치 못할 일들이 벌어질 때, 그것은 우발적 사건이 된다.

[42] 조금 맥락이 다르지만, 마투라나와 바렐라(2013)의 '자연적 표류' 개념을 떠올릴 수도 있다. 생명 진화의 결과는 우연적이라는 것이다. 다른 진화의 경로로 진화했을 수도 있다. 나아가 생명체 자체도 마찬가지다. 생명이 반드시

생명 사건은 하나의 사건이다. '신명'은 '생명'과 분리될 수 없다. 생명은 분리할 수 없는 살아있는 전체로서의 경험된다. 살아있음의 그 순간, 세계는 온전하다. 그러므로 '생/명'이라는 생각 도구로 분석할 수는 있으나 삶-생명 자체를 분리할 수는 없다. 삶은 하나의 차이-통일성이며, '성좌'이며, '배치'이며, 현재/잠재의 카오스모스적 사건이다. 감응적 생/명 사건이며, 동시에 구성적 생/명 사건이다. 그리고, 동학의 개념과 표현을 빌려 말하면, 감응과 우형[43]의 사건 현장이다. 기연/불연의 사건 현장이다. 그리고 우리는 이미 선각자들의 깨달음을 통해 듣고 보아왔다. 색/공, 객형/태허, 형식/매체, 기연/불연, 현재/잠재, 그리고 카오스모스와 '활동하는 무'까지 다양한 은유와 개념을 통해 배우고 있다.[44]

삶은 분리할 수 없는 하나의 사건이다. 3월의 어느 산중에서 만난 한 무리 진달래의 개화, 어느 깊은 밤 광화문에서 남대문까지 한 순간 촛불의 바다, 그리고 훗날 6월항쟁이라고 불리게 된 1987년 6월 10일 대한민국 전 지역에서 감응적으로 동시발생하는 '호헌철폐 독재타도'의 함성. 그리고 '나락 한 알'의 결실(結實).

유기체를 통해 전개되지 않았을 수도 있다고 말한다. 이는 우리 삶이나 사회에도 적용할 수 있는 이야기다. 민주화와 자본주의도 같은 관점에서 말할 수 있다. 또 한 가지 주목해야 할 것, 불확실성으로 경험되는 우연성을 처리하는 것이 사회의 기술이 된다. 예컨대 최근 유행하는 주역, 사주팔자, 타로 등은 우연성을 생활세계 안으로 구조화한 것으로 볼 수 있다. 자기생산체계는 불확실성의 제거를 목표로 하지 않고 불확실성을 구조화함으로 사회의 지속가능성을 높인다. 그런 관점에서 보면, 민주주의는 우연성을 제도화한 탁월한 사회적 제도 중 하나인 셈이다.

[43] 우형(又形)이라는 표현은 동경대전에서 수운이 한 말이지만, 특별히 의미 있는 개념은 아니다. 다만 그 표현을 취했을 뿐이다. 동경대전 포덕문에 나오는 내용으로 수운이 상제에게 받은 영부(靈符)의 모양을 말한다. '기형태극우형궁궁(其形太極又形弓弓)'이라고 말한다. 그 모양이 태극 같기도 하고, 또는 궁궁 같기도 하다는 뜻이다. 김지하는 태극/궁궁을 코스모스/카오스, 혹은 카오스모스로 해석하는데 이 연구에서는 이 부분을 수용하면서, 동시에 '우형'이라는 표현에 새로운 의미를 부여하려는 것이다. 여기서 '우형'은 카오스모스의 효과이다. 겉모습이 아니라, 결정화된 것을 의미한다.

[44] 특히 그것들이 전통적인 형이상학적 범주인 현상/본질, 형식/내용, 부분/전체의 구별 도식과 구별된다는 점이 매우 중요하다.

【 '생/명'으로 세상을 다시 이야기하기 】

생/명을 생각 도구로 '또 하나의' 생명의 세계관을 탐색해보았다. 생명의 세계관 다시-쓰기 연습을 해보았다. 그리고 몇 개의 키워드를 얻었다. 신체, 신명(감응), 역설 등이 그것이다. 이를 중심으로 앞의 내용을 요약하면 다음과 같다.

첫째 '생.' 생명은 어떤 감각적이고 물질적인 형식, 즉 신체를 통해서만 경험된다. 하지만 그것은 '실체'가 아니다. 요컨대 생명활동이 생명체를 생성한다. '자아' 역시 만들어진다. 둘째 '명'. 비-생명적인 것이 없이는 생명체가 만들어질 수 없다. 살아있는 것을 살아있게 하는 그 힘을 우리는 '신명'이라 부른다. 셋째 '/'. 경계가 없으면 생명도 없다. 생명의 역설이다. 그러나 동시에 생명은 분리할 수 없는 하나의 사건이다. '살아있는 전체'인 생명세계는 '잠재/현재' 차이의 통일성이다.

이렇듯 신체 · 신명 · 역설을 키워드로 하는 '또 다른' 생명의 세계관은 기존의 생명의 세계관, 예컨대 한살림선언의 '전일적 생명의 세계관'과 비교하여 '정신'보다는 '신체(몸)'가 강조된다. 유기체적 생명 은유보다 생명을 생명이게 하는 비가시적인 그 무엇, '신명'이 결정적이다.[45] 아울러, '전일성'과 '통일'의 생명세계 대신 '차이'와 '역설'의 생명세계에 주목한다.

그리하여, 지금 여기서 다시 쓰는, 또 하나 생명의 세계관은 '몸'을 매체로 하는 '신명(감응)과 역설'의 생명사상이다. 그렇다면, 또 다른 생명사상의 실천적 함의는 무엇일까? 생명운동적 의미는 무엇일까? 사회적 의의는 무엇일까?

***

[45] 한살림선언의 "생명은 정신"으로라고 명제화한다. 물론, 한살림선언에서 '정신'은 육체/정신의 이원론적인 것이 아니다. 한살림선언의 정신 개념은 신체적 사유와 정동이론의 원조 격인 베르그손의 '정신(spirit)' 개념에서 아이디어를 얻은 것으로 보인다. 그러나 여기서는 한살림선언의 '정신' 개념이 집필자들의 문제감각과 문제의식을 일정하게 대변하는 것으로 보아 오늘의 신체에 대한 강조와 대비해 인용한다.

118

첫째. 생명의 신체성에 대한 자각은 체험과 행위의 준거를 '이념'과 '가치'로부터 신체로 이동시킨다. 신체적 고통, 의미와 구별되는 재미, 동물과 식물 등 비-인간 생명체들과의 교감 등 '살아있음에 깨어있기(attention to life)'는 생명운동의 출발점이 된다.

둘째. 생명과 신명의 구별이다. 우리가 흔히 영성이라고 말했고, 앞에서 살펴본 감응 및 정동 개념을 통해 새롭게 얻은 비-의식적인 신체적 변용에 대한 자각이 생명운동의 새 지평을 열 것으로 기대한다. 이제 신명과 영성, 감응과 정동은 생명정치의 핵심 개념이 된다.

셋째. '생명의 역설'에 대한 깨달음. 그러나, 신명이 일상의 문제들을 해결하는 만능키가 될 수는 없다. 어떤 형식 혹은 구별을 통해서만 살아갈 수밖에 없는 생명의 역설을 자각하고 상황에 맞는 실제적인 조건과 프로그램을 함께 만들어가야 한다. 요체는 진보/보수, 노동/자본과 같은 기존의 구별을 대체할 수 있는, 새로운 구별의 발명이다.

생명의 세계관 다시 쓰기를 통해, 우리는 이제 '또 다른' 세계감(世界感)과 세계상(世界像), 그리고 세계관(世界觀)을 설정하게 된다. 우리는 알고 있다. 널리 알려진 경구처럼, 세계는 세계관 형성의 배경이지만 동시에 "세계관이 세계를 만든다". 예컨대 최근 할리우드 영화들은 다중우주론과 페미니즘 등 변화하는 세계관을 직설적으로 드러낸다. 플랫폼 기업들과 디지털 하드웨어 기업들은 자신들만의 독특한 세계감을 전염시킨다.

지금으로부터 40년 전 1982년, 생명운동의 첫 움직임은 '생명의 세계관'으로 '시대의 허기(虛氣)'에 응답하고자 했다. 2022년 오늘 우리는 무엇으로 응답할 수 있을까? 역시 응답은 세계관 재-설정으로부터 시작된다. 문명사적 대전환기의 오늘, 우리의 설정은 신명과 역설의 생명사상이다. 그러나 그것은 새로운 진리의 선포라기보다 차라리 윤리적 결단이다. 몸의 감각과 체험에 기반한 또 하나의 진실의 몸짓이다. (돌아보면 민주화운동에 참여했던 그 순간도 마찬가지였다.)

그것은 '또 다른 의미세계'를 창조하는 일이기도 하다. 현재/잠재의 생명 세계엔 초월적 의미가 없다. 우주 자체가 거대한 의미다. 삶-생명 자체가 의미이다. 그리고 의미는 그때그때 또 다른 무늬로 표현된다. 삶의 의미나 사회적 가치도 하나의 형식으로 만들어질 때 현재화될 수 있다. 또 다른 생명의 세계 감과 세계상, 그리고 세계관을 바탕으로 또 다른 '자기-의미'과 '자기-이야기'를 발명하고 재-발명해야 할 일이다. 그것은 주관적인 것과는 다르다. 생명체라는 형식이 그러하듯이 하나의 세계는 나와 우리와 세계들의 공(共)-작용을 통해 태동한다.

　　앞에서 '생명에 깨어 있기'를 언급했거니와, 감응적 응답능력(responsibility)이라고 말할 수도 있다. 생태적 · 사회적 떨림(진동)을 알아차리고 함께 울리는 공명의 기술이기도 하고, 생명세계의 잠재성을 현재화하는 역량이기도 하다. 또한 그것은 기존의 질서나 고정관념에 맞서는 대담함이기도 하다. 그때그때의 폼생폼생의 능력이기도 하다. 그리고 응답능력의 가장 적극적인 수준, 즉 또 다른 사회적 코드의 발명 혹은 새로운 사회적 범주의 창발로 나아간다. 삶과 사회의 형식을 재구성하고 재발명한다. 그리고 스스로 경험한다.

　　그렇다면, 응답의 관건은 '무엇'이 아니고 '어떻게'가 된다. 어떻게 인식할 것인가, 어떤 모습으로 존재할 것인가, 그리고 어떻게 감응되고 감응할 것인가? 나아가 어떻게 또 다른 사회적 체계의 출현을 촉매할 것인가? 어떻게 우리 자신을 '전환적 사건'으로 만들 것인가?

　　포스트 코로나 시대의 새로운 규칙은 발견되지 않는다. 만들어진다. 우리는 이미 몸으로 알고 있다. 삶의 원천은 규칙이 아니라, 염원이었다는 것을. 그리고 그 염원은 '보이지 않는 몸의 깊이'로부터 왔다는 것을. 그런 맥락에서 또 다른 생명운동의 방법론적 키워드는 '가정법'과 '예감'이다.

　　그러므로, 팬데믹-기후재난 시대에는 '뉴노멀'이 아니라 새로운 가정법이 필요하다. 뭇 생명의 가슴을 뛰게 하는 또 다른 거대한 이야기가 요청된다. 예컨대 '천국이 가까이 왔다'는 2천 년 전 광야의 소리도 그 중 하나이다. 조선

말 대환란기/대전환기에 수운 최제우가 선포한 '다시개벽' 이야기도 그 중 하나이다. 수운의 다시개벽은 뉴노멀이 아니었다. 새로운 가정법이자, 내러티브였다. 역사상 유래가 없었던 담대한 거대담론이었다.

감응적 내러티브는 우리 안에 새로운 차원의 시-공간을 생성시킨다. 또 다른 세계를 태동시킨다. 내 생애 안에서 또 다른 삶을 살도록 도와준다. 선형적 시간을 넘나드는 일종의 가정법적 활동이다. 자기-계시, 자기-형성, 자기-기술(記述), 자기-서사를 창조한다. 그렇다. 살아있는 믿음은 "바라는 것들의 실상이고 보지 못하는 것들의 증거가" 된다. '민주화가 된다면'이라는 가정법과 염원이 한국의 민주주의를 만든 것이다. 민주주의는 진리가 아니라, 진리로 믿어진 것이다. 그리고 우리는 거기에 소망을 담았다. 그리고 민주주의를 실감(實感)했다. 말씀이 육신이 되듯 제도화, 실체화되었다. '그날이 오면'이라는 생명의 역동적 염원과 내러티브가 '보이지 않는 힘'이었던 것이다.

팬데믹-기후재난 시대에 필요한 것은 뉴노멀이 아니다. 가정법이다. 예감이다. 뉴노멀은 없다. 뉴노멀은 사후적으로 만들어질 뿐이다. 지금은 사건과 그 사건의 연쇄로서 생산되는 어떤 과정을 만들어가야 할 때이다. 이제 우리는 먼저, 자신(自身)의 욕망과 소망을 이야기해야 한다. 사회적 '과정기획'도 마찬가지다. 이미 수많은 이야기들이 이미 진행중이다. 다중우주론과 다(多)-세계주의가 시사하듯, 수많은 이야기들이 교차하고, 횡단하고, 교직되고 있다. '또 다른' 생명의 세계관을 바탕으로 '또 다른' 세상을 다시 이야기한다. 공동의 이야기를 통해 또 다른 세상을 다시 지어낸다.

40년 전 한살림선언은 '전일적 생명의 세계관'을 통해 시대의 갈등에 응답하고자 했다. 하지만, 우리의 가슴을 뛰게 했던 것은 우주생명적 이야기였다. '만사지식일완(萬事知食一碗)'과 '이천식천(以天食天)'의 사회적이면서도 우주적인 거대한 밥 이야기였다. 지구적이면서도 지역적인 원대한 한살림 이야기였다. 수운 최제우의 '다시개벽' 내러티브와 해월 최시형의 '궁을회문명(弓乙回文明)' 이야기였다. 김지하가 증산으로부터 빌려온 '만국활계남조선'과 '남조선 뱃노래' 이야기였다.

오늘 신명과 역설의 세계감과 세계상, 세계관을 바탕으로 또 하나의 신명 나는 '큰' 이야기가 만들어지고 있다.

주요섭(사발지몽)
◈ '생명'과 '전환'을 화두로 오랫동안 정읍과 서울을 오가며 활동해왔다 ◈ 최근에는 체계이론과 정동이론을 공부하며 <(사)밝은마을_생명사상연구소>를 중심으로 '또 다른' 생명사상·생명운동의 태동을 탐문하고 있다 ◈ 지은 책과 논문으로 『전환 이야기』, 「신체는 어떻게 소통되는가?」 등이 있다

참고 문헌

김지하. 1996. 『생명과 자치』. 솔출판사.

──. 2002a. 『김지하 전집1－철학사상』. 실천문학사.

──. 2002b. 『김지하 전집2－사회사상』. 실천문학사.

──. 2002c. 『김지하 전집3－미학사상』. 실천문학사.

──. 2005. 『생명과 평화의 길』. 문학과 지성사.

김홍중. 2016. 『사회학적 파상력』. 문학동네.

김희정. 2016. "중국 고대 감응관의 형성", 『동양철학』 26집.

니클라스 루만. 2014a. 『사회의 사회』. 장춘익 역. 새물결.

──. 2020. 『사회적 체계들』. 박여성 이철 역. 한길사.

니클라스 루만·위르겐 하버마스(Jürgen Habermas). 2018. 『사회이론인가, 사회공학인가?
체계이론은 무엇을 수행하는가?』. 이철 역. 이론과 실천.

도나 해러웨이(Donna J. Haraway). 2021. 『트러블과 함께하기 자식이 아니라 친척을 만들자』.
최유미 역. 마농지.

로지 브라이도티(Rosi Braidotti). 2015. 『포스트휴먼』. 이경란 역. 아카넷.

모리스 메를로 퐁티(Maurice Merleau-Ponty). 2004. 『보이는 것과 보이지 않는 것』. 동문선.

박현. 2012. 『나를 다시하는 동양학』. 바나리.

브라이언 마수미(Brian Massumi). 2011. 『가상계』. 조성훈 역. 갈무리.

브루스 립튼(Bruce Lipton), 스티브 베어맨(Steve Bhaerman). 2012. 『자발적 진화』.
이균형 역. 정신세계사.

손영식. 2012. "장재와 서경덕의 우주론". 『철학사상』 제44권.

안덕선 김승연. 2011. 줄기감각(Stem Sense). 영상문화 19집, 43-67.

안영우. 2018. "공생 생명체로서의 생명의 기원과 진화－'홀로게놈' 개념". 제3회 한마음과학 학술대회.

에반 톰슨(Evan Thompson). 2017. 『각성, 꿈 그리고 존재』. 씨아이알,

움베르또 마뚜라나(Humberto Maturana)·프란시스코 바렐라(Francisco J. Varela). 2013.
『앎의 나무』. 최호영 역. 갈무리.

유아사 야스오(湯淺泰雄). 2013. 『몸의 우주성』. 이정배·이한영 역. 모시는사람들.

윤노빈, 2003. 『신생철학』. 학민사.

이반 일리치(Ivan Illich)·데이비드 케일리(David Cayely). 2013. 『이반 일리치와 나눈 대화』.
권루시안 역. 물레.

일리야 프리고진(Ilya Prigogine)·이사벨 스텐저스(Isabelle Stengers). 2011. 『혼돈으로부터의 질서』. 신국조 역. 자유아카데미.

장일순. 1997. 『나락 한 알 속의 우주』. 녹색평론사.

주요섭. 2015. 『전환이야기』. 모시는 사람들.

질 들뢰즈(Gilles Deleuze)·펠릭스 가타리(Félix Guattari). 1999. 『철학이란 무엇인가』. 현대미학사.

짐 알칼릴리(Jim Al-Khalili)·존조 맥패든(Johnjoe McFadden). 2017. 『생명, 경계에 서다』. 글항아리 사이언스.

크리스 쉴링(Chris Shilling), 2011. 『몸의 사회학』. 나남

토마스 하나(Thomas Hanna). 2013. 『부드러움 움직임의 길을 찾아』. 김정명 옮김. 소피아.

펠릭스 가타리. 2003. 『카오스모제』. 윤수종 역. 동문선.

펠릭스 라우(Felix Lau). 2020. 『역설의 형식: 조지 스펜서 브라운의 형식의 법칙들의 수학과 철학에의 입문』. 이철·이윤영 옮김. 이론출판

프랜시스코 바렐라. 2009. 『윤리적 노하우』. 박충식, 유권종 역. 갈무리.

한살림모임. 1989. 『한살림선언』. 한살림출판부.

헬가 그립하겔슈탕에(Helga Gripp-Hagelstange). 2013. 『니클라스 루만 인식론적 입문서』. 이철 역. 타임비.

현윤경. 2017. "니클라스 루만의 체계이론에서 '형식' 개념의 수용과 응용". 사회와이론, 211-251.

개벽, 살림, 풍류 윤 석

【개벽: 묘한 나의 한국철학 이야기】

참 신묘하다. 흐르는 물에 씨알을 뿌렸던 우리의 시도가 언제 자라났는지 이제야 빛을 보는 것 같다. 『다시개벽』 잡지를 처음부터 사랑으로 읽어 왔는데, 소개가 늦었다. 윤석으로 불러주시라. 내가 가장 사랑하고 아파하는 한국철학에 대해 글을 쓸 수 있어 감사하다. 그동안 가장 쓰고 싶었던 이야기다. 동시에 가장 못 쓸 것 같았던 이야기다.

처음 한국철학을 한 건 막 스무 살이 되었을 무렵이다. 그때는 아무것도 없는 것 같았다. 사는 게 뭔지 어떻게 사는 건지. 존재와 무(無)만 있던 어둠 속에서 어떤 정신분열을 겪고 있었던 것 같다. 입시를 거치고 학벌사회에서 살아가는 게 실존의 영역을 무너뜨리는 것 같았다. 나의 고통에 응답을 건넸던 이를 스승으로 삼았다. 철학자 김상봉은 "나는 너를 통해 내가 된다"며 홀로주체성을 넘어 서로주체성으로의 길을 보여주었다.[i] 뜻을 함께하는 이들이 모였

김상봉, 『서로주체성의 이념』, 한길사, 2002. 김상봉은 나르시시즘에 가득 찬 서양정신을 홀로주체성으로 명명하며, 나와 너를 분리하지 않고 타자를 통해 자기를 상실할 수 있는 우리의 철학을 서로주체성이라고 불렀다. 황정은 작가의 소설 『백의 그림자』에 나오는 다음의 문장이 이를 잘 설명하고 있다고 생각한다. "그런 것(빛) 없이 사는 사람이라고 자칭하고 다니는 사람을 나는 별로 좋아하지 않아요. 조금 난폭하게 말하자면, 누구의 배도 빌리지 않고 어느 날 숲에서 솟아나 공산품이라고는 일절 사용하지 않고 알몸으로 사는 경우가 아니고서야, 자신은 아무래도 빛이 없다고 말하는 사람은

고 '너'도 '나'라 하는 함석헌의 말²을 빌려 <너도나라>를 만들었다. 우리철학
연습소라는 부제가 붙은 이 공간에서 우리는 서로의 뿌리와 사회의 기원을 찾
아 나섰다. "앎은 앓음"이라는 말을 등대 삼아 배워 나갔다. 재개발로 집에서
쫓겨났을 때는 토지공개념을, 기업의 폭력이 잔인하고 노동이 서러울 때는 자
본주의와 기업 지배구조를, 그리고 남성성의 덫이 버거웠을 때는 페미니즘을
배웠다. 이들이 모두 한국철학이었다. 책도 책이지만 서로의 아픈 이야기들에
서 배운 것들은 잊히지 않았다.

　가족 같았던 너도나라가 소중해서 한국철학을 깊게 품게 되었던 것 같다.
그러나 한국사회에서 한국철학이 설 자리는 없었다. 실로 한국철학은 엿도 안
바꿔줄 정도로 값을 안 쳐준다. 가장 진귀한 이야기가 가장 홀대 받을 수 있다
는 것을 깊이 느꼈다. 어쩌면 스펙도 커리어도 먹고 사는 것도 안 되는 학문을
하기에 우리 사회는 너무 잔인한 띵인지도 모르겠다. 여차저차 너도나라의 막
내였던 나를 남기고 모두 서른 즈음에 제 갈 길 찾아서 떠나갔다. 마음이 모이
고 흩어지는 것은 자연스러운 일이다. 모임의 생성과 소멸도 마찬가지다. 다
만 우리가 잘 살아갔으면 좋았을 텐데 비보가 찾아왔다. 연결된 누군가는 먼
저 세상을 떠났고 함께한 누군가는 우연하게 살았다. 박채영 주연 김보람 감
독의 영화 <두 사람을 위한 식탁>³의 마지막에 흐르는 정우의 노래 「양」에는
이런 가사가 있다. "내가 더 노력할 테니까 살아만 줘, 살아만 주어요." 그때
마음이 이랬던 것 같다. 나는 어렸고 주위의 비극을 마주하는 법을 지금보다
몰랐다. 이때 맺힌 한은 '앎은 앓음'이라는 말로는 풀리지 않았던 것 같다.

　아픔과 비극에 대한 것들은 확장되어 기후위기가 되었다. 어렸을 적 살았

　뻔뻔한 거라고 나는 생각해요."
2　　함석헌, 『인간혁명』, 한길사, 2016. 너도나라의 기원은 함석헌의 다음 문장에서 찾을 수 있다. "우리의 근본 잘못은
　　우리가 스스로 역사의 책임자 노릇을 하려 하지 않고 서서 기다리려 한 데 있다. 모든 잘못의 근본 원인은 너·나를 갈라
　　생각하는 데 있다. 나라는 너·나 생각이 없고, 너도 '나'라 하는 데 있다. 모든 것을 '나'라 하는 것이 나라요, 나라하는
　　생각이다."
3　　김보람 감독, 박채영 주연, 〈두 사람을 위한 식탁〉. 2022.

던 인도의 고향 같은 지역이 가라앉아 더 이상 사람이 살 수 없는 곳이 되었다는 이야기를 들었다. 장례식에서 이해한 기후위기를 미래의 추상적인 위기로 생각해본 적 없다. 기후위기는 내가 알고 살고 사랑한 땅과 사람들의 숨을 앗아가는 실재하는 위기이다. 다시 돌아보니 전 세계 어디를 막론하고 부서지는 세상 속 평온한 시스템 뒤로는 죽어 가는 생명들로 아비규환을 이루었다. 앞뒤 가릴 처지가 아니었다. 그 뒤로 뭔가를 살리겠다는 명목으로 나와 곁을 돌보지 않고 기후활동가로 살았다. 기업과 정부를 대상으로 단상점거, 단식농성, 기후재판 등 할 수 있는 것은 가리지 않고 다 했다. 우울, 불안, 공포, 죄책감, 참을 수 없음 등 온갖 무너지는 감정이 마음에 가득 찼다. 그즈음 받은 엄마의 문자 하나가 기억에 남는다. 아마 가덕도 신공항 반대 직접행동으로 부산 경찰서 조사를 받으러 내려가는 기차 안이었을 것이다. 엄마는 학생운동을 하다 구치소에 간 날 펑펑 울던 할머니의 표정이 기억난다며 말했다; "우리가 너를 그렇게 키운 것은 맞는데, 옳은 길을 가라고 말하고 데리고 다녔던 것 맞는데, 막상 네가 그렇게 가겠다니까 마음이 미어져 어찌해야 할지 모르겠다." 한국의 마지막 석탄발전소를 막으려는 내 마음부터[4] 그걸 지켜보는 가족들의 마음까지, 정말이지 기후의 마음은 미치고 환장하겠다. 얼마 전 광화문 일대에서 열린 9.24기후정의행진에서 한국사회가 기후위기를 안 지 3년이 되었다는 것을, 내가 미친 지 딱 그 정도 되었다는 것을 알았다.

운이 좋았는지 몸 성히 큰 사고 안 나고 지나왔지만 동시에 많은 것들을 잃어버린 기분이었다. 뜻을 함께하는 소중한 동지들이 있는 수많은 조직과 네트워크에 속하게 되었지만, 근본적인 어떤 뿌리를 잊어버리고 있다는 공허함이 컸다. 내 딴에는 맺힌 한을 승화하려는 시도였는데, 죽은 친구에 대한 애도의 방식이라 생각했는데, 내가 한 사람 못 구하니 세상에 대해서 헌신하자는 마음이었는데 안 괜찮은 것 같다. 명분과 사명을 동력원으로 삼는 것이 우리 시

4   장윤석, 「마지막 석탄발전소를 막는 마음」, 『바람과물』1호 기후와 마음, 2021

대에 괜찮을까. 지속가능성, 탈성장, 돌봄 사회, 녹색 전환 등 내가 말하는 가치와 내가 사는 삶이 엇나가는 것을 어떻게 다시 맞추어야 하는지 감도 잡히지 않았다.

그 무렵 어쩌다 지리산에 갔다. 문명 전환을 위한 지리산정치학교의 장이 열렸다기에 찾아갔다. 지리산정치학교는 도법, 여류, 남곡, 이렇게 세 선생님이 기후위기의 절박함에 감응해 연 자리로 전국 곳곳에서 전환을 일구는 이들을 모신다. 남원의 절 실상사 선재집에는 불상이 있어야 할 자리에 생명평화 심볼이 그려져 있다. 첫 만남에 여류 선생님은 정부의 가덕도 신공항 결정에 어찌 그럴 수 있냐며 엉엉 울기도 하시고 세상을 꾸짖기도 하셨다. 내가 여기를 찾고 있었다는 것을 알 것 같았다. 이제는 자취를 감췄다고 생각한 전설 속에나 등장할 것 같은 이들이 있었다. 함석헌, 장일순, 김지하, 김종철, 문순홍 등 지금 나의 조상이 된 선생님들의 친구와 제자들. 그러한 녹색 1세대들을 영적인 지리산 자락에서 만났다. 돌아오는 길에 다시 한국철학을 하기로 마음먹었다. 내가 떠난 건 아닐까 싶었는데 애당초 내가 한국철학을 놓은 적이 없었다는 것을 깨달았다. 기후를 말하고 녹색을 품고 살아온 모든 과정이 한국철학을 연습하는 순간들이었구나. 나락 한 알 속에 우주가 있듯, 한국철학의 색이 어떻게 녹색이 아닐 수 있을까. 다시, 시작으로 돌아가 보기로 했다. 하늘이 열린 것 같았다.

【살림: 나, 너, 우리를 살리기 위해서】

한국철학이 무엇이냐는 물음에는 여전히 답하기 어렵다. 있는 듯 없는 듯 묘해서 그렇다. 노자의 도가도 비상도(道可道 非常道)처럼 유위(有爲)와 무위(無爲) 사이, '반은 정의할 수 있고 반은 정의할 수 없는'의 모호한 상태로 있는 듯하다. 어디에서 시작할지, 어디까지 나아갈지 정리된 것도 마뜩찮다. 이런 불명확한 지점 탓에 지금까지의 학문 체계에서는 한국철학은 인정받지 못했던 것 같다. 그러나 묘하고 모호하고 불명확하다고, 존재가 없거나 가치가 없거나 한 것은 결코 아니다. 오히려 실체가 없기에, 제 자신의 성격이 없기 때문에 다른 것을 자기 속에 포함시킬 수 있다. 제가 타자이기에, 타자 속에서 자신을 상실할 수 있고, 그렇기에 너르게 품을 수 있다.[5] 이는 앞으로 기성의 학문 체계를 품어 안고 넘어가는 포월(包越)의 지점이다. 장일순의 말처럼 "보듬어 안는 것이 혁명"[6]이기에.

물론 그럼에도 한국철학을 정리, 정의해 보는 것은 중요하기에 오늘도 시도해 본다. 나에게 한국철학은 작게는 이 땅에서 우리말로 우리 역사에 바탕을 두고 하는 철학, 즉 한반도 인근의 지역적 특성을 지닌 시공간에서 형성된 언어와 문화에 바탕을 둔 철학이라고 말할 수 있을 것 같다. 크게는 기후·생태 위기 속에 기성의 모든 질서와 철학이 무너지고 있는 가운데 그동안 배제되고 경시되어 왔던 변방에서 자연스럽게 새로이 발아하는 철학이라고 말할 수 있을 것 같다. 거창할 것 없이 역사와 시대에 바탕을 둔 자연스러운 설명이라 생각한다.

나는 한국철학의 배타적 우위를 주장할 생각은 추호도 없다. 종종 국수적 민족주의로 혹은 종교적 확증편향으로 한국철학을 오해하는 이들을 본다. 그러나 한국철학의 문법이 적대의 논리를 따른다면, 그것은 보듬어 안지 못한 것이다. 소박하게, 나는 내가 이 땅에서 나고 자라 우리말을 씀으로 한국철학

---

5   김상일, 『동학과 신서학』, 지식산업사, 2000. 풍류도를 말하는 다음 문장을 살펴보자. "풍류도는 말 그대로 실체가 없다. 왜냐하면 실체가 있으면 개별적인 다른 개체들을 완전히 수용할 수 없기 때문이다. 실체가 있으면 포함(包含)할 수 없다. 제 자신의 성격이 없기 때문에 다른 것을 자기 속에 포함시킬 수 있다. 그 이유는 바로 제 자신이 타자이기 때문이다. 노자의 도처럼 낳고도 소유하지 않는다(生而不有)."

6   정현경·장일순 대담, 「새로운 문화와 공동체 운동」, 장일순, 『나락 한 알 속의 우주』, 녹색평론사, 1991. 수록된 장일순 선생님의 다음 발언을 살필 수 있다. "한 10년 된 얘기인데 박정희 씨가 죽고 나서 외신 기자들이 날 찾아와서 얘기를 하는데 "선생님은 혁명을 어떻게 생각하세요"라고 물어요. (중략) 그래서 나는 "보듬어 안는 것을 혁명이라고 생각한다"고 말했어요. 그랬더니 그런 혁명도 다 있느냐고 묻더군요. 혁명은 새로운 삶과 새로운 변화가 전제가 되어야죠. 새로운 삶은 폭력으로 상대를 없애는 것이 아니고, 닭이 병아리를 까내듯이 자신의 마음을 전심 투구하는 노력 속에서 새로운 삶이 태어나는 것이잖아요. 새로운 삶은 '보듬어 안는' 정성이 없이는 안 되니까요."

을 말한다. 만약 인도에서 태어났다면—분명 그럼에도 한국철학에 관심을 품고 연결되고자 했겠지만—인도 철학을 이야기하는 것이 자연스럽지 않았을까. 그저 몸은 한국에 태어나 자랐지만 정신은 서구의 철학에 덮여 살아가는 것이 이상하지 않나 하는 물음이다. 이 간극이 나의 정신분열증을 만들고, 너의 이해와 공명을 방해하며, 우리의 실패와 좌초를 야기한다고 생각한다. 내가 나고 자란 지역의 역사와 맥락에 근거하지 않고 사대적으로 사유하는 관성과 버릇을 경계한다. 그런 습(習)으로는 '지금 여기', 나와 너와 우리의 어떤 문제도 풀어갈 수 없지 않을까.

유럽과 미국을 주축으로 한 철학이—그 안에도 들꽃같이 귀한 철학들이 존재함에도—보편적인 대문자 철학(The Philosophy)으로 매김한 지 참 오래도 되었다. 그 역사 속에서 남반구(Global South)로 대표되는 비-서구 아시아, 아프리카, 남아메리카, 오세아니아 등 수많은 지역의 토착적인 철학은 경시되어 왔다. 그러나 우리가 처한 온갖 미증유의 위기는 철학의 전복을 꾀하지 않고서는 길을 찾을 수 없다. 기후·생태위기 시대의 유력한 대안으로 등장하는 탈성장(Degrowth) 담론이 탈식민주의를 그토록 중시하는 까닭이다. 이미 토착적 철학의 전환은 시작되었다. 좋은 예로 에콰도르의 헌법에는 좋은 삶을 뜻하는 '부엔 비비르(Buen Vivir)'가, 볼리비아의 헌법에는 '어머니 자연의 권리'가 명문화되어 있다. 이는 선주민들의 생태적 지혜에 바탕을 둔 언어들이다.[7] 자연의 권리(Right of Nature)를 인정하는 이 흐름들이 토착적인 남반구의 철학들에 바탕을 두고 있는 점은 인상 깊다. 나는 한국철학이 이런 세계의 많은 토착적 철학들과 더 자주 연결되고 공생하기를 바란다.

그런 연결과 엮어냄을 위해 지금 붙잡은 말은 살림이다. 살림은 나(자아), 너(이웃-관계), 우리(공동체) 여러 각도에서 살피고 말할 수 있다. 해월 최시형은 "살림은 죽임에 반대되는 의미에서 살림이며, 인간이 자기와 이웃과 자

---

[7]   데이비드 보이드, 이지원 옮김, 『자연의 권리』, 교유서가, 2020.

연 안에 내재해 있는 우주 생명을 키움으로써 '자아'와 '공동체'와 '생태계'의 공진화를 도모하는 살림이라"[8]하였다. 동시에 살림은 세계관이자 세계감인데, 살림의 세계관은 근대의 독성이 극에 다른 죽음의 문명에서 생명이 살아나는 생태 문명으로의 전환을 내다보는 세계관(世界觀)이다. 그리고 죽어 가는 문명이 피부의 감각으로 먼저 와 닿고 그 연결됨 속에서 상호작용, 물질대사, 피드백한다는 점에서 살림은 세계감(世界感)이다.

우리 시대의 가장 중요한 문제의식은 죽어 가는 지구와 사회를 살려야 한다는 것에서 출발해야 하지 않을까. 우리 시대는 경제가 생태를 잡아먹은 꼴이다. 사람이 물과 공기 없이 살 수 없다는 사실을, 경제가 생태 속에 묻어들어가(Embeded) 있다는 사실을 잊은 대가를 혹독히 치르고 있다. 한국의 경우를 보더라도, '한강의 기적'이라 불리는 경제성장의 신화 이면에는 사회와 자연을 '투입'해 강한 독성의 경제를 성장시켜 온 죽임의 역사가 있었다. 이 역사가 남긴 과제는 명료하게, 생태와 경제의 관계를 회복하는 것이다. 생태(Ecology)와 경제(Economy)를 살림으로, 생태학과 경제학을 살림학으로 다시-번역하자고 제안한다. 이미 생태와 경제는 공동의 집과 관리를 뜻하는 라틴어 오이코노모스(οἰκονόμος)에 언어적 기원을 두고 있다. 생태와 경제의 관계는 죽고 죽여야 하는 상충관계가 아니다. 엄마와 아이의 관계처럼, 생태가 경제를 품고 있다. 생태와 경제를 살림의 렌즈로 다시 살펴볼 때 실제로 세계를 살리는 방안을 찾아낼 수 있지 않을까.

한국철학이 그렇듯이, 살림도 참 역설적인 말이다. 죽임의 역사가 살림의 역사를 요청한다. 공기처럼 존재하던 생태와 경제의 붕괴가 전환의 필요성을 제기한다. 기후위기의 심화는 녹색전환 담론을 요청하고, 생태학살(Ecocide)과 같은 비극적 사태는 급격한 전환의 바탕이 된다. 이는 살림이 전환의 동학(動學)이라는 점을 설명해준다. 전환은 생(生)과 떨어뜨려 놓을 수 없이, 내가 살

---

[8] 김용휘, 「해월 최시형의 공경과 살림의 평화사상」, 서울대학교 통일평화연구원, 『통일과 평화』 제9집 제2호, 2017.

기 위해서, 내가 너와 살기 위해서, 우리가 살기/살아남기 위해서 전환을 말하게 된다.[9] 살림은 그런 면에서 전환을 피워내는 놀라운 흐름(流)의 이름이겠다.

【풍류: 아름다운 번(범)개벽파】

계속 한국철학을 찾아 여정을 다니고 있다. 먼저 길을 걸었던 이들 덕에 외롭지 않고 수월히 배울 수 있어 감사하기 그지없다. 다만 먼저 다시개벽을 말해 왔던 이들의 깊은 수심이 느껴진다. 다시개벽을 말하는 그간의 시도들이 '가장 정성을 들였고, 가장 반응이 없었고, 가장 오해를 받았다'는데… 우리는 어디로 가야 할까? 분명 갈 길은 멀어 보인다. 그래서 단호하고 단단하고 단아하게 마음먹어야 한다. 우리는 실패한 적 없다. 씨알이 당장 싹트기를 바라는 것은 우리의 조급한 기대가 아닐까. 하늘만 바라보면서 한탄하다 보면 땅 밑에서 자라나는 싹들을 놓치기 쉽다. 발아되지 못했다고 죽은 것이 아니다. 그것이 씨알이고 나무인 한에서 우리에게 희망의 영역은 늘 발굴을 기다리고 있다. 흐르는 물에 씨를 뿌리는 수고스러움을 멈추지 말자.

요새 곳곳에서 싹이 움트는 소리가 들린다. 지금 글을 쓰고 있는 『다시개벽』 잡지를 시작으로, 『주역』과 『도덕경』과 동학 경전을 바탕으로 곡성에서 발아한 <이화서원>, 원주의 무위당 장일순의 뜻을 이어받은 <생명협동교육관>, 남원의 실상사에서 이어지는 문명 전환을 위한 <지리산정치학교>, 한국사회의 새로운 담론을 만들어가는 <다른백년>, 당면한 지구적 전환에 대응하는 <지구인문학연구소>, 생명사상을 받아 포월하는 <생명사상연구소>, 새로운 삶의 원리를 만들어가고 있는 <넥스트젠>과 <지리산게더링>까지 이렇게 다채로울 수가 없겠다. 몇 년 사이에 우리는 여실히 넓어지고 깊어지고

9   장윤석, "[한국철학과 녹색] 전환에 대하여 상 - 나, 너, 우리의 전환", 다른백년 연재, 2022.

9.24 기후정의행진 마지막 트럭 위에서 기후정의 녹색전환 생명평화

많아졌다. 9.24기후정의행진 가운데에서도 잠재된 개벽을 읽은 것 같았다. 적녹보라를 가리지 않고 수만 명의 다양한 깃발이 휘날리는 게 보이고, 행진의 앞머리에서 풍물패가 치는 굿이 그렇게 신날 수 없었다. 수만 명이 문명과 체제를 전환하자는 구호를 외쳤다. 그날 계시를 받은 듯 피켓에 "기후정의, 녹색전환, 생명평화"라고 적었다. 개벽의 때는 슬그머니 범 내려오듯 오는 것 같다.

마지막으로 우리의 이야기를 해 볼까 한다. 요새 이것만 생각하면 행복하다. 어느 날 번개처럼 뭐가 움텄다. 이름하여 번(凡)개벽파다. 나, 희연,[10] 지용[11] 삼총사가 『다시개벽』 잡지에서 글로 스치고 <이화서원>에서 만나 도원결의로 이어졌다. 우리는 개벽 3세대라 할 수 있다. 개벽 1세대와 2세대는 폄하되고 잊힌 개벽의 사상과 운동을 발굴해 혁명과 생명으로 재해석했고, 이런 선배 세대의 학문적 노력과 운동을 계승하여 가고 있다. 우리의 특징은 번개의 시대적 긴급성과 범(汎)의 포괄성을 가져가는 점에 있다. 우리는 각자의 학문을 깊게 알고, 서로의 얽힘을 넓게 가져가려고 한다. 이런 맥락에서 얼마 전 「[다시 개벽 포덕문]개벽, 살림, 풍류의 한국학」[12]의 이름으로 전주에서 열린 한국

10 이희연, 「평화와 전환의 역동, 평화학과 동학의 만남」, 『다시개벽』, 5호, 2022. 희연은 평화학과 동학 연구자로, 한국과 유럽을 시작으로 인류세의 생명평화사상을 정리하고 있다.

11 송지용, 「'지구의 몸짓'으로 나와 지구는 '우리'가 된다」, 『다시개벽』, 5호, 2022. 지용은 춤추는 사상가를 지향하며, 동학 등 한국사상을 연구하고 그 수행을 현대적으로 계승한 공연이나 워크숍을 진행하고 있다.

12 이희연, 장윤석, 송지용, 「[다시 개벽 포덕문]개벽, 살림, 풍류의 한국학」, 한국문화인류학회 정기 가을학술대회, 2022. (초록) "미증유의 기후·생태위기를 겪는 인류세에 접어든 오늘날 한국학은 어떠한 의미를 가질 것인가. 개벽이 다시 세상에 나온 지 160여 년 만에 또 다시 개벽을 말하며, 개벽, 살림, 풍류라는 화두를 통해 살펴보았다. 이를 옛것을 다시 보는 '다시', 옛것을 본받아 새로운 것을 창조하는 '개벽', 덕을 세상에 편다는 뜻의 '포덕'으로 정의하고 '다시', '개벽', '포덕'을

문화인류학회의 무대에 섰다. 내가 살림을, 희연이 개벽을, 지용이 풍류라는 화두를 살펴보았다. 앞으로도 이 틀을 바탕으로 한국철학을 발굴하고 발전시켜 가려 한다. 연구도 연구지만 우리는 무엇보다 우정이 중요하다. 단순히 같은 시공간에 있음을 넘어서 서로의 삶을 공유하는 만남을 통해 새로운 길을 내고자 한다. 우리는 서로를 통해 우리가 되고자 하고, 지금도 그러고 있다. 부서지는 지구를 사랑하는 앓음의 마음으로 우리가 처한 시대의 길을 알아가려 하니, 많이 응원해주시길. 비극이 곳곳에 넘실거리는 참 아픈 세상이다. 그러나 겨울은 금방 끝난다. 다시 오는 봄에 천지가 개벽할 것처럼 아름답게 겨우내 죽지 않은 꽃과 나무들이 살아날 것이다. 우리가 가장 사랑하는 말로 긴 이야기를 갈무리한다. "내 한 몸이 꽃이면 온 세상이 봄이리."[13]

지리산에서 번(범)개벽파

전체 목차와 세부 목차가 순환되는 프렉탈 구조로 구성하였다. '개벽'장에서는 서로를 살리는 개벽을 살펴본다. 안과 밖의 변화를 추구함과 동시에 얽혀 가는 관계를 인지하고 감각하는 것에서 공동체적 얽힘과 개인의 풀림은 서로를 지지할 수 있다. '살림'장에서는 비극 속에서 전환을 피워내는 생명과 사회의 흐름을 살펴본다. 한국의 죽임의 역사와 살림의 역사를 톺아보며, 생태와 경제를 살림으로 재번역하여 활로를 모색하였다. '풍류'장에서는 풍류도와 동학 검무의 관계를 살펴보고 동학 검무의 영성적 특성을 반영한 재창조 작업을 제안하였다. 이상을 바탕으로 개벽, 살림, 풍류라는 틀로 한국학을 발굴 및 발전해 가려 한다."

13 『해월신사법설』의 「강시」 중.

『다시개벽』 도반들께

생태전환매거진 『바람과물』의 편집위원으로서, 이런 세상에서 좋은 잡지를 펴내는 일을 고민하고 수행하는 『다시개벽』 도반들께 깊은 애정과 연대를 느낍니다. 언젠가 지나가는 말로 양 잡지가 우리가 사는 세상의 전환을 위한 양대 산맥 같다고(혹은 되어야 한다고) 말한 적이 있었습니다. 이번 『바람과물』 겨울호를 편집하고, 『다시개벽』 겨울호에 기고하면서 그 생각이 더 깊어졌습니다.

이번 겨울호는 가히 양 잡지의 콜라보레이션 특별호라 할 수 있겠는데요, 제 글 "개벽, 살림, 풍류"을 포함해서, 저희 편집인이신 한윤정 선생님의 인터뷰가 실렸지요. 이 만남으로 우리의 우정이 얼마나 깊어질까 설레는 대목입니다.

우리는 비슷한 시기에 태어난 네 글자 이름의 계간지라는 점 외에도 공통점이 많습니다. 말씀드리고 싶은 것은 우리가 내건 개벽과 전환이라는 낱말의 어감입니다. 동학에 사상의 뿌리를 두고 개화도 척사를 품어 안는 '개벽'을 외치는 것과, 생태학(ecology)에 뿌리를 두고 낡은 환경 담론을 넘어 '전환'을 말하는 것은 같은 뜻을 다양한 언어로 찾아가는 과정이겠습니다. 생각하면 저희 『바람과물』 잡지 이름도 개벽사상가 김지하 시인이 지어주셨다고 하니 그 인연이 더욱 깊겠습니다. 제가 애정하는 양 잡지의 소개말을 옮기면 그 공통 결이 더 잘 드러날 듯합니다.

"바람은 우리의 숨과 정신이며 물은 우리의 몸입니다. 생태전환매거진 『바람과물』은 기후위기, 생태환경, 비인간존재를 위한 매거진입니다. 기후위기 대응과 생태적 전환을 위해 탈탄소 사회의 미래를 상상하고 제안합니다. 탄소중립을 위해 일상생활을 고민하고 바꿔내는 이들과 연대하면서 친환경적 삶이 정착되도록 노력합니다. 탈탄소 사회는 여성과 미래세대, 나아가 비인간존재의 권리를 확대하는 문제와 깊은 관련이 있기에 이들의 목소리를

호	『다시개벽』	『바람과물』
1호	서구근대 백여년에 운이역시 다했던가	기후와 마음
2호	서학은 형상이 있으나 흔적이 없고 동학은 형상이 없는 듯하나 흔적이 있다	무해한 버림
3호	괴물이 된 지구, 괴물이 될 인간	도망치는 숲
4호	아픈 것들과 이 땅의 시간	돌봄의 정의
5호	동학, 어떻게 할 것인가?(1)	흙의 생태학
6호	동학, 어떻게 할 것인가?(2)	시민기후행동
7호	우리는 어디에 살고 있는가?	
8호	이동, 우리 시대의 화두	

표.『다시개벽』과 『바람과물』 일대기

전달합니다. 생태적 전환과 관련된 다양한 담론, 발언, 실천을 모아냄으로써 우리 미래에 대한 담대한 상상을 펼칩니다." – 한윤정 『바람과물』 편집인

"『다시개벽』은 백 년 전 『개벽』의 복간이다. 잠들어 있던 용암이 큰 지진을 통하여 분출하듯이, 억눌려 있던 생명의 꿈은 역사의 위기 속에서 그 본모습을 드러낸다. 백 년 전 『개벽』이 그러하였다. 안으로는 봉건 제도의 억압과 그것을 뒷받침하는 지배 이데올로기, 밖으로는 서구에서 밀려오는 근대 물질문명과 제국주의 침략이 인류사적인 위기를 낳았다. 그 안팎의 위기 속에서 『개벽』은 모든 종류의 변화를 모색하는 전 세계 담론의 첨예한 각축장이자 거대한 용광로로 기능하며, 당대의 세계적 위기를 한국의 눈으로 바라보고 그 위기의 극복 방향을 한국의 목소리로 제시하였다. 그로부터 백 년이 지난 지금에 다시 인류사의 위기가 안팎으로 닥쳐온다. 이에 『다시개벽』은 『개벽』을 다시 연다."
– 홍승진 『다시개벽』 편집장

바람과 물을 합하면 『주역』의 59괘인 풍수환(風水渙) 괘가 나옵니다. 환 괘는 전환의 '환' 자로 빛을 가진 사람들이 세상으로 흩어져 나아가는 이야기입니다. 그렇게 환기되어 "공기가 바뀌면 맑은 공기로 숨을 쉴 수 있고 새로운 공기로 숨을 쉬면서 창의적인 활력이 생기기 시작합니다."[14] 전환과 개벽까지는 단번에는 어렵더라도 이를 위한 환기 정도는 『다시개벽』, 『바람과물』 양 잡지를 만들어가는 우리의 역할이 아닐까 생각해 봅니다. 마침 바람과 물의 빛깔과 온도가 바뀌는 환절기입니다. 목 따뜻하게 두르고 자주 차를 우리시길 권해드립니다.

『바람과물』 편집위원 윤석 드림

윤석

◈ 윤석입니다 ◈ 지용과 희연을 만나 번(범)개벽파가 만들어졌습니다 ◈ 생태전환매거진 『바람과물』을 편집해 오고 있습니다 ◈ 문명전환을 위한 지리산정치학교를 운영해 오고 있습니다 ◈ 다른백년에서 '한국철학과 녹색'을 연재해 오고 있습니다 ◈ 녹색당과 녹색전환연구소에 있습니다

---

[14] 김재형, 『시로 읽는 주역』, 내일을여는책, 2016.

혼자이기에 상상할 수 있고 함께 있기에 할 수 있는 정치전환들

문명전환 하는 지리산정치학교(2)

이무열

지난 가을 지리산정치학교는 학교 선배기수들과 이 운동을 지지하는 분들께 추천받은 17명을 모시고 4기 지리산정치학교를 잘 마쳤습니다. 계속 강조합니다만 지리산정치학교는 정치인에게 필요한 지식과 정보를 제공하는 교육보다는 참가자 사이에서 정치적 운동(사건)을 생성하는 연찬의 방식으로 진행되다 보니 참가자 모심이 지리산정치학교의 전부라고 해도 지나친 말이 아닙니다. 그래서 매번 참가하실 분들을 모실 때마다 조심스러워집니다. 처음 지리산정치학교를 시작할 때 공개적으로 참가 기회를 제공해야 한다는 몇몇 분의 의견도 있었습니다만 아직까지는 추천으로 참가자를 모시고 있습니다. 파일럿 프로그램이니까 추천으로 시작해 보자는 생각과, 어떤 기준으로 참가자를 선발할 것인지 기준 획정의 어려움이 참가자를 추천으로 모시는 이유가 되었습니다. 몇 기수를 추천으로 모시다 보니 추천 과정에서 겉으로 드러나 보이지는 않지만 지리산정치학교와 추천해 주시는 분들, 단체 사이에 문명전환 정치(전환)에 대한 공감과 연대가 생기고 있다는 생각도 하고 있습니다. 그럼에도 참가자 모심은 쉽지 않습니다. 가장 어려운 점은 자율과 타율, 호기심과 활동 의지 사이의 가늠 선을 어디에 놓아야 할지입니다. 정치와 활동을 연결시키기 쉽지 않은 풀뿌리운동과 부문운동에서 참가하는 분들 중에서는 지리산정치학교 2박 3일 동안 자기 활동에서 정치적 역할을 발견하는 분들도 있지만 정치적 주제로 구성된 연찬에 깊이 들어오지 못하고 돌아가는 분도 있습니다. 지리산 실상사에서 '문명전환을 하는 정치'에서 무슨 이야기를 하는지 궁금하다는 호기심만으로 참가를 희망하는 분들도 꽤 있습니다. 사전 인터뷰 과정에서 이런 분들은 되도록 참가를 권해 드리지 않습니다. 참가자 구성에 따라 연찬의 깊이와 확장이 달라지고 이분들께도 2박 3일 내내 힘겨운 시간이 되기 때문입니다. 하여간 오시는 분들의 활동 현장과 상관없이 근대문명과 새롭게 탄생할 문명 사이를 연결하는 정치운동 의지와 계획을 가지고 있는 분들을 모시고 싶은데, 사전에 그걸 가늠하기가 쉽지 않습니다.

지리산정치학교가 처음부터 출마를 계획하는 분이나 정당정치 활동을 하는 분들을 모시기로 했다면 몰라도, 정치적 영향력을 발휘할 수 있는 시민정치 활동까지를 포함하는 포괄적인 정치를 계획하다 보니 그러지 않나 싶습니다. 이것 또한 정치 전환의 한 면이라고 생각합니다. 다시 말해 앞으로의 정치는 대의제와 정당으로만 이뤄진다고 생각하지 않습니다. 정당 형태가 아니더라도 유럽처럼 연대 기구, 포럼, 네트워크 등의 조직 형태로 의회정치에 참여할 수 있고, 또 캐나다, 네덜란드, 아일랜드처럼 정당정치의 파트너로 시민의회와 기후의회 형식도 있고, 이번 정치학교 이야기마당의 발화자로 초청한 '광주기후동맹'의 실험처럼 시민 영역에서 적극적으로 정치적 영향력을 발휘하는 방법도 있습니다. 이 글을 읽는 분들이 내년 봄 5기 지리산정치학교 참가자들을 추천하고 싶다면 이러한 고민을 잘 이해하고 추천해 주시면 고맙겠습니다.

【정치전환을 향해 한 발짝 더 나간 4기 연찬 주제】

3기까지의 연찬 주제는 '왜 문명전환의 정치가 필요한지?', '문명전환 정치를 위해 무엇을 해야 할지?'에 가까이 있었습니다. 어떻게 보면 구체적인 실천 방안을 찾기보다 의미와 정의를 중요하게 생각하는 기존의 운동 방식에서 벗어나지 못했던 게 아닌가도 싶습니다. 4기를 준비하면서 익산 원광대학교에서 열린 '지리산연찬' 운영위원회와 '지리산정치학교' 운영위원회의 간담회에서 는 지리산정치학교 목표로 비추어볼 때 지금까지 연찬주제에 한계가 있었다 는 데에 공감하고 4기에서는 참가자 사이에서 정치전환 운동을 위한 실천 방 안이 생성될 수 있게 '어떻게'에 집중하기로 했습니다. 또 참가자들이 정치전 환의 절박감과 긴장감을 느낄 수 있게 이제까지의 권력 형태와 다른 정당정치 와 시민정치가 상호 보합된 중층적 권력의지를 분명히 하자는 의견을 연찬주 제에 반영하기로 했습니다.

지리산정치학교가 진행되는 동안에는 총 세 번의 연찬이 진행됩니다. 이번 4기 역시 3일간에 걸쳐서 세 차례 연찬을 진행했습니다. 세 번 모두 쉽지 않은 주제였지만 주제를 탐구하는 과정에서 상상력이 발휘되고 정치전환의 틈이 만들어질 거라고 기대했습니다. 정당정치인, 기후활동가, 예술가, 평화학연구 자, 협동조합활동가, 정책연구자, 농부 등 17명의 참가자가 함께 하기에 가능 한 일이기도 합니다.

첫 번째 연찬 주제는 '포스트정치(전환정치)를 위해 무엇을 회복하고, 무엇을 포기하고, 무엇을 타협해야 하는가?'였습니다. 여기서 회복은 가치를 복원하 는 것이 아니라 가치를 시대상황에 맞게 재구성하는 방안입니다. 다르게 말 하면 "숨쉬기 어려울 정도로 꽉 막혀 있는, 자기 자정력(自淨力)과 자기 진화 력(進化力)을 상실한 양대 정당 중심의 국내 정치가 보여주는 '정치 없는 정치', '정치를 망가트린 정치'를 다시 어떻게 살려낼 수 있을까?"라는 질문이라고 할 수도 있습니다. 회복과 포기, 타협은 사자의 행동과 여우의 지혜를 모두 갖춰 야 할, 정치인의 기본 태도이기도 합니다. 이 글을 읽으시는 여러분도 연찬에 서 나온 몇몇 이야기를 통해 정치전환을 어디서부터 어떻게 시작해야 될지를 생각해보면 좋겠습니다.

"정치가 부정적으로 인식되고 어떤 특정한 사람들만이 휘두를 수 있는 권력으로
인식되고 있다. 사실은 우리의 일상이 다 정치 활동을 하고 있는 것이고,
생활 곳곳에서 하고 있는 활동들이 모두 정치적인 의미를 갖고 있음에도
'정치적이어서는 안 된다.'라는 강요를 받으면서 살아가는 것 같다. 전환의
정치를 위해서는 '정치라는 빼앗긴 언어'를 다시 가져와야 한다."

"정치전환을 위해 내가 진정 원하는 것을 내 스스로 찾아서 행동할 수 있는
자아를 회복해야 한다. 이럴 때만이 제도뿐 아니라 제도 안에 담겨 있는 내용,
그 정치문화를 바꿔낼 수 있다. 이것이 중요하다. 법률이나 조례가 제정되고
개정된다고 해서 문제가 해결되는 게 아니겠구나 하는 생각을 많이 한다."

"스스로 고민하고 행동할 수 있는 주체가 되는 시민으로서의 힘, 시민력을
회복해야 한다."

"한(恨)과 정(情)만 있는 정치판이다. 신명을 일으키는 흥(興)이 없다.
흥이 있는 정치를 계획해 봤으면 좋겠다."

회복이 방향이라면 포기와 타협은 현실적인 실행 방안입니다. 포기와 타협은
회복을 위한 역설적인 질문이기도 합니다. 언뜻 포기만을 생각하면 운동성을
내려놓는다는 것이라고 볼 수 있지만, 결국 내려놓아야 목적이 이루어지는 역
설적인 운동성입니다. 첫 번째 연찬에서 제일 강조하고 싶었던 핵심은 상대방
을 악으로 규정하지 않고 전환의 물고를 트고 흐름을 만들어내는 타협이었습
니다. 이런 점에서《프레시안》의 이상현, 한예섭 기자가 유럽 취재 중 만난 프
라이부르크 녹색당 출신 전 시의원 다빗 벌룸(David Vaulont)의 '실용'과 '타
협'을 중시하는 지역정치 사례는 참고할 만합니다.

건축 계획을 시가 들고 오면 의회에서 승인 여부를 투표합니다. 그런데 환

경 문제에 너무 치중하다 보면 아무것도 진행되지 않거든요. 그래서 승인해 주되, 보전가치가 충분히 있는 부지는 손대지 않기로 하는 식으로 타협해요. 저희가 무작정 반대만 하면 결국에는 원안대로 통과될 가능성이 있기 때문에 타협하는 셈이죠. 100% 정당의 의견만 대변해서 실패하기보다는 50%라도 이루자는 것이 대중정당으로서 프라이부르크 녹색당의 기조입니다.[i]

포기와 타협을 두고 참가자들 사이에서 현재 정치사회 상황에 대한 성찰 없이는 나올 수 없는 깊은 이야기들이 나왔습니다.

"공정이 중요한 화두가 되는 세상에서 사람마다의 다른 상황을 인정하고
세상은 공정하다는 것을 포기해야 한다."

"내가 옳다는 생각을 포기해야 한다. 내 자리에서는 이게 맞지만, 다른
사람에게는 아닐 수 있다는 것을 분명하게 인지해야한다."

"우리는 공익과 대의를 위해서 싸우고 있다고 생각하지만, 그 무엇보다
중요한 건 나 자신이라고 생각한다."

"현 체재에서 이득을 얻는 사람들과도 어느 정도의 타협해 가면서
한 걸음이라도 나가는 것이 지향하는 바에 가깝게 다가갈 수 있고
이런 행동력이 정치전환을 만들어낼 수 있다."

정치전환을 위한 회복 그리고 포기와 타협 여러분들이라면 어떤 대답을 내놓겠습니까?

---

i   최초 녹색당 시장 탄생 도시, 비결은 "녹색 가치 100% 주장하되 50%만 이루자"

두 번째 연찬 주제는 정치전환은 곧 저항에서 시민 권력으로, 정치객체에서 정치주체로 이행이라는 점을 분명히 하기 위해 "정치전환을 위한 권력을 어떻게 창출할 수 있을까?"였습니다. 저부터가 권력이라는 말에 정치보다 더 비도덕적이라는 부정적인 느낌을 가지고 있지만, 정치권력이 문명전환의 지렛대(everage)라는 사실을 인정한다면 문명전환을 위해서라도 권력의지를 분명히 해야 합니다. 그래서 권력교체나 정치개혁이 아니라 권력 창출입니다. 창출될 권력은 현재 우리가 실감하고 있는 정치 없는 권력투쟁, 기득권정치, 팬덤 정치권력이 아니라 지금까지와 다른 시민주체의 권력입니다. 두 번째 연찬을 촉발시키기 위해서 지리산정치학교가 정치전환의 방향으로 삼은 기후정치, 지역정치, 페미니즘 정치라는 테제에 따라 현재 정치전환 실험을 하고 있는 두 명의 발화자를 초청해 그분들의 경험과 앞으로의 계획을 듣고 참가자들과 함께 이야기하였습니다. 첫 번째 발화자는 얼마 전 활동을 시작한 '광주기후동맹'의 이민철 님입니다. '광주기후동맹'은 기후재난이 현실화되고 있음에도 대응과 적응을 준비하고 새로운 비전을 세워야 할 정치권에서 소극적인 행태를 보이고 심지어 퇴보하기까지 하는 모습을 보면서 선출직 정치인의 기후행동을 압박하기 위해 정치인들이 가장 두려워하는, 당락에 영향을 줄 투표 행위를 놓고 하는 적극적인 기후정치행동입니다. 아시다시피 대다수 후보와 정당이 선거 때만 되면 탄소중립과 기후대응 공약을 내놓고 환경단체와 정책협약을 맺고서는, 선거가 끝나면 언제 그랬냐는 듯 아무런 행동과 변화를 만들어내지 못합니다. 이렇게 선거 때 맺는 실효성 없는 정책협약을 넘어서 선출직 정치인의 임기 내내 그들이 기후재난에 대해 어떻게 말하고 행동하는가를 기록해 놓고, 돌아오는 선거에서 이를 기준으로 당락의 영향력을 발휘하자는 새로운 당선-낙선 운동이라고 할 수 있습니다.

두 번째 발화자는 지난 6.1 지방선거에서 가장 신선한 전환정치운동이었던 일곱 명의 페미니즘 후보를 출마시킨 청주 페미니스트 연대 '걔네'의 정치도전과 실험입니다. 청년들 특히 여성들이 정치주체가 아니라 액세서리처럼 여겨지는 국내 상황에서 '페미니즘이 당당한 정주'라는 슬로건으로 22년 제8회 지방선거에 무려 일곱 명의 예비후보와 세 명의 본 후보를 내었습니다. 수도권이 아닌 청주에서, 광역이 아닌 기초지역에서 페미니스트 후보를 한 명도 아니고 일곱 명의 후보를 내었다는 것은 대단한 정치적 사건입니다. 물론 당선보다는 페미니즘 메시지를 전달하려고 했던 선거운동이었지만 말입니다. "혼자면 못 나왔을 거다, 같이 나왔기 때문에 나올 수 있었다"라고 말하는 이들은 선거운동 내내 선거제도의 틈을 넘나들며 자신들이 계획했던 바를 충분히 얻었다고 이야기합니다.

이 두 개의 정치전환 사건들은 참가자들에게 정치전환의 가능성과 실험을 꿈꾸고 용기를 내게 하였습니다. 이미 시작된 정치전환의 사건을 이어갈 수 있는 정치전환 행동으로 두 번째 연찬에서 나온 이야기 들입니다.

"지역정당이라면 중앙에 집중된 지금의 정치와는 다를 수 있겠다."

"기존의 정치 프레임을 해체하는 작업들이 중요하다. 쇄신과 혁신을 이야기하지만 그 구조 안에서 탈피하지 못하는 현실들을 보면 다른 방식이 필요하다."

"결과에 앞서 정치권력을 획득하는 과정을 만들어 내는 게 시작하는 게 중요하다. 획득의 과정에서 전환에 대한 구체적 논의가 풍성해질 수 있다."

"선거기탁금을 포함해 청년들이 정치의 주체가 될 수 있게 정치의 문턱을 낮춰야 한다."

"결국 새로운 정치철학에 기초한 강령을 가진 정당을 창당해야 하지 않을까 생각한다."

"정당이라고 이름을 붙이지 않은 활동들이 태동했을 때 굉장한 바람을 일으킬
수도 있다. 이런 정치 실험을 해보는 것도 좋겠다. 뭔가 존재하지 않았던 어떤
형태의 정치적 네트워크들이 유기적으로 나타나줘야 한다."

권력 창출 방안으로 보면 현 정치구조에 개입하는 맥락적 접근과 탈동조화 하
는 초 맥락적 접근 모두를 포함하고 있습니다. 맥락적 접근은 기존 시스템에
갇혀 형해화될 가능성이 있는 반면 실리를 얻을 수 있습니다. 초 맥락적 접근
은 이상적일 수 있지만, 기득권 정치를 전복할 수 있습니다. 다행스럽게 연찬
은 선택이 아니기에 어느 하나를 택해 다른 이들의 동의를 구하지 않아도 됩
니다. 이 둘 사이에서 최선의 실행 방안을 찾아가면 됩니다. 그러기 위해 각자
의 계획을 실행하고 이것을 정치전환으로 연결하는 일이 남아 있을 뿐입니다.

세 번째 연찬은 지금 여기 가까이에 있는 4기 지리산정치학교 참가자들이 지
리산정치학교와 다른 참가자들에게 제안하는 정치전환 활동입니다. 혼자이
기에 상상할 수 있고 함께 있기에 할 수 있는 일들입니다. 이 연찬에서는 개인
들의 활동 계획과 다른 참가자들의 의견을 지지하는 다양한 아이디어들이 나
왔습니다. 전체적으로는 지금 나의 활동이 어디에 있든 그 활동을 정치적으로
전환하자고 했습니다. 그리고 정치인이 되어야겠다는 결심도 있었습니다.

　3일간의 지리산정치학교에서는 어떤 결론을 내리려고도 하지 않고 내기도
어렵습니다. 지금까지 다양한 자기 활동과 경험을 가진 분들이기에 하나의 통
일된 행동을 결의한다는 것은 오히려 이후 정치전환의 사건을 만들어 내는 데
장애가 될 수 있습니다. 다만 연찬이 상대방의 생각과 활동을 존중하고 최선
의 방안을 찾기 위해 잠정적 합의를 해내는 방식이기에 활동과 경험이 다른
열일곱 명 안에서 정치전환을 위한 공통의 느낌과 활동을 공유했으리라 생각
합니다. 이 상상과 제안들이 이후 어떤 활동을 만들어갈지는 누구도 알 수 없
습니다. 앞선 정치학교 참가자들과 새로운 참가자들 사이에서 어느 순간 우

연처럼 생성될 뿐입니다. 이미 그런 사건들은 일어나고 있습니다.

【연찬 사이에 정치전환의 감각을 열어주는 순간들】

연찬 사이사이에 생명의 감각을 열어주고 서로를 연결할 수 있게 준비된 영성 (靈性) 프로그램은 연찬과 함께 지리산정치학교 또 하나의 특징입니다. 물론 지리산 그대로가 전환기 격동의 현장을 잠시 벗어나 지리산정치학교를 찾은 참가자들의 마음과 몸을 열어주지만 말입니다. 거기에 구산선문 실상사, 중도 실용과 화쟁을 실천하는 도법스님이 계신 곳이라면 이제와 다르게 나의 활동 을 새롭게 배치하여 '이것은 무엇이다.'로 정의되고 고착화된 세계에서 탈주 가 가능하지 않겠습니까. 지리산정치학교의 영성프로그램은 신비한 주문도 강 론도 아닙니다. 몸을 움직이며 느낌적인 느낌을 경험할 수 있도록 짧은 시간에 편하게 할 수 있는 몇 가지 프로그램을 준비해놓고 기수별로 조합해서 쓰고 있습니다. 앞선 기수까지는 자연의 몸짓과 춤 명상, 차회, 실상사 짧은 순례길 걷기 등을 했고, 이번에는 실상사 짧은 순례길 걷기와 함께 태극권 강습시간을 가졌습니다. 영성 프로그램 진행은 외부에서 강사를 초청하지 않고 지리산정 치학교 관계자나 참가했던 분의 안내로 진행합니다. 이번에 처음 소개한 태극 권은 굳어진 마음과 몸을 놓고 내 몸 내외의 부드럽지만 강한 기운의 흐름을 느끼면서 자기 몸을 마주할 수 있게 했습니다. 이 안내를 해 주신 지리산정치 학교 1기 참가자인 윤승서(Rei Yoon) 님은 전 세계를 돌며 농민들에게 땅을 살리는 자연농사와 적정기술을 전수하고, 주민들을 조직하여 지구적으로 연 결하는 일을 하고 있습니다. 또 26년간 수련한 태극권으로 사람을 살리는 자 연치유의 보급에도 열정을 쏟는 분입니다. 이 글 뒤에서 소개하는 '뿌리민본' 선언문 작성과 새로운 세상을 여는 활동을 시작한 분이기도 합니다.
　　영성 프로그램은 돌아볼 틈 없었던 나 자신과의 연찬이기도 하면서 주제

연찬이 가진 긴장감을 풀어주고 참가자들이 지리산, 실상사, 햇살, 바람, 나무 등과 함께 구성한 장(場)안에서 말없이 감응으로 주고받는 연찬입니다. 처음 본 사람들이지만 내 생각을 꺼내놓아도 괜찮겠다는 믿음을 갖도록 해줄 수 있습니다. 참가자들에게 긴장감과 이완감, 격정과 여유, 논리와 정동(情動)을 주는 주제 연찬과 영성프로그램을 어떤 흐름으로 배치할까를 늘 고민하게 됩니다. 이 사이에서 정치전환의 사건들이 생성될 수 있으니까요.

【지난 계획과 앞으로의 경험】

처음 계획처럼 지리산정치학교는 2024년 총선까지 세 차례 더 열릴 계획입니다. 여름과 겨울에는 지리산정치학교 참가했던 분을 대상으로 하는 '깊은 연찬회'와, 시민들을 대상으로 하는 '전환운동과 정치_활동가와 정치가의 대화'도 진행할 예정입니다. 인제에서의 여름 '깊은 연찬회'와 함께 22년 겨울에는 대화문화아카데미 가평연수원에서 국내외 정세와 23년 정치전환 활동을 주제로 '깊은 연찬회'를 계획하고 있습니다. '전환운동과 정치_활동가와 정치가의 대화'는 문명전환 하는 정치를 시민들이 체감하게 할 수 있는 실험들을 발굴하고 지리산정치학교의 네트워크를 확장하려는 생각으로 지난여름 전주에서부터 처음 시도해 봤습니다. 매주 한 차례 전환정치의 주요 의제가 될 시민, 에너지, 생명이라는 주제를 활동가와 정치가의 관점에서 발표하고 서로에게 묻고 답하는 대화하는 자리로 기획하였습니다. 이 대화모임이 끝나고 전북에서는 지역에서부터 정치전환을 희망하는 정당정치인과 전주, 정읍, 완주, 익산 등의 시민(정치) 활동가들이 전북정치네트워크라는 이름의 모임을 시작해 한 달에 한번 만남을 이어가고 있습니다.

요사이 지리산정치학교뿐 아니라 서울에서는 산업화와 민주화를 넘어설 청년정치인 양성을 목표로 하는 정치학교 '반전'과 기후위기 시대의 정치를 고민하는 청년들을 대상으로 하는 '기후정치클럽' 등과 같은 정치전환을 내건 학교가 속속 등장하고 있습니다. 앞서 문명전환 하는 정치(정치전환)를 목표로 활동을 시작한 '지리산정치학교'로 보면 이런 학교들의 등장이 더없이 기쁘고 반가운 일입니다. 더 많은 정치학교와 정치모임들이 만들어져야 오래된 기득권정치, 권력투쟁만 남은 정치를 해체하고 새로운 정치의 탄생이라는 정치전환의 큰 흐름을 만들어갈 수 있지 않겠습니까. 한편으로는 다른 정치학교들을 보면서 지리산정치학교가 해야 할 역할이 더 분명해졌습니다. 예를 들자면 지리산정치학교는 정당과 비정당의 경계 없이 정당정치와 시민정치가 상호보합 되는 포괄적인 정치를 지향하고 이들 사이에서 끊임없이 사건 생성의 판을 만든다는 특징이 있다는 겁니다. 연찬이 그렇고 영성프로그램이 그렇고 '깊은 연찬회'와 '전환활동가와 정치가의 대화' 모두 그렇습니다.

앞으로의 지리산정치학교가 만들어 갈 경험도 이와 크게 다르지 않을 겁니다. 하지만 얼마 전 작고한 브루노 라투르(Bruno Latour) 교수가 사물정치에서 말하듯 정치를 구성하는 자연환경과 사회환경이 어떤 상황을 생성하느냐에 따라 2023년 지리산정치학교의 계획도 얼마든지 달라질 수 있습니다.

마치 계획에는 없었지만 지금 지리산정치학교에 참가했던 분들이 일으키는 사건과도 같은 활동처럼 말입니다. 앞서 이야기 한 전북정치네트워크를 비롯해, 지역정당운동 그리고 태극권을 안내하는 윤승서(Rei) 님 등은 땅을 우리가 살아갈 뿌리로 삼아 자립과 자강으로 근본적인 전환의 대 사건을 선언하였습니다. 궁금해 하실 분들을 위해 이 선언문을 글 뒤에 붙여 놓겠습니다.

가을호에 이어 두 번째 지리산정치학교를 소개하는 글은 얼마 전 끝난 4기의 감흥이 제게 아직 강렬하게 남아 있어서인지 그 이야기를 주로 하게 되었습니다. 내년 봄호에는 그동안 어떤 분들이 지리산정치학교에 참가했는지, 참가했던 분들은 지금 어떻게 정치전환을 실천하고 있는지 그 모습을 소개할까 합니다.

이 글을 쓰는 동안에 10.29이태원 참사가 일어났습니다. 말도 안 되게 비

현실적이어서 너무나 지독한 현실이 청년들을 벼랑 끝으로 내몰고 있습니다. 벗어나지 못하는 현실은 오히려 더 깊게 들어갈 수밖에 없습니다. 그곳에서 정치가 우리를 기다리고 있습니다.

【덧붙이는 글】

"뿌리 民本" 창립의 글[2]

땅에서 나오는 산물로 식량과 연료, 의복과 터전을 얻어서 살아가는 것은 과거와 미래에 변치 않는 인류 삶의 모습이다. 땅은 생명력의 근원이자, 부와 자립과 주권의 근본이다. 그 때문에 역사는 주민을 땅으로부터 떼어내려는 끊임없는 책략이었으며, 땅과 분리된 만큼 우리는 노예가 됐다.

소유와 소작, 세금과 등기라는 제도는 유사 이래 크게 달라지지 않았고, 지금도 세계 곳곳에서 절박한 민초를 땅으로부터 차단하는 도구로 기능한다. 이 제도를 당장 없애는 것은 불가능하고 없애자는 것도 아니다. 다만 땅을 우리가 돌아가야 할 뿌리로 알고, 정부가 아닌 대지의 산물과 축복을 받으며 살아가는 삶으로 전환하자는 것이다.

우리가 살아가도록 강제된 삶의 선택지와 방식들은 인류의 행복과 공영과 정의를 위한 것이 아니라 결국 신세상 신질서 신인간을 만들기 위한 공정이다.

~~~~~~

[2] 이 글은 '지리산정치학교' 1기생인 윤승서 님이 2022년 10월 29일자로 '뿌리 民本'이라는 단체를 창립하면서 내건 '창립의 글'(선언문)입니다. 윤서서 님은 이 선언문을 전 세계 '친구, 동료, 자매형제'를 향하여 발신하였습니다. 이 선언문에서도 밝히는 '세 가지 사명'을 실현하기 위하여 지난 20여 년 전부터 벌여온 몇 가지 운동(농사로 세상에서 큰일을 하겠다고 20년 전 결심하고 10년간 직접 농사지으며 연구와실험 / 26년 전에 태극권을 시작 / 30년 전부터 자유와 자립에 대한 탐색 계속)을 종합하여 앞으로 나아가기 위한 구심점으로 창설하여 "세계적으로 연결되는 자발적이고 상조하는 주민 네트워크"로 삼는다고 하였습니다. "뿌리민본은 (자유인으로서) 전 세계 민중 스스로 지식을 만들고 나누고 연대하고 커가는 플랫폼"으로 만들어간다고 하며, 조직된 '피플파워' "세계의 민중을 하나의 네트워크로 연결"하고자 한다고 밝힙니다. 아래는 창립의 글 전문입니다.

신세상은 무엇이며 누구를 위해 만들고 누가 만드는가? 최소한 마지막 질문의 답은 알 수 있다. 바로 우리가 우리 손으로 우리의 감옥을 짓고 있다.

권력은 도둑질이다. 권력은 主民이 스스로 또는 속아서 내주는 것으로, 본질적으로 주민의 것이다. 강제로 혹은 속여서 가져가는 것은 절도이고, 받은 권력 이상 행사하는 것은 폭력이다.

공산국가, 불량국가, 테러리스트, 세균 덕에 국가안보, 대테러안보, 생물안보 체제가 차례로 구축됐고, 공포 덕에 민중은 자유를 포기하고 권력을 헌납했다. 국가의 주권은 국민에게서 나온다고 믿는 사이 세계는 경찰국가로 변모하며 우리의 몸뚱이와 머리 속에 점점 더 침습적인 조치들을 강행했다. 궁극의 안보체제는 "마음안보"로서, 레비아탄은 일체 저항과 반란의 마음으로부터 자신을 보호할 것이다. 이는 우리의 이성과 정신기능의 완전한 감시와 통제를 뜻하고, 이것이 지배의 완성이고 역사의 종말이다.

이제 인간은 새로운 물질을 만들 수 있고(nano), 새로운 정신과 지능을 만들 수 있고(info), 새로운 생명체를 만들 수 있고(bio), 기계와 연결된 인식을 만들 수 있다(cogno). NBIC를 결합시켜 신인간으로서 트랜스휴먼을 만들 것이다. 윤리 논쟁이 무색하게 기술은 어차피 발달할 것이고, 미래의 감시 및 무기 체계 속에 살게 되는 날 우리는 아마 죽은 자를 부러워할 것이다.

국가의 본능은 전쟁이고, 정부의 본능은 독재이며, 시장의 본능은 독점이다. 제도가 본능을 막는 데 성공한 적이 있는가? 정치인은 우리에게 권력을 주는게 아니라 뺏으며, 자본은 우리에게 부를 주는게 아니라 뺏으며, 법은 우리의 자유를 지키는게 아니라 뺏는다. 이들 기구를 통하여 인간으로서 존엄과 자유를 실현할 수 있는가?

국가를 없애자는 것이 아니라 국가 없이도 살 수 있는 상태를 만들자는 것이다. 탈국가의 미래 인간은 인공지능과 로봇을 결합한 기능인이 아니라 지혜와 사랑의 영성인이다. 그것이 인간됨의 의미이며, 인간이 고귀한 이유다.

무법(아노미)을 추구하는 것이 아니라 국가법의 편협함을 벗어나자는 것이다. 궁극의 법은 자연법이고 양심법이며 그것은 하늘의 소리다. 법 앞의 평등을 구걸할 것이 아니라 법과의 평등을 주장하자.

시장을 철폐하자는 것이 아니라 시장 순기능을 막는 장벽들을 철폐하자는 것이다. 또 시장의 변덕으로부터 주민을 보호하기 위해 자립을 확대하자.

국가 내에서 민주주의를 실현시키려는 좁은 소견을 벗어나 민주주의 내에서 국가를 실현시키자. 각자의 지배를 성사시키지 못하면 일자의 지배가 성립할 것이다.

완벽한 삶을 꿈꾸기만 할 것이 아니라 당장 살자. 자유롭고 자립적인 주권자로서 개인들이 연합하여 땅으로 깊이 뿌리내리고 하늘로 높은 정신을 가꾸며, 자신과 사회와 땅을 치유하자. 자유를 위해 농사하자.

지혜로운 참나를 덮는 것이 에고이고, 평화로운 마을을 덮는 것이 국가이고, 풍요로운 자연을 덮는 것이 문명이라면, 우리는 새로운 자아와 새로운 공동체와 새로운 생산 방식을 만들 것이 아니라, 원래의 모습으로서 그 뿌리로 돌아가면 된다. 본래 온전하기에 쟁취하고 얻을 것이 없다. 본래 원만하기에 고치고 더할 것이 없다. 벗겨내고 닦아서 본래 있는 것을 밝히면 된다. 비움의 결단만 있으면 지금 당장 유토피아다.

하나, 뿌리민본은 흙을 살려 비용을 낮추고 자립을 돕는 농사와
주민들에게 직접적 도움이 되는 적정기술을 보급한다.
둘, 뿌리민본은 사람을 살려 심신의 건강을 돌보는 자연 치유와 육체와
감성과 정신을 고루 닦을 수 있는 수행을 보급한다.
셋, 뿌리민본은 사회를 살려 진실을 밝힘으로써 정의롭고 자유롭고
행복한 세상을 만든다.

지구에 오염되지 않은 땅과 하늘과 물이 없는 만큼이나 절망에 물들고 부숴지고 위태롭지 않은 사람이 없다. 희망의 방향을 찾는 데 시간이 촉박하니 옛

세상을 엎을 여유조차 없다. 지금 바로 새 우주를 열자.

2022년 10월 29일
뿌리민본 창립자 뢰이

이무열

◈ 전환스튜디오 와월당 대표 ◈ 달에 누워 구름을
보는 삶을 꿈꾼다 ◈ 세상의 모든 일은 사회적 관계
속에서 생겨나며, 브랜드가 지닌 힘으로 세상이 호혜의
관계로 연결되기를 바라면서 일하고 있다 ◈ 사단법인
밝은마을_생명사상연구소와 함께 개인의 욕망 , 트렌드,
사회적 경제, 생태철학, 생명운동 등을 연구하며 브랜드를
만들어 가고 있다 ◈ 요사이는 근대산업문명이 일으킨
기후재난 시대에 '지역이 답이다'라는 생각으로 지역회복을
위한 연구와 실천을 하고 있다

화끈하게 모여
본때를 보여줍시다

신 채 원

조용한 단톡방에 등장한 웹자보는 시선을 끌기에 충분했다.

팬데믹 3년 차, 비대면 시대에 맞게 온라인 회의와 공부 모임, 수련회까지 가능했다. 기술은 나날이 발전했고 VR은 이미 패싱된 채 메타버스의 등장이 새로운 패러다임을 열어가고 있었다.

생명학연구회도 온라인을 통해 공부 모임과 총회 등을 이어 나가는 일이 익숙해졌다. 단체 채팅방에서 이루어지는 대화도 소식을 전하는 기능에서부터, 의사결정을 하고 논의구조를 펼쳐가기까지 다양해졌지만, 각자가 속한 많은 단체 채팅방에서 전달받는 너무 많은 정보를 감당하는 일이 대면 모임만큼이나 개인의 일상에 큰 영향을 주고 있다.

생명학연구회 단체 채팅방에는 20여 명의 회원이 있다. 점심으로 칼국수를 먹었는지, 김치찌개를 먹었는지, 오늘 아침 출근길에 눈앞에서 버스를 놓치고 지하철에서 내려야 할 역을 지나쳤다는 소소함을 나누는 장은 아니지만, 구성원들이 갖는 이 모임에 대한 연대와 결속은 크게 느껴진다. 해마다 이 모임의 존립 근거를 묻지만, 해체되지 않고 이어져가는 것을 보면 더 그렇다.

이 글에서 나는 9.24기후정의행진 집회에 대한 이야기를 하려고 한다. 생명학연구회 톡방(지금부터 '생명톡방'이라고 쓰겠다)에 웹자보 한 장과 함께 "화끈하게 모여 본때를 보여줍시다!"(나미)라는 한 문장이 올라왔다.

끊일 듯 끊이지 않는 이 모임의 결속력에 대해 말하려 앞의 문장들을 썼다. 이 화끈하지 않은 모임에서 "화끈하게" "본때"를 어떻게 보여줄 수 있을까?

924기후정의행진 _ 기후정의를 기치로 거대한 행진을!
기후위기는 온실가스를 뿜어대는 화석연료 때문만이 아닙니다. 화석연료는 자연과 인간을 희생시켜 더 많은 상품을 만들고 팔아치워 이윤을 쌓아야만 시장에서 살아남는 기업과 자본이 필연적으로 선택한 에너지일 따름입니다. 이러한 권력과 자본의 폭력 앞에서 농촌과 자연은 생명과 삶이 아닌 착취와 수탈의 대상이 되었고, 노동자는 인간이 아닌 기계의 부속품처럼 쓰고 버리는 대상이 되었습니다. 이는 여성, 장애인, 이주민, 지역주민 등 차별받고 억압받는 모든 이들에 대한 폭력 아래 가능했습니다. 지난 수백 년간 지구적 규모로 자행된 폭력의 역사이며, 화석연료의 역사이기도 합니다.
이제 기후정의를 외치고 요구합시다. '기후정의'는 기후위기를 초래한 현 체제에 맞서고, 다른 세계로의 전환을 향한 가치이자 방향타입니다. '체제전환'이라는 우리의 정당한 요구가 권력자들의 입맛에 맞게 각색되어 '녹색성장체제'가 되고, '기후정의'라는 우리의 요구가 기존 권력 관계 아래에서의 '공정'이 되는 현실을 단호히 거부합시다. '기후정의'는 녹색성장과 탄소중립을 빌미삼아, 농민이 땅에서 쫓겨나고 노동자가 일터에서 쫓겨나는 현실에 맞서는 싸움입니다. '기후정의'는 그동안 착취당하고 억압받아온 모든 이들의 권리의 다른 이름입니다.
다가오는 9월, 기후정의를 기치로 거대한 행진을 시작합시다. 세상을 이렇게 망쳐놓은 이들에게 또다시 세상을 맡길 수 없습니다. 기후정의행진으로 모인 우리가 대안이 됩시다. 기후위기 시대, 모두가 함께 평등하고 존엄한 삶을 살아가기 위한 싸움을 다시 시작합시다. (기후행진 홈페이지엣)

9월 24일, 서울 광화문 일대에 '사람들'이 모였다.

154

9.24기후정의행진은 "우리는 모두 생명에 대한 권리를 가지고 있으며, 자유롭고 안전하게 살아갈 권리가 있다"는 세계인권선언 제3조를 바탕으로 파괴적 이윤추구와 자본주의의 성장체제가 기후재난의 원인임을 명확히 하고, 적극적인 역할을 요구하기 위한 행진 및 집회였다.

보도에 따르면, 이날 집회를 위해 8월 말부터 전국 각 지역에서 9월 기후정의행동 조직위원회와 추진위원 모집이 진행되고, 다양한 홍보 활동과 사전 행동들이 진행되었다.

9.24기후정의행진은 오후 1시부터 사전 행사로 자유발언대, 소공연, 24개 단체의 다양한 부스 운영이 진행되었다.

전국 각지에서 모인 사람들.

본 행사 시작 시간인 오후 3시가 가까워질수록 시청역 인근은 인산인해를 이루었다. 기후위기 문제가 삶의 현장에 가장 직접적으로 자리 잡고 있는 현실에 대한 심경을 토로하는 농민들, 정의로운 산업구조 변화를 위해 목소리를 낸 발전 노동자, 기후재난의 제일선에서 불평등을 겪는 장애인, 기후위기로 인한 불평등에 대한 문제제기를 한 여성과 미래 세대의 주인인 청소년까지 다양한 사람들의 이야기는 이어졌다.

'기후위기'라는 문제에 있어서 각자의 목소리를 낼 수 있는 장이 만들어진 것은 큰 의미가 있다. 기후위기 시대에서 앞으로의 생존 방식을 상상하고 개발하는데 있어 무엇보다 현장의 생생한 목소리를 들을 수 있었다.

【이미 다 했어】

생명학연구회 생명톡방은 앞서 밝혔듯 시끌벅적한 소통의 장이기보다는 꼭 할 이야기를 깊이 나누는 공간이다. 매달 '생명'이라는 넓은 스펙트럼을 주제로 공부 모임을 이어 나가며 끊일 듯 끊이지 않는 연속성이 이 모임의 특징이라고 할 수 있다.

이른바 '생명담론'과 관련한 많은 주제들을 '공부 모임'이라는 테이블에 앉아 지속적으로 이어온 생명학연구회의 정체성에 대해 '우리는 질문하는 사람들'이라고 정의한 바 있다.(나미) 우리는 답을 내는 사람들이 아니라 '질문'하는 사람들이라고. 공부 모임을 통해 이 사회에, 또 다음 세대에 어떤 질문을 할지를 소통해 온 것이다.

생명과 '영성'을 연결시켜 영성을 회복하는 것이 생명의 가치를 둔 '공공성'의 회복으로 갈 수 있다, 이것은 물질과 문명의 '개벽', 그리고 '다시 개벽'에 있다는 것.

이번 924기후정의행진 집회에 대한 자료와 언론보도를 살펴보면서, '우리가 전에 이미 다 했잖아', '그런데 왜 아직 못다 한 이야기가 있는 것 같지?' 이 두 가지 생각에 사로잡혔다.

<탈근대 사회로의 제안 (가칭) _ 연속 이야기마당 제안서>
기후위기와 불평등이란 사회적 사건과 소진과 상실의 개인적 사건이 만나
지금까지의 삶을 전환 할 진화된 세상에 대한 바람과 시도들이 일어나고
있습니다. 탈근대사회가 학자들의 문장에서 깨어나 혁신과 대안이라는 다른
말을 가지고 활동으로 살아나고 있는 중입니다.
조금만 둘러보면 이미 교육과 마을, 경제, 정치 등 각각의 영역에서 실험되는
시도들을 쉽게 찾아 볼 수 있습니다. 오래 전 시도된 생명운동이 청년들을
만나고 디지털기술을 만나 새로운 모습으로 재탄생하고 있는 중입니다. 이때가
스스로 자신을 짓누르는 분열적 삶을 끝내고 생명세상의 모습을 그리며
시민들과 이야기 나누는 기회로 적당하지 않을까 싶습니다.
생명운동이 이렇게 사회로 나서 너나없이 저절로 새로운 에너지와 흐름이
이어지길 기대합니다.
200×.×.××.

수신인도 발신인도 알 수 없는 이 '제안서'는 연구회를 통해 세상 밖으로 퍼져 나갔다. 또 이 이야기 마당은 기후재난이 일으킨 근대산업사회에 대안을 제시하려는 시도로 조금씩 다른 언어로 확장되어 갔다.

유정길은 말한다; "환경 문제의 근원은 한정된 자원에서 무한한 욕망을 퍼내는 사회에서 비롯된다." 기후 변화의 위기, 핵발전소의 위협, 생물 종 다양성의 훼손, 쓰레기 오염 문제 등 위기로서의 환경문제가 발생한 이유가 무엇일까. 과거 '기후' 문제는 환경오염 문제로만 연결시켰다.

그러나 유정길은 또 말한다; "오늘의 기후문제는 조금 더 근본적으로 접근하고 있다. 개벽의 전환적 가치관은 인간과 자연과의 조화와 공존의 삶을 중요하게 생각한다. 그리고 자연을 인간의 필요와 욕망의 도구로 이용되는 것으로서 간주하는 것이 아니라, 자연 그 자체 내재적 가치를 존중하며 나아가 고유의 권리가 있다고 인정한다."

와월당은 생태계 파괴와 기후변화로 인한 위기의식에 대해 근대 산업이 화석연료에 의존하는 채굴주의 에너지 산업의 특징을 예로 들어 "이는 대량생산과 대량소비를 위해 회복 불가능한 방식으로 생태 자원을 소비한 것이다. 경제와 기업 성장의 구조화된 대량생산과 대량소비 시스템이 가져온 생태계 파괴는 지구 환경에 급격한 변화를 일으키고 있으며, 점차 지구 곳곳에서 쓰나미, 지진, 태풍, 이상고온과 저온, 신종 유해 바이러스 창궐 등의 자연재해 발생이 늘어나고 있다. 기후 위기로 인하여 사람들은 직접적인 고통과 위기를 실감하고 있으며, 위기를 해결하기 위해서는 이제까지의 소비 행태와는 다른 행동이 필요하다. 이를 실천하자."고 말한다.

사발지몽은 말한다; "코로나-기후 위기 시대에 우리는 일상적 재난의 위험 속에서 살고 있다. 그리고 앞으로 위험성은 더욱 커질 것이다. 환경 전문가들은 코로나의 종식도 확신할 수 없을 뿐 아니라, 제2, 제3의 바이러스의 위협에서 벗어나기 어려울 것이라고 경고하고 있으며, 인류는 앞으로 계속 마스크를 쓴 채로 살아야 할지도 모른다고 말한다. 대홍수와 산불 등 직접 재해와 식량위기 등 간접 재해를 비롯해 기후변화로 인한 위험은 말할 것도 없다. 그런 점에서, 새로운 공동체의 기본적인 전제는 공동체의 안전-안심이며 불안과 공포로부터 안심(安心)하는 마음의 안전도 동반되어야 한다."

【기후위기와 생명, 그래서 생명은 어떻게 정의하나】

생명학연구회는 끊임없이 생명과 생명담론에 대해 질문해 왔다. "우리는 답을 내는 사람들이 아니라, 질문하는 사람들이다."(나미)

1993년 한국종교인평화회의(KCRP)는 생명에 대해 선언한다; "인간이 모든 동물, 식물, 무생물을 지배한다는 오만을 버리고, 우주가 하나의 생명임을 깨달아야 합니다. 인간은 생태계를 이루는 한 부분으로서 겸손하여야 하며, 모든 생명과 더불어 서로를 살리는 관계 속의 존재임을 알아야 합니다."

또 동학은 어떠한가. 시천주와 사인여천, 경인, 경천, 경물에 이르기까지. 천지 만물을 모심과 공경의 대상으로 본다.

불교의 연기적 원칙은 "이것이 있을 때 저것이 있고, 이것이 생할 때 저것이 생하며, 이것이 없을 때 저것이 없고, 이것이 멸할 때 저것이 멸한다."

우주 안의 모든 존재의 존재 활동은 연기법에 따르며, 그런 존재 활동을 보고 이해하는 인간의 인식 활동 또한 연기법에 따른다. 연기법의 예외가 되는 존재나 현상은 단 하나도 없다.

인드라망공동체는 "온 우주는 총체적 관계의 진리에 의해 형성된 유기적 생명 공동체이다."라고 했다.

기독교의 삼위일체론은 "삼위일체의 교리가 세워진 궁극적인 이유는 오로지 모든 인간의 존재가 온전한 신성임을 보장하기 위해서다."라고 말한다.

이 시대, 여전히 종교의 의미와 영향력이 있을까 싶다가도 생명에 대한 질문에는 언제나 (원하는) 답을 주는 것도 같다.

'그 시대'를 살아본 '그 사람들'은 한 번쯤 그를 스승이거나 동지이거나 형제로 시대의 어둠을 함께 건너왔을 것이다. 김지하는 생명에 대해 말한다.

생명은 신령합니다. 그래서 기화신령입니다. 신령, 영성이 사방에서 여지없이 쇠퇴하고 빈곤해져 정신이 부패할 뿐 아니라 도덕이 타락하며 생명 파괴가 극에 이르렀기 때문에 사람들 모두가 생명은 무엇인가, 자기와 생명은 어떤 관계에 있는가, 생명의 본성은 무엇인가, 인간과 자연, 우주는 어떤 관계에 있는가 등에 대한 관심이 높아지고 있습니다. 바로 이것, 이 생명에 대한 관심, 새로운 생명의 세계관에 대한 갈증이 제 생각으로는 개벽의 가장 큰 조짐입니다.

【다시 924기후정의행진】

2022년 9월 24일 기후정의행진에는 3만5천여 명의 시민이 참여했다. 끝이 보이지 않는 행진 대열은 나이와 직업에 상관없이 다양한 가치관과 정체성을 가진 사람들이 한 자리에 모였다는 것에 주목할 만하다. 수많은 시민들의 참여로 이루어진 기후정의행진은 당초 예상 시간을 초과하여 오후 8시에 마지막 문화제인 라퍼커션과 밴드 허클베리핀의 공연으로 막을 내렸다. 코로나 이후 3년 만에 열린 924기후정의행진은 끝이 아닌 시작을 선포하는 자리였다.

이 기후정의행진이 남긴 것은 무엇일까. 각자의 자리로 돌아가 기후정의 실현을 위한 실천과 행동, 요구를 이어가기 위한 약속이다.

"기후재난, 이대로 살 수 없다"를 슬로건으로 한 이번 행진에 참여한 시민들은 '924기후정의선언'을 통해 '화석연료와 생명파괴 체제를 종식해야 한다', '모든 불평등을 끝내야 한다', '기후위기 최일선 당사자의 목소리는 더 커져야 한다'는 것을 요구했다.

이번 행진은 한국의 기후운동에서 가장 큰 규모의 행사로 기록되었다. 일본, 중국 등 동아시아의 동료 시민들도 이번 924기후정의행진에 대한 연대의 메시지를 통해 지지를 표명한 것도 의미가 있다.

【새로운 시대, 새로운 생명운동】

'인간 공동체'에서 '생명 공동체'로의 공동체 관념의 확장은 코로나-기후 위기시대의 '대전제'가 된다. 생명학연구회는 질문해 왔다. 질문자들은 마침내 2022년 현재 기후위기행동 집회가 이루어지는 광장에 하나 둘 모였고 집회 현장은 다양한 과제를 안고 있는 사람들이 기후위기는 총체적인 인류의 공동과제이며 더 이상 이렇게는 살 수 없다고, 더 큰 이익을 창출하고 더 빠른 성장의 과정은 이 사회를 병들게 했으며 더 이상 이 지구를 지켜낼 수 없을 지도 모른다고, 실천하자고 선언한다.

【다시 개벽세상은 올 것】

기후변화, 기후위기의 시대를 살고 있다. 해마다 '올해는 유난히 더웠'다고 말한다. 점점 더워지고 있는 것은 아닐까. 몇 달 전, 홍수로 인해 도시는 파괴되었다. 어느 해부터 매미가 울지 않는다. 이것은 기후변화와 기후 위기가 가져온 재난이 아닐까? 온실 가스는 조금도 줄어들지 않고 있으며 과도한 경제성장을 촉진하는 생태계 파괴 때문이다. 끊임없이 이윤을 추구하며 자본을 축적해 성장하려는 이 사회 전체를 관통하고 있는 성장담론이 이 위기를 가져왔다.

점심에 무엇을 먹었는지, 출근은 잘 했는지, 퇴근길에 노을을 보았는지는 묻지도, 궁금해 하지도 않는 생명학연구회의 톡방에서는 "다양함이 만드는 양적 힘으로 전환의 시간(와월당)을 보내자"고, "선물 같은 만남"(채원), "광화문에서 선물로 만나요"(상록), "지구의 선물로 만나요"(와월당), "나도 선물되고 싶어요"(정길), "우리 모두 선물이 되자(호창)" … 메시지가 딩동딩동 울렸다.

그리고 집회 현장에서 찍은 사진들을 나누며 푸른 하늘에 빛나는 태양과 하얀 구름 아래 춤추는 깃발, 그 아래 각자가 서 있는 모습들을 보여준다.

'내 한 몸 꽃이 되면 온 세상이 봄'이라 했다.

나 하나 꽃 피워 온 세상에 봄이 온다.

개벽 세상은 그렇게 온다.

신채원_은새

◈ 언제든 어디서든 쉬지 않고 소처럼 일을 하고 있다
◈ 다른 사람들도 나처럼 외로운지 알고 싶어서 인터뷰를
20년 동안 이어나가고 있다 ◈ 아는 것이 힘인지 모르는
것이 약인지 궁금하다 ◈ 한겨울에도 아이스아메리카노를
마신다

식량위기를 넘어선 농업의 전략지도

신승철

【돈으로 식량이 거래되지 않는다? - 푸드 그라운드 제로】

돈으로 식량이 거래되지 않는 식량위기 상황이 찾아올까? 이런 질문은 지구 상 평균기온이 1℃가 오를 때마다 식량생산량의 10%씩 감축되고 있는 현재의 상황에서, 먼 미래의 문제로만 느껴지지 않는다. 예컨대 호주의 경우에는 이미 2010년부터 2021년까지 밀 생산량이 절반으로 감소하였고, 미국의 경우에도 밀 집산지에서 거대한 산불이 나는 등으로 작황이 좋지 않다. 특히 러시아의 경우에는 2008년 전 세계 식량위기의 이유가 되었던 밀 생산량의 절대량 감소에 여러 번 직면해 있는 상황이다. 또한 최근의 러시아-우크라이나 전쟁으로 말미암아 전 세계적 식량위기는 눈앞의 현실로 진행되고 있다. 이와는 비교할 수 없을 정도로 광범위하고 지속적이며 돌이킬 수 없는 속도로 진행되는 기후위기의 가속화에 따른 식량위기 사태가 바로 "식량이 돈으로 거래되지 않는 시대의 도래를 예고하고 있다."는 전망을 한 단어로 무엇이라고 표현하면 좋을까? 이를 '푸드 그라운드 제로(Food Ground Zero)'[i]라고 지칭하고

---

[i] 푸드 그라운드 제로에 대한 논의는 게토경제에 대한 연구를 통해서 이루어졌다. 사실상 물물교환의 형태에서 이루어지는 먹거리 상황은 무한정한 유통의 근거이자 생산의 토대인 그라운드의 상실을 의미한다. 다시 말해 미리 주어진 근거(ground)로서의 식량에 부과되는 정의(definition)로서의 자본화와 금융화가 불가능해지는 상황인 것이다.

싶다. 전 세계적으로 촘촘하게 네트워크화된 식량 생산 체계의 토대에서부터 제로 상태로 이른다는 합성어인 이 용어는 기후위기가 식량의 토대부터 갉아 먹어 들어오는 핵심적인 변수가 되어 있다는 점을 의미하기도 한다.

'기온 상승과 농업이 무슨 관계일까?' 하고 의문스러워할 수 있을 것이다. 기후위기가 식량 생산에 영향을 끼치는 정도를, 이를테면 사과 주-적합 산지가 점점 북쪽 지역으로 이동하는 문제 정도로 이해하고 있는 사람이 태반이다. 물론 농업 생산물 생산량과 생산 품종의 변화도 분명 중요한 문제이다. 농작물의 변화는 땅에 의지하여 농업을 하는 농민들이 이에 적응할 수 있는 3~5년의 기간을 필요로 하지만, 기후위기의 심화 확장 속도는 이를 훨씬 초과하는 수준이라는 사실에 주목할 필요가 있다. 기온 상승의 변화는 1℃ 오를 때마다 포화수증기압이 7% 상승한다. 대기의 온도가 올라가면 머금을 수 있는 수증기 양이 늘어나기 때문에, 땅은 건조하게 되고 비가 쏟아지면 홍수가 되며, 태풍, 허리케인 등의 규모나 위력도 증가하게 된다. 이러한 기상 재난의 직접적인 이유는 수증기가 함유한 엄청난 에너지이다. 1L의 물을 끓여서 모두 수증기가 되면 그 체적은 1,700L에 달하게 된다. 그런 상황은 물이 수증기로 변화할 때 엄청난 에너지를 머금게 된다는 점을 의미하며, 이는 태풍이나 허리케인처럼 바닷물 온도가 26℃ 이상일 경우 발생하는 기상 상태가 기온 상승에 기반하고 있다는 점을 의미한다.

또한 포화수증기압의 상승은 평시에 땅을 건조하게 만들어 물 부족 현상과 토지 사막화를 가속화함으로써 농업의 위기, 식량 부족의 일상화로 향한다. 인간이 이용할 수 있는 지표수는 지구 전체 물의 0.0072%으로 지구 전체의 물을 5L 통에 담았을 때, 찻숟가락 하나 정도라고 보면 된다. 땅이 사막화되는 것은 영화 <매드맥스>나 <북두신권> 등에서 그려지는 종말 이후 세상이 지금-여기에 현재화한 것이라고 평가된다. 실지로 시리아의 경우

식량위기는 뜬금없는 이야기이며, 근거 있는 주장을 하라는 얘기는 미리 주어진 근거를 전제로 할 때만 유효하다.

에는 2005~2009년까지 엄청난 물 부족 상황에서 농업의 붕괴를 경험했고, 결국 그것은 민중봉기-내전을 거쳐 주권의 와해로 나타났다. 뒤이어 이란은 2020~2021년간의 재난적인 물 부족을 겪고 있고, 이 역시도 시리아의 전철을 밟지 않는가 하는 우려를 낳고 있다.

농업의 위기 중에서 특이한 지점은 대기 중 이산화탄소 양이 많아지면서 작물의 크기가 커진다는 보고이다. 이렇게 되면 작물 자체의 크기는 커지지만 식물 내부에서의 순환계 이상을 일으켜서 무기질이 극도로 적은 작물을 생산하게 된다. 다시 말해서 농업생산물의 정크푸드화가 일반화되면서 건강을 위협하게 된다는 것이다. "기후변화에 대한 과학자들의 논쟁이 결론을 맺기가 어려운 까닭은, 그 누구도 정확히 알지는 못하기 때문이다. 생각하지도 못했던 이유로 예상 밖의 사태들이 일어날 수 있다. 예상할 수 있는 부분은 고온상태에서는 주요작물의 구성성분에 변화가 일어난다는 점이다. 밀이나 쌀 속의 단백질의 함량이 낮아지고 미량원소의 구성에도 큰 변화가 일어난다. 이를 증명이라도 하듯, 2018년 쌀에 포함된 18가지 단백질 함량을 조사한 결과 이산화탄소 농도 증가로 전반적인 함량 감소를 발견했다. 전통적인 식사를 하게 되면 6억 명 이상이 비타민 E, 철분, 아연 등의 영양 결핍으로 현재 인류가 겪고 있는 '기아' 사태와는 성질이 다른 건강에 위협이 될 것으로 예상된다."[2]

현재 전 세계 농지는 매년 1%씩 감소하고 있으며, 이는 개발사업, 사막화, 농민 감소, 토양침식 때문이다. 특히 토양 침식은 화석연료에 추출된 비료와 농약 쓴 흙이 산산이 부서져 흩어져 버리는 현상으로, 흙의 유실을 방지해 주는 잡초까지도 필요한 상황을 의미한다. 그래서 '잡초의 생태학'이라는 개념이 등장하기도 했다. 전 세계 농지의 1/4을 소농들이 농사를 지어서 전 세계 인구의 70%의 식량을 조달하고 있다. 그렇다면 3/4의 농지는 무엇을 하는가? 그것은 공장식 축산업에 쓰일 콩과 옥수수를 재배하는 농지로서, 식량조

2 　두더지, 생태적지혜미디어, [기후변화 톺아보기] ② 식량위기에 대처하는 오래된 해법 https://ecosophialab.com/

달에 큰 도움이 되지 못하고 있다. 오늘날 지구촌 한편에서 만연한 기아의 주된 원인은 미식가의 향미와 풍미를 돋보이게 할 육식의 재료로 쓰이는 사료 생산에 전 세계 농지의 대부분이 투입되는 데에 있다. 이는 불평등하고 불합리하고 부정의한 세계 질서의 단면이다.

한국의 곡물 자급률은 2015~2017년 기준 23% 이하로 떨어지고 있다. 여기서 쌀이 20% 정도고 나머지가 3% 정도이다. 이에 대해서 정부는 곡물자급률이 아닌 식량자급률이라는 새로운 개념을 만들어냈다. 이른바 한국의 식량자급률은 2019년 기준 48.9%라고 한다. 그러나 이는 곡물수입을 통한 축산을 반영한 통계이기 때문에 곡물자급률이 실질적인 식량자급률이라고 할 수 있다. 이러한 한국의 곡물자급률도 다시 환산되어야 할 상황이다. 한국의 쌀 생산량이 2020년에 20% 감소했기 때문이다. 만약 농업기반 국가였다면 폭동이나 내전이 일어날 만한 상황이라고 할 수 있다. 식량위기는 서서히 우리 앞에 실체를 드러내고 있다.

식량 유통 분야를 영역별로 살펴보면 ① 전 지구적인 물류유통(=로지스틱스)에 기반한 먹거리 유통 분야가 있는데, 이는 77% 정도를 차지한다. 식량은 물류유통, 수송, 운송에 많은 화석연료를 필요로 하고 그만큼 푸드마일리지가 높다. 특히 한국은 프랑스에 비해서 푸드마일리지가 10배 가까이 높은 상황이다. ② 두 번째는 국가적 수준에서의 먹거리 유통 시스템이 있다. 1985년에 설립된 가락동농수산물도매시장과 같은 국가적 수준에서의 농업유통 도매시장이 그것이다. 이는 수도권이라는 도시 중심의 삶과 농촌을 유통을 매개로 연결시키지만, 도농교류의 직접성이 떨어지는 점이 문제이다. ③ 세 번째는 지역 간의 유통시스템이며, 이는 지역의 먹거리와 지역의 밥상을 연결하는 푸드플랜으로도 나타난다. ④ 네 번째는 지역 내 자급자족 라인이며, 마을장터나 마을시장 중심으로 나타난다. ⑤ 다섯 번째는 생활협동조합 먹거리 라인이며, 도농교류의 과정에 장점이 있지만, 전체에서의 비중은 여전히 작은 편이다. ⑥ 마지막으로 아주 미미하지만 공동체지원농업 등의 도농교류, 마을

텃밭, 도시농업에 의한 먹거리 수급이다. 식량위기에 대응하는 데 유용한 방법은 대체로 ③, ④, ⑤, ⑥ 부문이라고 할 수 있다.

그렇다면 식량위에 대응하는 최적의 방법은 무엇일까? 그저 냄비 속에 앉아서 물이 점점 뜨거워지는 것을 인지하지 못하고 천천히 익어 가는 두꺼비의 신세가 되어야 할까? "저는 에이즈로 부모님을 잃고 이모 가족과 함께 살고 있어요. 매일 아침, 저는 학교에 가는 대신 쥐를 잡으러 갑니다. 하루에 보통 8마리를 잡는데, 집에 돌아오면 쥐를 말려 가족과 함께 먹습니다." 짐바브웨의 17세 소년 메티셀 리의 말이다. 쥐를 잡아 말려 먹을 수밖에 없는 제3세계의 현실이 식량난민의 또 다른 미래이다. 일단의 식량위기 상황에서 잘사는 나라는 마지막까지 방어막을 칠 수 있을 것이다. 못 사는 나라의 경우에는 가장 먼저, 가장 처참하게, 그리고 속수무책으로 식량위기에 직면할 가능성이 높다. 그러나 이른바 선진국이거나 식량부국이라고 해도 식량위기로부터 안전지대가 결코 될 수 없다. 더욱이 우리나라처럼 곡물자급률이 경이로울 정도로 작은 나라는 말할 것도 없다. 이를테면 2021년 탈레반이 장악한 아프가니스탄의 밀가루 가격이, 최근의 국내 밀가루 가격과 별반 차이가 없다는 사실은 식량위기 속 제3세계의 기아와 굶주림의 먼 나라의 이야기만이 아님을 예고하는 사건이다.

【식량위기가 초래하는 인플레이션】

식량위기와 관련해서 여러 논의가 있지만, 무엇보다도 인플레이션 상황에 직면하여 사실상 금융화된 농업이 직접적인 영향을 받는다는 점에 대해서는 이견이 없다. 러시아가 일으킨 전쟁과 기후위기 등으로 식량수급에 이상 징후가 생기는 현 시점에서, 식량위기를 과소평가하는 사람도 있을 수 있다. 그러나 국제금융시장의 여러 가지 금융상품이나 선물옵션, 계약재배, 클라우드 펀딩,

대출재배 등으로 얽혀 있는 농업의 금융민감성에 대한 과소평가가 현재의 상황을 정면으로 직면하지 못하게 하는 요인이 된다. 예컨대, 국제곡물시장에서 10%정도 곡물생산량이 줄어들면 곡물가격 상승분은 금융 파생력까지 감안하면 2~3배 정도가 된다. 그만큼 농업의 금융화가 심대하게 이루어져 있다는 점을 직시해야 한다. 결국 곡물은 곡물 자체의 가치로 바라볼 것이 아니라 미래의 구매력이나 채권화된 것으로 생각한다면, 사실상 이미 곡물은 땅에 있는 것이 아니라 거대한 돈덩어리로 포장된 채 존재하는 것이다.

식량위기 상황은 저렴한 가격으로 자연자원을 약탈했던 기존 자본주의 문명에게 제대로 된 가격을 물게 하는 긍정적인 면이 있다고 말하는 사람이 있다. 다시 말해서 유통, 생산, 소비 등의 과정에서 소요되는 에너지 가격이나 냉난방, 비료, 제초제, 농작물 기계 사용 등을 전반적으로 계산해 보면 현재의 가격은 완전히 있을 수 없는 가격임이 폭로된다는 것이다. 이러한 저렴한 가격이 아니라 제대로 된 가격으로 식량을 사야 하는 상황에 대해서 낙관하는 것은 아직 이르다. 이른바 '제대로 된 가격'의 이익이 플랫폼, 거대곡물기업, 공장식 농업 등의 거대조직과 농업의 금융화로 이득을 얻는 세력들에게 대부분 흘러 들어가기 때문에, 정작 농산물 생산에 뛰어든 농민들에게 돌아가는 돈은 거의 없게 되는 상황이 예견되기 때문이다. 쉽사리 '제대로 된 가격을 물으면서 먹게 되어서 잘 된 일'이라고 여기는 것은 현실을 제대로 파악하지 않은 너무 나이브한 판단이라고 할 수 있다. 제대로 된 가격을 물으면서 농산물을 먹으려면 그 이득이 농민들에게 돌아가는 것뿐만 아니라, 기후위기 대응과 적응을 위한 비용으로 대부분의 기금이 돌아가야 하기 때문이다.

현재의 먹거리 소비문화는 지나치게 한정된 곡물, 예컨대 밀 등에 집중되어 있어 먹거리 탄력성은 극도로 낮다. 먹거리 탄력성은 먹거리의 숫자와 대체물의 경우의 수 등을 의미한다. 그럼에도 불구하고 이를 이리저리 조리하고 요리해서 먹는 식생활 탄력성은 밀을 두고 생각해 본다면 극도로 높은 상황이다. 이렇듯 식량위기 상황은 먹거리 탄력성과 식생활 탄력성의 역비례 관계에 의해서 위장되고 감추어진다. 이를테면 겨자씨 농업과 관련된 식생활 탄력성이 극도로 높은 유럽 국가들은 먹거리 탄력성, 즉 고추겨자 등이나 다른 양념에 대한 대체물이 거의 없는 상황이다. 그렇기 때문에 기후위기에 의해서 작황이 좋지 않으면 먹거리 전반과 더불어 식생활 전반이 동시에 위기에 처하게 된다. 그렇기 때문에 식생활 탄력성은 늘 먹거리 탄력성을 염두에 두어야 하고, 먹거리 탄력성은 늘 새로운 조리법이나 요리법 등의 식생활 탄력성을 높여 놓아야 한다. 그러나 우리는 금방 알 수 있는 것이 다국적 농업기업 등이 먹거리 탄력성이나 식생활 탄력성을 의도적으로 기형적으로 만들어놓고 있다는 점이다. 그런 점에서 기후위기에 대한 대응력이 극도로 떨어진 것이 현실이다. 그렇기 때문에 다국적 농업기업과 그 유통라인인 로지스틱스로부터 벗어날 필요가 있다. 그것은 단지 소박한 밥상의 실천을 위한 것이 아니라, 다국적 농업기업과 연계되어 있는 곡물시장과 금융화된 농업으로부터의 고리를 끊기 위한 것이다. 다시 말해 세계곡물시장의 영향권에 있는 나라들은 하루아침에 치명적인 식량위기에 직면할 수 있는 위험성을 안고 있으며, 그럼에도 농업의 자립 가능성이 거의 없는 상황이다. 문제는 금융화된 농업과 먹거리산업이 결국 식량위기 상황에서 거대한 '먹거리 초-인플레이션'을 불러올 것이기 때문에 상상을 초월하는 기아사태로 이끌 것이라는 점에 있다. 그런 점에서 바로 문명 전환의 특이점은 바로 자급자족을 통해서 이러한 강한 고리에 저항하는 것, 다시 말해 다국적 농업기업에 반대하는 것보다는 자급자족 라인을 늘려 나감으로써 약한 고리부터 끊어내는 데에 있다. 앞으로 도래할 초-인플레이션 상황에서는 식량이 돈으로 거래되지 않을 것이다. 그렇다면 어떻게 이러한 식량위기 상황에 대응할 수 있는가? 바로 세계곡물시장과 다국적 농업기업과 연계되어 있는 금융화된 농업이 아니라, 자급자족과 로컬푸드, 유기농, 소농 등을 통한 아주 근접거리에 이루어지는 문명의 전환과 탈성장전략을 통해서이다.

【식량위기 상황에서의 푸드플랜】

2017년 7월에 발표된 <서울시 먹거리 마스터플랜>은 '지속 가능한 먹거리 도시 서울 구현'을 모토로 하면서 경제적 형편이나 사회, 지역, 문화적 문제로 굶거나 건강한 먹거리에 접근할 수 없는 사람들을 위한, 먹거리에 대한 권리장전이라 할 수 있다. 이러한 푸드플랜[3]은 취약계층에게도 골고루 먹거리에 접근할 수 있는 시스템을 구상했다는 데 의미가 있다. 푸드플랜은 건강, 상생, 보장, 안전을 키워드로 하면서 지역의 로컬푸드와 지역 먹거리 수요를 연결했다는 측면에서 각광을 받았다. 푸드플랜은 완주군, 강원 춘천시, 경북 상주시, 전남 나주시, 충남도, 충남 청양군, 전남 해남군, 서울 서대문구, 대전 유성구 등에서 제정되면서, 명실공히 먹거리 분야의 핵심적인 의제(agenda)로 자리 잡았다. 푸드플랜의 세부내용으로 들어가면 도시농업, 사회적 농업, 로컬 푸드, 먹거리 복지, 공공급식 개선, 먹거리 낭비 저감, 먹거리 관련 커뮤니티와 사회적 경제 활성화 등을 망라하는 다양한 먹거리 의제와 농업 의제를 포괄하고 있다는 점이 확인된다. 가장 핵심적인 추진 목표는 도시의 먹거리와 지역 농업의 끊어진 고리를 되찾는 것이다.

문제는 푸드플랜의 경우 식량위기와 유사시 프로그램이 빠져 있다는 점이다. 우리는 최악의 상황에서의 푸드플랜을 염두에 두고 자치규칙(protocol)을 만들 필요성이 있다. 유사시 지역 먹거리와 식량수급을 연결하는 푸드플랜이 되기 위해서는 기존의 푸드플랜에 결여된 새로운 영역의 논의가 요구된다. 예컨대 도시의 경우에는 먹거리 문제를 이대로 두었다가는 배급제를 피할 수 없다. 이러한 배급제는 시설, 관공서, 학교 등의 배급 시설을 갖춘 곳을 활용

---

[3] 푸드플랜은 먹거리가 없어서 고통 받는 도시의 주민들과 판로나 유통라인이 없어 고통 받는 농촌의 농민들을 연결시키는 푸드시스템을 구성하는 것으로부터 시작된다. 먹거리에 대한 생산, 유통, 소비 등 관련 활동들을 하나의 선순환 체계로 묶어서 관리하여 도시 지역 구성원 모두에게 안전하고 좋은 식품을 공급하고, 농촌 지역의 경제를 활성화시키며 환경을 보호하는 데 기여하도록 하는 종합적 관리 시스템을 의미한다. (네이버백과사전, 푸드플랜 항목 참고/수정보완)

하면 된다고는 하지만, 식생활 탄력성을 급격히 낮추게 된다. 식생활 탄력성이란, 식습관의 조리 및 요리 방법의 공유, 조리 도구의 구비와 일체의 탄력적 운영 등과 관련된다. 식생활 탄력성이 문제되었던 가장 극적인 상황은 중국의 문화혁명 시기에 부엌과 조리 도구를 구습이라고 간주하고 모두 없애 버리는 통에 그 기간 동안 기아로 인한 사망자가 6,000만 명에 달했던 역사적 경험을 들 수 있다. 푸드플랜은 이러한 상황에 대응하여 식생활 탄력성과 관련된 가이드라인, 식량위기 시 조리법과 요리법, 도농교류, 도시농업, 마을텃밭 등을 통한 먹거리 수급과 요리 및 배분 방법, 간편식, 라면 등의 가공식품에 대한 태도 등을 제시해야 한다. 최근 들어 유행하게 된 밀키트와 가공식품 등은 1인 가구에 맞추어서 만들어진 먹거리이다. 이와 마찬가지로 식량위기 상황에서 가공식품 등의 최적의 조리 및 요리법에 대한 교육 프로그램이 필요하다. 푸드플랜에서 식생활 탄력성보다 더 문제가 되는 것은 먹거리 탄력성이다. 먹거리 탄력성은 먹거리의 숫자와 다양성, 주요 유통경로와 관련된다. 먹거리 탄력성을 먹거리의 종류만이 아니라, 유통과정에서의 질과 양, 품목의 다양성, 부패 방지 등에 관련된 과정형적인 것에 더 주목해 보아야 한다.

먹거리 탄력성의 경우의 수를 따져보면, 첫째, 돈으로 사고파는 거래가 있다. 주요 유통경로는 a. 마트, 편의점, 백화점 등의 유통망, b. 먹거리 플랫폼과 배달, 택배 유통망, c. 전통시장, 골목상권의 유통망 등이다. 여기서 팬데믹 상황에서 주요 유통경로가 먹거리 플랫폼과 배달, 택배 등이었다는 점을 주목할 필요가 있다. 마트 등의 주요 고급 유통망조차도 제대로 기능하지 못했던 것이 팬데믹이었다면, 이러한 플랫폼 기반의 먹거리 유통망에서의 먹거리 탄력성을 어떻게 높일 것인가가 연구되어야 한다. 동시에 돈으로 사고파는 거래에서 전통시장, 골목상권 등의 유통조직이 이미 경우의 수라고 할 수 없을 만큼 와해된 상황에서, 플랫폼 거래는 유통에 드는 비용과 탄소배출량 증가라는 부작용을 낳을 수 있다. 더욱이 돈으로 사고파는 거래 중 플랫폼 먹거리가 사실상 국제 물류 유통에 기반한 것이기 때문에, 그것이 기능 정지될 경우 먹거리 탄력성은 재앙적 타격을 입을 수 있다.

둘째, 물물교환 형태로서 게토경제, 침묵교역, 당근마켓 등이다. 게토경제 경우는 암거래 시장이 전면화하는 것을 의미하며, 인적 유통에 따라 손을 많이 타면서 거래비용이 비싸지는 경향이 있다. 주로 주류나 육류 등이 이러한 유통경로로 거래될 가능성이 높다. 게토경제는 범위한정기술에 따라 구획된 지역에서 지하에서 유통되는 식량의 비중이 커지면서 물물교환 방식으로 전환될 가능성이 있다. 침묵교역은 모듈과 모듈 사이, 커뮤니티와 커뮤니티 사이에서 이루어지는 교역 형태로, 식량은 시장의 기능정지 이후 물물교환 방식으로 거래될 가능성이 있다. 일단 신뢰를 기반으로 한 시장의 기능정지 이후에는 침묵교역 방식의 물물교환이 전면화할 수도 있다. 또 하나의 가능성은 당근마켓과 같은 지역 플랫폼이 먹거리의 물물교환을 미리 교육·훈련시켜서 시장 외부의 거래 영역을 확장하는 방식이다. 물물교환 방식은 오래된 기억 속에서 묻혀 있지만, 유사시에는 시장 외부의 먹거리 탄력성 회복을 위한 경우의 수 중 하나가 될 수 있다.

셋째, 증여와 호혜의 선물교환, 다시 말해 사회적 경제이다. 여기에는 a. 모스가 얘기하는 포틀래치(potlech), b 모스가 얘기하는 쿨라(cula) 방식으로 구분해 볼 수 있다. 포틀래치 방식은 커뮤니티 자체가 무너지지 않았을 때 일대일 대응을 통해서 선물을 줄 의무, 선물을 받을 의무, 선물을 되돌려줄 의무 등의 세 가지 의무가 제대로 작동하는 경우에 해당한다. 쿨라 방식은 사회 자체가 무너지지 않았을 때 일 대 다(多) 대응을 통해서 제3자를 경유하여 결국 자신에게 되돌아오는 것이 제대로 작동하는 경우이다. 일단 범위한정기술이 가능하고 모듈 방식의 구획화가 가능하다면 포틀래치를 통한 방식이 유력하고, 도시와 같이 모듈 되기 어렵고 사회적 관계망으로 이루어진 경우에는 쿨라를 통한 방식이 유력하다. 그러나 이들은 커뮤니티든, 사회든 환경이 제대로 작동한다는 점을 전제로 한다. 물론 사회와 커뮤니티가 작동하지 않고 기능정지 되었을 때 사회적 경제가 회복력을 선도하는 경우도 있다. 1995

년 고베 대지진 때 고베 생협이 수행했던 먹거리 수급과 유통의 경험을 떠올려 볼 수 있다. 사실상 돈으로 식량이 거래되지 않는 상황이 찾아오자, 고베 생협 사람들은 멀리 산을 건너 등짐을 지고 먹거리를 날랐다. 이를 통해서 고베는 생존할 수 있었다. 이런 경험은 사회적 경제가 붕괴된 주요 먹거리 유통망을 복원한 경우로, 이는 비상시나 위기에 강한 사회적 경제의 저력과 효용을 보여주는 것이다. 한국의 경우에는 2017년 사회적 경제 주요 단체와 행정 안전부가 위기 시에 필요한 대응협약을 맺은 바 있다. 여기서 사회적 경제 영역은 생활협동조합뿐만 아니라, 심지어 상자텃밭이나 주말농장, 공동체지원 농업(CSA), 마을장터, 도시농업 등의 유통망의 실질적인 작동을 주도할 수 있다. 사회적 경제의 탄력성은 위기 상황에서 먹거리 탄력성 회복과 유지의 중요한 영역을 차지한다고 할 수 있다.

넷째, 공공영역에서의 친환경 공공급식 제도, 학교, 군대, 감옥, 병원 시설의 배식제도가 그것이다. 공공영역에서의 급식과 배식은 먹거리 탄력성 측면에서는 확대되어야 하지만, 이는 식생활 탄력성과 역비례 관계에 있기 때문에 섬세한 접근이 필요하다. 공공급식제도는 각종 복지관, 도서관, 시설, 공동그룹 홈, 아파트 등에 급식시설을 갖추어 한 끼 정도의 공공급식제도를 이용하게끔 하면서 먹거리 탄력성에 기여할 수 있어야 한다. 먹거리 유통망에 관련해서도 가장 최적화된 로컬 푸드와 지역먹거리를 수급하여 먹거리 안전망을 갖추어야 하는 부분이 공공급식제도이다. 어르신 도시락 배달제도에서 한 끼 도시락을 세 개로 나누어서 먹는 어르신들이 많다는 점에 주목해야 한다. 공공급식 제도는 한 끼를 하루 생존에 필요한 최소 열량으로 의도적으로 디자인할 필요가 있다. 식생활탄력성을 해치지 않는 선에서 이와 길항작용을 일으켜야 할 부분이 바로 공공급식제도인 것이다.

다섯째, 순수증여의 영역에서의 자발적인 무료급식, 커먼즈(공유지) 텃밭에서의 채취 행위가 그것이다. 순수증여 영역에서는 해외의 경우 누구든 채취해 갈 수 있는 마을텃밭을 운영하는 사례가 있다. 이러한 커먼즈 텃밭을 통해

도시에서의 먹거리 탄력성을 넓혀가야 하며, 커먼즈 텃밭의 인증, 관리, 운영에 대한 구체적인 로드맵이 필요하다. 동시에 무료급식은 시민단체나 봉사단체를 통해 상시적으로 운영되도록 만듦으로서 먹거리 탄력성 문제 상황에서 공공배식을 보완하는 방안으로 자리매김해야 할 것이다.

푸드플랜은 식량위기를 선제적으로 가정한 상태에서 끊임없이 보완되고 수정되어야 한다. 현재의 푸드플랜이 식량위기 항목을 염두에 두지 않고 지역 먹거리와 도시 거주민(시민)을 연결하는 데 그치고 있는 것은 안타까운 상황이다. 좀 더 정교한 제도적인 상상력을 통해서 푸드플랜의 구체화와 실질화가 이루어져야 한다. 식량위기는 이미 제3세계에 와 있으며, 제1세계나 제2세계라 하더라도 한국사회와 같이 식량자급률이 현저히 떨어지는 나라에서는 언제든 찾아올 수 있는 것이 현실이다. 그런 점에서 푸드플랜의 혁신적인 재도약과 재구성을 기대해 본다.

【식량위기의 해법은 없는가】

독일의 영화감독 발렌틴 투른의 <100억의 식탁>이라는 다큐 영화는 이 질문에 대한 감독의 필사의 탐색을 다루고 있다. 투른 감독은 2050년에는 세계 인구가 100억 명에 도달하는데(2022.6, 79억5천만 명) 2025년 즈음에 상상을 불허하는 식량위기가 올 것이라는 가정 하에서 모색과 탐색을 한다. 더욱이 기후위기에 따른 작황이 좋지 않음 점과 식량위기, 물 부족 상황까지 감안한다면 투른 감독이 하는 질문의 수백 배에 대한 탐색이 이루어져야 하는 상황인 것도 사실이다. 영화의 내용은 다음과 같다: ① 바이엘사의 몬산토연구단지를 방문한다. 여기서 알게 된 것은 유전자변형농작물은 하나의 상황에는 최적화될 수 있지만, 복합적인 재난 상황에서는 탄력성이 거의 없다는 사실이다. 그런 점에서 토종 종자 중심의 종 다양성이 필요하다는 지적을 한다. ②

광물형 비료 채굴 현장을 방문한다. 화학비료는 곧 고갈될 자원으로 지속가능성 여부가 의심스럽다. 결국 유기농 중심의 전환이 필요하여, 클로버를 이용한 유기농이 사례로 제시된다. ③ 일본의 스마트팜을 방문한다. 흙은 스마트팜에게는 오염물 덩어리로 간주되며 위생적인 물과 LED등에 의해 인공적으로 길러진 채소가 등장한다. 그러나 스마트함은 과다한 에너지 사용을 기반으로 하기 때문에 기후위기에 탄력성이 거의 없다. ④ 영국의 전환마을 토트네스 로컬푸드 매장을 방문한다. 지역의 농산물이기 때문에 푸드마일리지가 극도로 낮으며, 지역화폐를 통해서 지역순환경제를 이루고 있다. 외부의 식량과 자원에 의존하는 것은 화석연료 사용을 극도로 높이는 것이라는 점에서 토트네스의 경험은 유의미하다. ⑤ NBA 스타인 윌 알렌이 운영하는 아쿠아농업에 방문한다. 아쿠아농업의 순환농법은 스마트팜보다 유효한 방식이라고 할 수 있으며, 도시농업에 최적화되어 있다. ⑥ 모잠비크의 혼작과 윤작의 텃밭을 방문한다. 하나의 작물을 심으면 회복탄력성이 떨어지지만, 여러 작물을 심으면 한 작물의 작황이 좋지 않아도 다른 작물이 이를 보완하기 때문에 회복탄력성이 높아진다. ⑦ 인크레더블 에더블(incredible edible)운동을 방문한다. 누구나 공공텃밭에서 작물을 따 먹을 수 있기 때문에 커먼즈 농법의 원형이 보존되어 있다. 이렇듯 발렌틴 투른 감독은 여러 사례를 수집하여 식량위기의 대안에 대해서 모색한다. 여기서 간취되는 중요한 사실은 하나의 모델로 해법을 찾을 수는 없다는 점이다.

식량위기의 다른 대안의 모색으로 듀마노프스키가 쓴 『긴 여름의 끝』(2011, 아카이브)의 모듈화 전략이 있다. 여기서 듀마노프스키의 생존전략은 커뮤니티의 미세단위 모듈을 형성하고 이것의 중복, 구획화, 반복을 통해서 자율성과 독립성을 추구하는 것이다. 개인 단위의 생존주의는 유효한 것이 아니지만, 모듈화 전략은 개인으로 흩어지는 것이 아니라 강건한 결사 단위와 생활 단위로 구성한다. 이는 내부 관계망의 탄력성에 기반하면서도 결사체 기반의 단독성을 추구하는 방식이다. 일종의 범위한정기술과 제한된 관계 맺기를 통해서 독립성과 자율성을 극대화한 커뮤니티 방식의 생존 전략이다. 이를 통해 생태적 다양성이 주는 탄력성, 신축성, 지속가능성, 복잡성을 주목하기 위한 기본단위를 구성할 수 있게 된다. 여기서 모듈이란, 서로 분리되고 구획화되어 각자가 자기완결적인 시스템이다. 이러한 모듈화 전략이 구현된 사례로 1990년대 쿠바에서의 유기농혁명을 들 수 있다. 90년대 미국의 석유 금수 조치로 어려움과 기아를 겪던 쿠바는 지렁이 분변토와 상자텃밭을 이용한 도시농업을 통해서 유기농 혁명을 이룩한다. 여기 도시농업 동호회라는 2~3인조 모듈이 등장한다. 이 모듈은 체력 저하와 사기 저하, 배고픔 속에서도 끊임없이 이야기를 하면서 강건하게 도시농업을 할 수 있었던 분리되고 구획된 모듈의 기본 특성을 드러낸다. "자칫하면 뿔뿔이 흩어지기 쉬운 각 기관을 강력한 2인조 팀으로 묶어 모으는 조정자 역할을 담당한 것이 '도시농업 동호회'라 불리는 특별 행정기구다. 도시농업도 처음에 마당에서 가족용 먹을거리를 재배하는 정도였습니다. 그런데 농산물을 가까운 이웃과 나눠 먹거나 팔기도 하는 움직임이 조금씩 생기더니 이제는 길거리에 셀 수 없는 정도로 많은 농장이 생겼습니다. 그래서 1994년 아바나 시 한복판에서 도시농업 동호회가 발족되어 새로운 프로그램을 시작한 것입니다."[4]

끝으로 생명순환(=탄소순환) 농업인 전통적인 유기농의 확대를 들 수 있다. 산업화 이전에는 유기농이 대부분이었지만, 새마을운동에서 통일벼를 도입하면서 쌀과 보리 이모작 중심이었던 유기농 대신 단모작 형태의, 화학비료와 농약에 기반한 관행농이 자리 잡았다. 생명순환 농업인 유기농은 생명의 순환과정에서의 탄소분자의 변화와 광합성을 통한 자연적인 탄소포집을 이용한다. 식물은 이산화탄소를 흡수하여 광합성을 통해 자신의 몸을 만들고 동물은 식물을 먹음으로써 탄소를 자신의 몸에 가둔다. 더불어 동물의 배설물은 토양의 미생물에 분해됨으로써 식물이 흡수할 수 있는 유기물이 된

[4]   요시다 타로 『생태도시 아바나의 탄생』(2004, 들녘), 78p

다. 이러한 유기물 순환 과정은 탄소순환, 산소순환, 질소순환이라는 세 가지 순환계의 복합적인 예술에 의해서 이루어진다. 유기농업은 화석연료 기반의 관행농보다 1/3 정도 적은 화석연료를 필요로 한다. 『10대와 통하는 기후정의 이야기』(2021, 철수와영희)에서는 "동화책 '똥벼락'에는 돌쇠 아버지 이야기가 나옵니다. 돌쇠 아버지는 30년 동안 머슴으로 일하고 풀 한 포기 자라지 않는 돌밭을 새경 대신 받았습니다. 돌쇠 아버지는 손에 피가 나도록 돌을 골라내고 거름으로 쓸 똥도 열심히 모았죠. 어느 날 잔칫집에 갔다 오다, 똥이 마렵기 시작한 돌쇠 아버지는 참지 못하고 산 중턱에 이르러 똥을 눕니다. 그리고 밭에다 똥을 누지 못한 것이 아까워서 눈물까지 그렁그렁해집니다."라고 전통적인 소농의 유기농업에 종사하는 농민의 정성과 노력을 묘사하고 있다. 오늘날 인류가 직면한 기후위기는 관행농이 아니라 유기농을 통해서 농(農)가치를 오래된 미래의 형태로 혁신하는 과정으로 나아가야 한다는 것을 강력하게 지시한다. 유기농의 경우에 토양 속에 머금을 수 있는 이산화탄소량과 식물의 이산화탄소량 등을 추산해 본다면 어떠한 인위적인 이산화탄소의 포집술보다 훨씬 유능한 포집 방법이라는 사실이 확인된다. 따라서 우리의 장래를 위해서라도 기후 농부로서의 유기농업의 확대가 필요한 것이다. 또한 식량위기에 대한 해법의 모색은 결국 농업 자체에 대한 제도적 상상력으로 나아갈 수밖에 없다는 점도 재확인된다. 그런 점에서 식량위기 시대 농업의 전략적 지도 제작이 요구되는 것이다.

【식량위기 시대 농업의 전략적 지도 제작】

식량위기에 대응하기 위한 농업의 전략적 지도 제작은 가능한가? 소외되고 배제된 상태에 있는 농민과 농업은 참으로 열악하지만, 또한 고령화로 인해 대부분 노인들이 농업에 종사하고 있는 상황이지만 농업에는 여전히 희망과 가능성이 있다. 그것은 기후위기 시대가 오히려 농-가치를 확산하고 농업의 재건과 부활의 계기가 될 것이라는 기대와 예측 때문이다. 농업의 전략적 지도제작은 다음과 같은 내용을 상정할 수 있다.

① 공공용지 확보로 기초자산 개념을 통해, 청년층을 농촌으로 유인하는 것이다. 기존의 귀농귀촌과 청년층의 농촌의 유입 전략에서는 유독 토지 문제를 배제하였다. 그래서 소작농 청년들이 땅을 기름지게 만들고 나서 다시 땅을 원주인에게 빼앗기는 상황도 비일비재하다. 한 살림생활협동조합에서 논의되었던 농지살림운동은 농업 고령 은퇴자들이 토지신탁을 통해서 귀농귀촌인에게 토지를 불하하는 방안이다. 그러나 그 역시도 현실화되기에 어려움이 있다. 오히려 공공용지를 확대하여 이를 청년층에게 장기임대 형태로 불하하는 방식으로 토지의 커먼즈화를 추구하는 방향성이 더 유력할 것이다. 한국에서 전통적으로 강조하던 경자유전 원칙, 다시 말해서 토지는 농사를 짓는 사람의 것이라는 원칙이 무력화된 것이 현실이다. 그렇기 때문에 공공용지로서의 농지 확보와 청년층에 대한 커먼즈 형태의 불하 방식이 연구되어야 할 것이다. ② 탄소중립정책 중 농업 관련 탄소순환경제 도입이다. 탄소중립정책은 농업 관련 이슈에 응답해야 할 시점이다. 탄소중립은 시장에서의 탄소시장과 공공에서의 탄소세와 공동체에서의 탄소순환으로 이루어진 삼차원의 접근이 시너지 효과를 일으키는 방식으로 진행되어야 한다. ③ 농업 공공플랫폼을 구축하는 것이다. 농업 관련 플랫폼을 통해서 유통 혁신을 이루어야 하며, 이는 기존 유통망에 기숙하는 것이 아닌 독자적인 유통 플랫폼 구축으로 나아가야 할 것이다. ④ 농민 기본소득과 농민 기본자산 제도를 신설하는 그것이다. 기본소득으로는 부족하며 실질적인 기본자산으로서의 땅의 권리를 보장해야 할 것이다. ⑤ 농민 기후공제회를 설립하고, 기후보험에서의 작물 수를 늘리는 것이다. 기후보험의 경우에 작물 11종에 한정되어 있는 것을 확대하고, 기후공제회 설립을 통해서 재난과 위기에 탄력적으로 대응해야 할 것이다. ⑥ 전환펀드 구축을 통한 로컬푸드 포인트 제도를 도입하는 것이다. 로

컬푸드 포인트는 거리에 역비례하여 공공의 지원을 받는 인센티브가 되어야 한다. ⑦ 농업 관련 온라인 대학을 개설하는 것이다. 중년 은퇴자들에게 의무교육에 필적할 만큼의 다양한 콘텐츠를 제공하면서 트렌드를 선도해야 할 것이다.

⑧ 기후위기 시대에 맞는 농업 양식을 매년 모델링하는 것이다. 기후적응에 관련되는 농업양식의 노하우를 매년 새롭게 공유하고 기후변화에 대한 탄력적으로 적응해야 할 것이다. ⑨ 그린뉴딜 내에 농업 전환 뉴딜을 추진하는 것이다. 농업 전환 뉴딜은 농가치를 보존하는 방향으로 추진하고 디지털 뉴딜에 필적할 만한 규모의 지원이 있어야 할 것이다. ⑩ 농민 기본소득의 각 경우의 수를 설립하는 것이다. 교육, 도농교류, 에코마일리지, 푸드포인트 등을 합산하는 방식이며 유기농지원금 등도 부가적인 인센티브가 되어야 한다. 기본소득의 각각의 경우의 수를 합산하여 통째로 줄 수 있지만, 경우의 수로 나누어 지원해 보는 것도 탄력성 확보에 도움이 될 것이다. ⑪ 소농의 스튜어트십과 관련된 정동 양상을 메타모델링하는 것이다. 소농의 섬세한 작업이 보유한 돌봄, 모심, 살림, 보살핌, 섬김의 정동 양상의 노하우나 암묵지 등을 아카이빙하고 적용 사례를 확대하는 것이 필요하다. ⑫ 도농교류를 위한 보조화폐를 설립하는 것이다. 도농교류에 있어서 지역순환경제를 구체화하기 위한 보조화폐, 지역화폐 등이 필요한 시점이다. 도농교류로서의 주말농장, 생활협동조합, 공동체지원농업(CSA) 등에서 유통될 보조화폐의 필요성이 대두된다. 그저 소비와 향유를 위한 도농교류가 아니라, 실질적인 경제의 작동 내로 들어온 도농교류가 필요하다.

신승철

◈ 문래동예술촌에서 아내와 함께 《철학공방 별난》을 운영하면서 공동체운동과 사회적 경제, 생태철학 등을 친구들과 더불어 공부하고 있다 ◈ 프랑스 철학자 펠릭스 가타리(Félix Guattari)의 『세 가지 생태학』으로부터 《생태적지혜연구소협동조합》(ecosophialab.com) 설립의 영감과 지혜를 얻었으며, 탈성장 전환사회를 향해 함께 나아가고 있다 ◈ 쓴 책으로는 『지구살림, 철학에게 길을 묻다』, 『가난의 서재』, 『생태계의 도표』, 『모두의 혁명법』, 『탄소자본주의』, 『구성주의와 자율성』 등이 있다 ㅈ

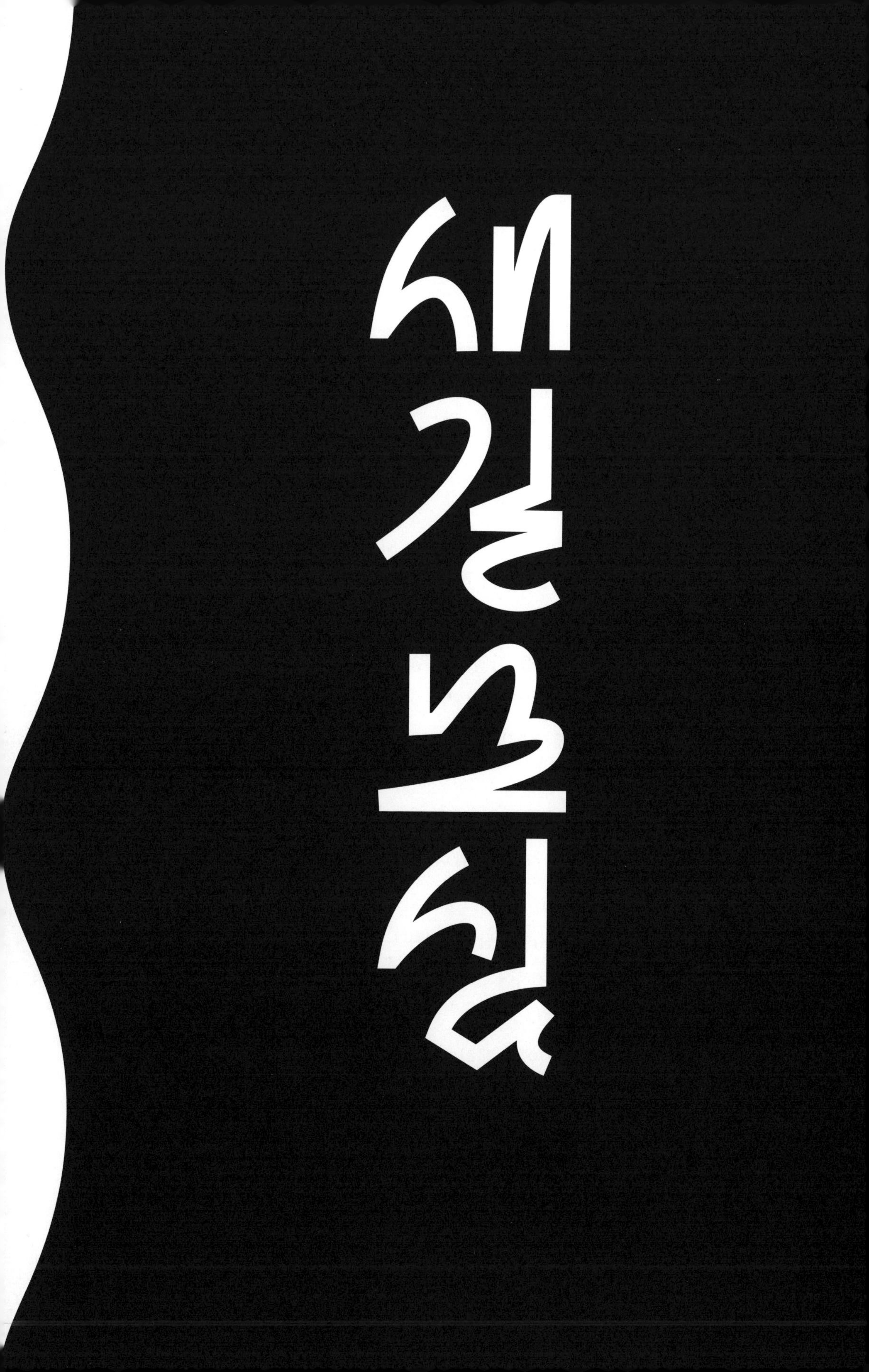

천도교수련 2:
천도교 주문 수련

라
명
재

【천도교 수련】

이제 천도교 수련에 대해 본격적으로 알아보자. 명상, 마음공부, 수행, 기도….
이렇게 마음을 닦는 것은 이름도 다양하고 종교와 문화에 따라 그 방법도 다
양하다. 천도교에선 주로 '수련'이라 부른다.

수운 선생이 「논학문」에서 "닦고(修) 단련한다(煉)"고 한 것이 천도교 수
련의 어원이다.

> 내 마음이 곧 네 마음이니라. 사람이 어찌 이를 알리오. 천지는 알아도 귀신은
> 모르니 귀신이라는 것도 나니라. 너는 이제 무궁 무궁한 도에 이르렀으니 닦고
> 단련하여(修而煉之)그 글을 지어 사람을 가르치고 그 법을 바르게 하여 덕을
> 펴면 너로 하여금 길이 살아 천하에 빛나게 하리라. (동경대전, 논학문)

무엇을 닦는가? 사람을 움직이고 행하게 하는 것은 무엇인가? 같은 몸을 가
진 사람들이 사는 모습이 다 다른 것은, 어떤 생각으로 어떤 행을 하는가에 따
라 달라지는 것이 아닌가? 그러므로 모든 종교에서 마음을 다스리는 것을 말
하고 있다. 천도교는 마음공부에서 시작한 것이다.

마음공부(心學)라 하였으니 그 뜻을 잊지 말아라. (용담유사, 교훈가)

천도교의 마음공부는 어떻게 하는지 알아보자. 누구나 차분히 앉아 기도하거나 경전을 읽을 때는 마음이 가라앉고 한울을 위하는 마음이 되지만, 일상에서 수많은 시비곡직을 겪고, 희로애락에 직면하면 그 마음을 잊고 갈등에 휘말리는 게 사람이다. 그런 갈등을 피할 수는 없지만, 그런 상황을 어떻게 대처하는지는 사람마다 다르고 그에 따라 갈등의 결과도 사뭇 달라질 수밖에 없다. 왜 누구는 감정을 조절하지 못하여 일을 크게 만들고, 누구는 아무리 어려운 상황이라도 슬기롭게 관리해 나가는가?

> 한울로부터 받은 성품은 본래 어질고 어리석음이 없고, 마음도 어질고
> 어리석음이 없고, 몸도 어질고 어리석음이 없다. 그러나 다만 이 마음을 쓰는 데
> 작은 차별이 있느니라. 성인은 내 성품을 사사로운 욕념에 물들이지 아니하고,
> 내 참된 마음을 변치 아니하고, 내 도를 행함에 게으르지 않느니라. 마음을
> 쓰고 세상을 쓰는 데 떳떳하므로 하나라도 거리낌이 없다. 마음을 가지고 도를
> 쓰는 데 선이 아니면 행치 아니하며, 바른 것이 아니면 쓰지 아니하며, 옳은 것이
> 아니면 행치 아니하며, 밝은 것이 아니면 하지 아니 하느니라. 범인은
> 내가 무엇을 잘하는지 그 성품을 내가 알지 못하고, 내가 무엇을 하고 싶은지
> 그 마음을 내가 알지 못하고, 내 행을 어떻게 해야 할지 그 도를 내가 알지
> 못한다. 그러므로 마음을 쓰고 세상을 쓰는 데 스스로 바르지 않은 길을 가며
> 악을 행하고 빗나간 행을 하며 정의가 아닌 것을 행치 않는 바 없느니라.
> (무체법경, 성범설)

천도교가 지향하는 인간상은 성인 또는 군자이다. 여기 그 모습이 표현된다. 결국 마음을 어떻게 사용하는가에 달려 있는데, 성인의 '마음은 바르고 밝고

착하고 의로운 것'(正明善義)을 추구하는 것이다. 자신의 본성과 마음을 알면 그 안에서 무슨 일을 하건 희로애락이 자유롭다. 남의 눈치를 볼 것 없이 정명 선의 할 수 있는 것이다. 반면에 자신의 가능성이 무한함을 모르고, 자신이 정 말 해야 할 일은 모른 채 욕념에만 끌려 다니는 것이 범인이다. 이렇게 자신의 본성과 마음을 모르니 바르게 사는 길(道) 또한 모른다. 바른 길을 모르면 시 행착오가 잦고 성공보다 실패가 많은 고난을 겪을 수밖에 없다.

그럼 범인들은 왜 바른 마음으로 행하기보다 행악과 행패를 하는가?

사랑하고 미워하는 것은 물건에 대한 반동심이라. 비유하면 젖먹이가 눈으로
물건을 보고 사랑하는 마음이 생기어 기뻐하며 웃다가 물건을 빼앗으면
성내어 싫어하나니, 이것을 물정심(물건에 정든 마음)이라 이르느니라. 물정심은
곧 제이 천심이니 억만 사람이 다 여기에 얽매어 벗어나지 못하느니라.
(무체법경, 진심불염)

물건에 대한 반동심, 즉 눈에 보이는 것에 대한 욕심이 정상적인 판단을 흐리 게 하는 것이다. 사람은 누구나 자신의 눈으로 보고, 귀로 듣고 한 것을 바탕 으로 판단한다. 판단하는 것은 기본적으로 분별하는 것이다. 좋은 것, 나쁜 것, 깨끗한 것, 더러운 것 등. 그러나 그러한 판단은 물건의 본질보다 겉모습, 그리 고 나의 선입견에 좌우되는 경우가 많다. 바른 판단이 아닌 경우가 많은 것이 다. 그 때문에 수련할 때는 그런 시각적 자극과 선입견에서 벗어나고자 눈을 감고는 게 보통이다.

신앙의 마음이 아직 단단히 정해지지 못했을 때에는 정욕이 육신의 세계를
따라와 온갖 악마[i]를 시켜 마음을 방해한다. 음란한 소리와 여색과 진귀한

---

[i]　악마는 수행을 방해하는 모든 유혹. 악마가 따로 있지 않고 내 마음이 만드는 것이다.

황금이나 옥구슬로 먼저 이목을 끌어 욕망의 세계로 들어가게 하면, 마음은

반드시 그 뒤를 좇아 눈과 귀가 머무는 곳에 가게 된다. (대종정의, 오교의 요지)

그러나 실제 생활에서 눈을 감고, 귀를 막고 살 수 있는가? 그러므로 보고 듣되, 보고 듣는 것에 마음을 빼앗기지 않도록 어떤 상황에서도 흔들리지 않는 마음의 기둥을 세울 수 있어야 한다. 그러기 위해선 닦고 단련하는 수련이 필요하다.

마음으로써 스승을 삼아 참된 마음을 굳세게 하여 세상 욕심에 빼앗기지

아니하며, 진리에 마음을 정하여 움직이지 아니하며, 부드러우나 약하여 악에

끌려가지 아니하며, 늘 깨어 있어 거짓에 속아 어둡지 아니하며, 성품은 분별없이

잠잠하나 잠기지 아니하며(몸은 삶 속에 있다), 서두르지 않고 한가하나 정성을

쉬지 아니하며, 일할 때 움직이나 간결하게 하고 어지럽지 아니하며, 어려운 일에

흔들려도 근본은 빼어지지 아니하며, 마음은 고요하나 삶의 움직임과 등지지

아니하며, 삶의 희로애락을 보나 집착하여 돌아보지 아니하며, 능력이 있으나

꼭 필요할 때 외엔 쓰지 않을 것이니라. (후경 2)

이렇게 어떤 상황에서도 진리에 대한 참된 마음을 잃지 않으면, 만물의 본질, 모든 일의 근본을 바로 볼 수 있고 바르게 판단할 수 있게 된다. 이것이 깨달음이다. 이를 알면 행이 자유로워진다.

머릿속에 아는 것이 많아도 실제 삶에서 활용되지 못하면 책상물림이라는 소리를 듣는다. 대학에서 이론을 아무리 배워도 현장의 경험이 없으면 무시당하는 것과 마찬가지다. 경전의 지식도 삶의 수많은 희로애락에 적용되지 못하면 죽은 지식일 수밖에 없다. 그러므로 삶의 다양한 일용행사에 흔들리지 않고 적용되려면 경전의 가르침을 직접 체험하는 수련이 필요하다.

그래서 수운 선생도 듣기만 하지 말고, 아는 것을 닦아서 체험하도록 권하

고 있다.

> 우리 도는 지금도 듣지 못하고 옛적에도 듣지 못하던 일이요, 지금도
> 비교하지 못하고 옛적에도 비교하지 못하는 법이라. 닦는 사람은 헛된 것 같지만
> 실지가 있고, 듣기만 하는 사람은 실지가 있는 것 같지만 헛된 것이니라.
> (동경대전, 논학문)

책으로만 배운 사람은 이론을 해박하게 외울 수 있다. 하지만 아는 게 많아도 실제 생활은 그런 가르침과 거리가 먼 난잡한 경우가 종종 있다. 반면에 이론은 많이 알지 못해도 오랫동안 기도해온 분들은 생활이 반듯하다. 만나서 몇 마디 하지 않아도 마음이 편안하지만, 범접하기 어려운 힘을 느낄 수 있다. 아는 것은 많지 않아도 새벽마다 정화수 떠놓고 기도하던 예전 우리 할머니들이 그랬다. 아는 것이 삶 속에서 실천되고 언행이 일치되려면 진리에 대한 강한 믿음과 어떤 상황에서도 흔들리지 않는 마음의 힘이 필요하다. 그 마음의 힘을 기르고 닦는 것이 수련이다.

　다양한 수련의 방법이 있고, 그중 일부는 요즘 명상이란 이름으로 관심이 높아지고 있다. 천도교의 수련은 경전 송독, 심고, 검무, 필법 등이 있지만 대표적인 수련은 주문 수련이다. 그러므로 주문 수련에 관해 살펴보고자 한다.

【천도교의 주문 수련】

한울님-우주의식은 내 안의 참 마음과 통해 있다. 하지만 살아가는 동안 '물건에 대한 반동심'이나 그에 대한 욕심, 그것을 가지지 못했을 때의 슬픔과 분노 같은 것들은 내게 본래 있던 마음이 아니다. 어떤 조건에서 생긴 것이므로 반동심, 제이 천심이라 하였다. 이런 반동심들이 참 마음을 가리는 먼지가 되

어 한울님과의 일치를 가로막고 있다. 그러므로 우주의식과 공감하기 위해선 내 안의 참된 마음, 즉 내유신령을 가리고 있는 습관 된 자의식을 먼저 비우는 수행이 필요하다. 대화를 할 때도 내 생각으로 가득 차 있으면 상대방이 아무리 좋은 이야기를 해도 귀에 들어오지 않는 법이다. 그러므로 비움은 모든 기도의 출발이다.

자의식과 온갖 잡념으로 가득한 마음을 비우고 집중하는 것이 공부의 첫걸음이다. 그러한 집중을 위해선, 주위의 소음이나 자극이 적은 조용한 곳이 좋겠고, 눈을 감아 내면으로 집중할 수 있도록 한다. 몸이 움직여 마음이 따라 흔들리지 않도록 긴 시간 가만히 있을 수 있도록 바른 자세를 유지하는 힘도 필요하다.

특정한 소리를 반복해서 욈으로써 잡념을 비우고 정신집중을 하는 수행 방법은 대부분의 종교나 수행법에 공통된 전승이다. 인도의 만트라 요가, 기독교의 '예수의 기도'[2], 불교의 염불 수행 등이 잘 알려져 있다.

모든 명상의 기본은 과거의 안 좋은 기억과 미래에 대한 불안으로 방황하는 마음을 지금 현재 나에게 온전히 집중하는데서 시작된다. 그 집중의 방법 중 하나가 주문 수행이다. 그 외 호흡에 집중하는 명상이나 간화선, 걷기 명상 등의 많은 방법이 있다.

명상에 익숙하지 않은 사람에게 잡념을 비우고 집중하라고 하면 오히려 잡념이 더 많이 떠오르고, 다리나 허리가 아프고, 코끝이나 전신 여기저기가 간지러워지는 등으로 인해 정신은커녕 몸조차 고요하게 유지할 수 없다. 그래서 몸을 움직이면 다시 집중이 흐트러지는 악순환이 되풀이된다. 그러므로 집중을 위해 한 가지 사물을 뚫어지게 바라보거나, 눈을 감고 시각을 차단하고 한 가지 의문을 화두 삼아 집중하기도 한다. 또는 특정한 진언을 반복해서 외우

---

2   "주 예수 그리스도, 제게 자비를 베푸소서"라는 말을 쉬지 않고 되풀이 하는 것. 기원후 3세기 이집트나 시리아의 사막의 교부들까지 거슬러 올라가는 전통으로, 율법 위주의 로마 가톨릭보다 내면 기도를 중시하는 신비주의적인 동방정교의 중요한 수행법이다.(오강남 엮어 옮김, 기도, 대한기독교서회, 2003, 8-9쪽)

며 집중하기도 하는데 이것이 주문 수련이다. 다른 수행 방법에 비해 주문을 외는 방법은 비교적 초보자도 쉽게 몰입할 수 있다. 그것은 단순한 음절을 반복하는 것이 집중의 효과를 극대화하는 덕분이다.

그렇게 집중하다 보면 온전히 나를 잊고 몰입하는 순간이 오고, 그럴 때 창의력이나 일의 효율이 최고조에 달한다. 운동선수의 경우 최고 기록을 내는 순간이기도 하고, 수련 중에는 깨달음의 순간이기도 하다.

2008년 북경올림픽 여자 육상 100미터 허들 경주에서 선두로 달리던 미국 대표 로로 존스가 두 번째 허들에 걸리면서 금메달 획득에 실패하였다. 경기 후 인터뷰에서 "다리를 잘 뻗자는 생각을 하고 말았다"고 토로했는데, 이는 자기의식이 고개를 들면서 몰입이 깨진 것을 말한 것이다.(구가야 아키라, 홍성민 옮김, 『최고의 휴식』, RHK, 90-91쪽)

특히 천도교 주문에는 우주의 이치가 담겨 있다. 주문을 읽는 것은 그 뜻을 생각하며 나의 자의식을 비우는 과정이기도 하지만 주문에 담긴 이치가 나에게 체현되고 있음을 깨닫는 수행이기도 하다. 그렇게 나의 자의식이 사라지면 자의식에 가려져 깊은 무의식속에 잠들어 있던 참된 나를 만나게 된다. 이것이 처음 태어날 때 한울님께 받은 적자지심(깨끗한 어린아이 마음)이다. 적자지심을 만나는 순간 우주의식과 통하는 문이 열린다. 한울님을 만나는 것이다.

천도교 주문은 수운 선생이 지은 선생주문과 제자주문이 있고, 제자주문에는 다시 초학주문, 강령주문, 본주문이 있다. 오늘날 천도교 수련에서는 제자주문의 강령주문과 본주문이 주로 사용된다.

강령주문(降靈呪文): 지기금지원위대 강(至氣今至願爲大 降)

본주문(本呪文) : 시 천주조화정영세불망만사지(侍 天主造化定永世不忘萬事知)

(동경대전, 주문; 띄어쓰기는 원문에 따름)

강령주문과 본주문 21자를 아울러 '3.7자 주문'이라 부르기도 한다. 주문의 우리말 뜻풀이는 이러하다; "우주에 가득하여 만물을 간섭하고 명령하시는 한울님 기운(至氣)을 지금 이 자리에서(今至) 내 기운과 기화되어 크게 깨달아 하나 되기를 기원합니다(願爲大降). 한울님 기운을 내 몸에 모셨으니(侍天主) 한울님 이치대로 모든 일이 자연스럽게 이루어질 것을(造化定) 평생 잊지 않고 (永世不忘) 모든 일에 그 지혜를 받아 행하며 살아가겠습니다.(萬事知)"

주문의 자세한 뜻은 수운 선생이 직접 『동경대전』「논학문」장에서 자세히 설명했다.[3] 전체적인 의미는 한울님을 모시고, 위하는 글이며, 대도의 진리가 담겨 있는 글이라고 할 수 있다. 그러므로 천도교 수행의 시작과 완성이 주문을 공부하는 데 있다.

주문을 외는 방법은 소리 내서 외는 현송(現誦)과 소리 없이 외는 묵송(黙誦), 주문의 뜻을 생각으로 읽는 염송(念誦) 등이 있다. 현송은 구송(口誦)이라고도 하며, 기화(氣化)가 주로 이루어지니 한울님 큰 기운을 처음 접하는 초학자의 강령공부나 기운공부에 적합하고, 21자를 모두 읽는다.

입으로 장생하는 주문을 외우니 그 글자는 스물한 자라. (용담유사, 수덕문)

<관변기록>에 다음과 같은 대화가 실려 있다. 어떤 제자가 배운 주문을 입으로 읽지 않고 마음속으로 읽는 것이 어떠하냐고 물었다. 수운은 "심독(心讀)할 뿐이고 구독(口讀)하지 않으려면 차라리 배우지 않는 것이 좋다."라고 아주 잘라 대답하였다.(유병덕 편저, 『동학·천도교』, 379쪽) 동학을 하는 것이

---

3   "「지」라는 것은 지극한 것이요, 「기」라는 것은 비었으나 신령한 영이 가득 무성하여 일에 간섭하지 아니함이 없고 일에 명령하지 아니함이 없으나, 그러나 모양이 있는 것 같으나 형상하기 어렵고 들리는 듯하나 보기는 어려우니, 이것은 또한 혼원한 한 기운이요, 「금지」라는 것은 도에 들어 처음으로 지기에 접함을 안다는 것이요, 「원위」라는 것은 청하여 비는 뜻이요, 「대강」이라는 것은 기화를 원하는 것이니라. 「시」라는 것은 안에 신령이 있고 밖에 기화가 있어 온 세상 사람이 각각 알아서 옮기지 않는 것이요, 「주」라는 것은 존칭해서 부모처럼 섬긴다는 것이요, 「조화」라는 것은 함이 없이 되는 것이요, 「정」이라는 것은 한울의 덕에 합하고 한울에 마음을 정한다는 것이요, 「영세」라는 것은 사람의 평생이요, 「불망」이라는 것은 생각을 보존한다는 뜻이요, 「만사」라는 것은 수가 많은 것이요, 「지」라는 것은 한울의 도를 알아서 그 지혜를 받는 것이니라." (동경대전, 논학문)

곧 재산은 물론 목숨까지 빼앗길 수도 있는 시절에도 주문을 소리 내어 외며 수행했던 것이다.

주문뿐 아니라, 우리가 하는 말이나 소리는 일정한 울림이 있다. 주문이 우주의 보편적 파동의 진동수를 담고 있다면, 그 주문을 읽음으로써 우리 몸에 그 파동의 진동수가 생기게 되고, 자신의 진동수와 우주의 진동수가 일치되어 자아와 우주가 하나 되는 합일을 경험하며 정신을 각성시키는 것이 '만트라 요가'이다. 우주 파동과 일치하는 말소리로 간주되는 진언이나 주문 중 대표적인 것이 옴 진언이다. 옴은 브라만이나 아트만 등 존재 자체를 뜻하는데, 옴을 발음할 때 생겨나는 영혼의 진동은 우주의 진동과 일치된다고 간주된다. 옴을 길게 발음하면 입에서 머리에 이르기까지 울림과 진동이 일어나는 것을 감지할 수 있다. (한자경, 『명상의 철학적 기초』, 이화여자대학교 출판부, 2017, 59-61쪽)

강령 공부할 때 8자의 강령주문만 읽기도 하지만, 일반적인 주문수련에선 21자를 함께 외우며 한울님 기운과 하나 되기를 기원한다. 저녁기도식[4] 같은 의식에선 21자를 105회 묵송하기도 한다.

강령이란, 주문수련을 통해 정진해 가는 동안 경과하는 첫 번째 관문 같은 것으로, 한울님-우주의식과 내가 하나임을 몸과 마음으로 체감하는 것이다. 이지적인 인지 활동이거나 소박한 깨달음 정도 아니라, 역동적이며 감격적으로 '하나임' 또는 '근원임'을 체득하는 것이다. 머리로 아는 것은 쉽게 잊혀 지지만, 온몸으로 느끼는 것은 쉽게 잊히지 않는다. 그 감격과 느낌이 나의 일상을 바꾸고 개벽해나가는 힘이 된다. 강령에 대해서는 뒤에 별도로 논한다.

묵송은 주로 본래의 내 모습이 무엇인가 우주의 근본은 무엇인가를 느끼기 위해 고요하고 깊게 침잠하는 성품(이치)공부의 방법이다. 이치공부는 "열세 자 지극하면 만권시서 무엇하며"(용담유사, 교훈가) 하신 것처럼 13자의 본

---

[4] 천도교인들이 매일 저녁 9시에 청수를 모시고, 주문을 묵송하는 의식.

주문을 마음속으로 계속해서 왼다. 우주만물의 이치가 한울이치 아닌 것이 어디 있는가! 강령의 체험으로 한울님 모심을 깨달은 뒤 한울의 진리가 어떤 것인가를 헤아리는 단계다. 무형하고 빈, 생명이 있기 전 본래 자리를 묵상하기도 하고, 교리나 삶 속에서의 의문을 화두 삼아 그 답을 구하기도 한다.

일상 활동 중에도 한울님의 기운을 빌려서 힘을 써야 하는 일을 할 때는 강령주문을 포함한 21자를 외어도 되지만, 그 외의 활동 중에는 조용히 속으로 13자를 외며 한울님 모심을 잊지 않는 공부를 하는 것이 좋다. 이렇게 현송과 묵송을 항상 치우치지 않게 함께 공부해야 진리를 공부하면서 현실도 또한 벗어나지 않는 참된 도를 행할 수 있을 것이다.

천도교 수련의 근간이 되는 주문수련에서 주문을 외는 방법은 다양한 방식이 지역별로 혹은 연원(포, 접)별로 전승되어 온다. 다음에는 그 점을 고찰해 보자.

【주문 송주의 다양한 전승】

동학을 창시한 수운 선생은 집권세력에 의해 순도(참형)하였고, 수운 선생을 이은 해월 선생도 평생을 숨어 다니며 포덕을 하다가 순도(교수형)하였다. 의암 선생 역시 3.1 혁명 이후 일제에 의해 투옥되어 옥고를 치르느라 발병한 뇌출혈로 투병하다 순국(환원)하셨다. 그런 역사적 상황과 아울러 마음공부의 특성이 더해져, 동학 초기의 주문수련 방법(원형)은 문서로 전해지기보다 개인 대 개인으로 경험적인 가르침 위주로 전해질 수밖에 없었다. 때문에 현재 전해지는 수행 방법이 사람에 따라 그리고 지역에 따라 조금씩 차이를 보이게 되었다. 그런 차이가 각각의 의미도 있으므로 이를 정리할 필요도 있고, 그런 차이 속에서도 공통된 부분들이 있으므로 이를 통해서 수련이 전해진 원형을 집작해 볼 수 있을 것이다.

북한 지역에서 대표적으로 수도·수련을 강조했던 소춘 김기전 선생으로부터 사사를 받은 삼암 표영삼 상주선도사(평북 구성)의 증언에 의하면, 그가 청년 시절 수련지도를 받을 때는 단체든 개인이든 반드시 궤좌(무릎 꿇는 자세=跪坐)를 하고 잔잔한 소리인 세송(細誦)으로 물결이 흐르듯이 소리를 내어서 주문을 외웠다고 한다.

황해도의 천도교 옹진교구 교구장의 장남으로서 교령을 역임하였던 서암 정운채 종법사는 강령주문과 본주문은 반드시 따로 떼어서 외워야 한다고 강조하였다.

춘암 박인호 선생(춘암상사)과 화암 최준모 선생의 직접 지도하에 사사를 받은 해암 이종해 종법사(서울)는 반드시 궤좌를 하고 주로 13자 본주문만을 송주케 하였으며, 가능하면 심송(心誦)이나 염송(念誦)으로 하라고 가르침을 받았다고 한다. 이는 연당 최병제 상주선도사(충남 예산)도 같은 증언이다.

의암 손병희 선생 재세 시부터 경상도 지역의 대두목이었던 묵암 신용구 선생 문하에서 수련지도를 받은 정암 고정훈 종법사, 석암 성낙헌 종법사 등의 증언에 의하면, 단체수련 시에는 정좌(正坐)를 하고 처음에는 강령주문만을 구송(口誦)으로 합송(合誦)케 하였으며, 강령체험이 끝난 사람에게는 형화(形化)된 강령을 멈추도록 한 후에, 13자 본주문 만을 송주(誦呪) 또는 암송(暗誦)토록 하였다고 전한다.

호남 지역에서는 수련을 할 때, 자동적으로 바른 자세를 취하기 위하여 더러 궤좌(跪坐)를 하는 사람도 있었지만, 주로 평좌(平坐)를 하도록 권하였으며, 주문을 외울 때는, 가끔 21자를 한꺼번에 외우는 경우도 있었으나, 새벽에는 주로 강령주문만을 구송(口誦)하고, 그런 다음에는 본주문만을 심송(心誦)으로 외우게 하였다고 한다.[5]

---

5   주선원, 「천도 주문의 송주 방법에 관한 고찰」, 『신인간』 2017년 6월호, 86-89쪽.

강령공부 후, 13자 본주문만 심송하거나, 암송, 묵송하는 것은 비교적 공통된 전승인 듯하다. 강령공부를 할 때 강령주문만 따로 구송, 현송하는 전승도 많다. 현재 주로 21자를 현송으로 읽는 것과 장단점을 비교하면, 다양한 주문 송주법이 각자의 근기나 공부 상태에 따라 다양한 접근을 가능하게 해주는 풍부한 천도교 문화로 볼 수 있을 듯하다. 특히 단체 수련을 할 때 (강령)주문을 합송하는 것은 함께 수련하는 사람들의 기화에 도움 되고, 초심자가 수련에 적응하는 데 도움이 된다. 공부자세도 무릎 꿇는 것에서 정좌, 평좌 등 다양하다. 자세는 다음에 다시 살펴보기로 한다. (다음 호에 계속)

라명재
◈ 증조부 때부터 동학-천도교를 신앙한 집에서 태어나 천도교에 자연스럽게 관심을 가지며 자랐다 ◈ 근대화와 독재라는 두 괴물이 전래의 전통적 가치와 사회구조를 파괴하고 단절하던 시기에 학생시절을 입시에 시달리며 평범하게 지냈다
◈ 그러나 변화하는 사회를 체험한 기억은 보다 나은 세상에의 갈망을 항상 간직하게 하였고, 산업화에 의한 환경파괴와 인성 상실, 독재와 민주화의 시소 속에서 정작 사람의 삶은 피폐해져 감을 안타까워하는 학부형이자 가장이 되었다 ◈ 생명과 삶을 다시 살리는 길은 거창한 정치적 공약이나 구호가 아닌 일상의 삶속에 있다는 생각을 실천하고 확인하고 싶어 한다 ◈ 그러한 일상의 삶을 중시하는, 전통의 가치와 생명에 대한 가르침이 가득한 동학의 경전이 널리 읽히고 그로써 사람 살 만한 세상이 되기를 바라는 마음에서 교인들과 함께 공부한 것을 엮어내게 되었다

DARK SHOT

어린이날 제정 100주년 기념사업

어린이날의 '정체성'과 어린이 '주체성'을 살려내다

장정희

【들어가며】

올해 어린이날 제정 100주년 기념 사업의 역사적 의의가 있었다면 그것은 무엇일까? 곰곰이 돌아보면, 물론 전국적으로 다채롭고 훌륭한 의미 있는 기념 행사들이 많았지만, 뭐니뭐니 해도 첫째, '100년사'에 빛나는 우리 어린이날 '정체성'을 정립하고자 한 점, 둘째, 사회적 운동의 주체로서 어린이 '주체성'을 살려내고자 한 점, 이 두 가지가 아니었던가 자평해 본다.

사실, 어린이날 100주년을 맞이하는 기념사업을 정통 있게 하기 위해서는 100주년 기념사업의 양대 해가 될 2022년과 2023년의 성격 정립과 개념의 차별화가 무엇보다 필요했다. '○회냐, ○주년이냐'의 어린이날 회차 명명 문제, '1922년이냐, 1923년이냐' 하는 어린이날 기점의 문제, 더하여 또 하나의 걱정이 있었다. 100년 전 어린이날 제정일은 '5월 1일'인데 법적 어린이날이 '5월 5일'로 늦춰서 할 수도 없고! 자칫 '지엽적'으로 비칠 수도 있겠지만, 어린이날 100년을 지나는 기점에서 그 사적 정립과 정체성 회복의 면에서 반드시 풀어야 할 과제가 되었다.

그 사이에 '1922년 5월 1일' 어린이날 제정 원년을 뒷받침하는 문헌 자료들이 다수 발굴되었다. 이정호가 쓴 「어린이날 이야기」(신여성 47호, 1932.5.),

박태보의 「어린이날은 언제 생겼나」(예술신문 42호, 1947.5.5.), 방정환의 「조선소년운동의 고찰 1~6」(조선일보, 1929.5.3.~5.14.) 등은 대표적인 글들이다. 무엇보다 방정환 자신이 직접 기술해서 남긴 1922년 5월 1일 어린이날 제정의 기록은 가장 분명하고도 확실한 실증이 되어 주었다. 특히 방정환이 직접 기술해 남긴 「조선소년운동의 고찰 1~6」은 올해 2022년을 '어린이날 제정 100주년 기념사업'의 해로 추진하는 데 동력이 되었다.

> 한 해를 지나 임술년(인용자 주: 1922년)에 이르러는 460명의 소년 군중을 가진 천도교소년회와 각 신문사 및 사회 유지와 동경 유학생 유지들이 중심이 되어 소년운동의 일반 이해를 철저(徹底)시키고 또 각지에 이 운동을 촉진시키기 위하여 '어린이달'인 5월을 택하고 5월에도 제1일을 잡아 '어린이날'로 정하여 운동의 기세를 크게 올리니 계획이 어그러지지 아니하여 소년운동의 필요는 전 민족적으로 깨닫게 되고 운동은 전 조선적으로 퍼져서 각지에 일제히 일어나니 반도소년회, 명진소년회 등 그 수가 일거에 백여를 헤이게 되었고 따르히 그 해 9월에 보이스카우트 운동이 일어나고 기독교회의 소년척후운동이 일어나고 불교소년회가 생기고 기독교주일학교에는 기독소년회 간판이 붙고 각 회의 소년부는 소년회로 독립하고 동리의 체육부까지 소년회로 개조가 되었습니다.(밑줄: 인용자 주)
> ― 방정환, 「조선소년운동의 역사적 고찰 1」, 조선일보, 1929.5.3.

방정환이 이 글을 쓴 시점은, 1921년 천도교소년회를 조직하고, 어린이운동을 본격적으로 시작한 지 어언 10여 년이 되는 시점이다. 어린이 운동사의 객관적 거리와 시점을 확보한 시기라는 점이다. 이 글에서 방정환은 어린이날 제정의 시기를 '1922년'으로 밝히고 있다. 오히려 일반적으로 알려진 것과 달리, 1923년 어린이날을 '제2회'라고 기술하고 있어 놀랍다. 즉, 방정환은 1922년은 '어린이날 제정의 해'로, 이듬해 1923년은 『어린이』 창간, 『색동회』 창립 등 '어린이의 살림'을 크게 넓힌 해로 평가하고 있다.

그리하여 2022년은 첫 어린이날이었던 '1922년 5월 1일'을 재현하여 기억하고, 어린이날 '100년의 역사'를 경축하는 큰 범위의 행사로 어린이날 100주년 기념사업의 방향이 잡혔다. 어린이 문화 예술 단체를 중심으로 '어린이날 100주년 기념사업단'이 꾸려지는 한편, 문화체육관광부가 후원하고, 일부 사업은 한국문화예술위원회와 공동 주관함으로써 명실상부한 국가적인 단위의 어린이날 100주년 기념사업이 활짝 꽃피게 되었다.

그러면 어린이날 제정 100주년 기념사업 개막의 포문을 연 '4월 27일 기자 간담회'부터 시작하여, 5월 한 달간 펼쳐진 어린이날 제정 100주년 행사의 전반적 흐름을 개괄적으로 살펴보고, 우리 어린이날의 '정체성' 및 어린이 '주체성' 회복을 위해 남은 과제를 살펴보고자 한다.

【 '1922년 5월' 한 달간 펼쳐진 어린이날 제정 100주년 기념 행사 】

2022년 4월 27일, 이 날은 참으로 기념할 하루였다. '2022년 5월 1일' 어린이날 제정 100주년을 불과 4일 앞두고, '어린이날 제정 100주년 기념사업'을 대국민 앞에 홍보하는 날이었다. 아마도 여러 일반이나 기자들에게는 퍽 생소한 세러머니처럼 보였을 것이다. 왜냐하면 우선, 우리 뇌리에 깊이 박힌 '5월 5일'이 아닌 '5월 1일'을 '어린이날 100주년 기념의 날'로 세우고 전국적인 대 기념사업을 펼치겠다는 설명을 하였기 때문이다. 기자간담회는 '어린이날100주년 기념사업단'에서 주최하고 '한국문화예술위원회'에서 후원했다. 기자간담회 장소는 혜화역 '예술가의 집' 강당이었다.

기자간담회의 대주제는 '우리는 왜 5월 1일 어린이날 제정 100주년 기념식을 여는가?'였다. 기념사업단은 다음과 같은 내용으로 어린이날 제정 100주년의 의미를 더하며, 어린이날 제정 정신의 사회적 관심을 촉구했다.

왜 5월 1일, 어린이날 제정 100주년 기념식을 여는가?

그것은 방정환 선생이 <천도교소년회>를 중심으로 '1922년 5월 1일'을 우리나라 첫 어린이날로 제정한 날이기 때문이다. 첫 어린이날에는 어린이날 선전지가 4종류나 인쇄되어 배포되었고 그날 저녁 7시에 천도교당에서 당당하게 어린이들과 기념행사를 갖고 어린이 만세 거리 행진을 했다. 어린이날은 5월 5일로 모두 알고 있지만, 원래 제정 당시 어린이날은 5월 초하루 '5월 1일'이었다.

100년 전 5월 1일, 우리나라 어린이날은 처음 시작되었다.

올해는 어린이날이 제정된 지 100주년을 맞이하는 해이다. 최근 발굴된 방정환 선생의 평론 「조선소년운동의 고찰」(6회 연재)이라는 글에서, 방정환 선생은 '1922년 5월 1일' 어린이날 제정에 대한 기록을 명확하게 남기고 있으니, 이것은 우리나라 첫 어린이날에 대한 분명하고도 확실한 실증 근거이다. 지금까지 어린이날은 1923년에 처음 만들어진 것으로 일반인에게 잘못 알려져 왔다. 1923년 '제1회'의 '회'(回)는 '어린이날이 돌아왔다'는 첫돌 기념으로 사용된 것으로, 즉, '100회/ 100주년'은 같은 의미 다른 표현이었다.

방정환 선생은 '5월 1일'을 지키기 위한 의지가 강했다.

1926년 어린이날 때 100만 장의 선전지를 인쇄해 놓고 5월 1일을 맞추지 못하자 방정환 선생은 어린이날 중지 담화를 발표했다. 1926년의 큰 어린이날 사건이었다. 순종 국상으로 '5월 1일' 어린이날을 '양력/음력' 모두 맞추기 어렵게 되자, 어린이날 자체를 '중지' 한다는 공식 발표를 했던 것이다. '5월 1일'은 그만큼 중요한 날이었다. 5월 1일 메이데이와 겹치는 문제, 일제의 끈질긴 방해 공작 등으로 '5월 1일'의 의미는 자취를 감추고 말았다.

다가오는 5월 1일은 우리나라 어린이날 제정 100주년이 되는 날이다.

우리는 이 100년의 국가적 경축 행사를 위해 2019년부터 지난 3년간 준비해 왔다. 이번에 펼치는 어린이날 100주년 기념사업은 지금까지 없던 어린이 문학과 어린이 문화 예술계가 집결된 총화의 모습이다. '4월 그믐날 밤' 개막 전야제, '모도가 봄이다' 어린이날 100주년 행진 및 기념식,

문학·연극·오케스트라·영화·전시·순회공연·학술 등 각 분야의 역사적인
기념사업을 마련하였다.

300여 명 천도교, 아동문학, 어린이 문화 예술계 지도자는 '4월 그믐날 밤' 개막
전야제를 가지면서 '5월 1일' 어린이날 아침을 기다릴 것이다.

우리는 방정환의 대표 동화 '사월 그믐날 밤'(5월 1일 어린이날을 기다리는
설렘을 표현)의 내용과 같이, 300여 명 천도교, 아동문학, 어린이 문화 예술계
지도자들은 함께 모여 '5월 1일'을 기다리는 잔치를 한다. 그리고 우리는
어린이날 제정 100주년이 되는 2022년 5월 1일, 오전 11시부터 소파 방정환 선생
생가 터를 출발 지점으로 100주년 어린이날 재현 행진을 펼친다.

오늘날 어린이날은 어린이들에게 장난감 사 주는 날로 퇴색하고 말았다.
코로나를 지나며 자유롭게 뛰어놀지도 못했던 어린이의 삶을 관찰하고
보살펴야 할 때다. 우리나라는 세계 최저 출산율을 기록하고 있으며, 어린이의
행복을 위해 우리가 무엇을, 어떻게 해야 하는지 진지하게 고민해야 한다.

어린이날 제정 100주년을 맞아, 어린이날 제정의 참된 정신, 방정환의 어린이
해방 운동 정신을 되살려야 한다. 우리는 참여 연합 아동문학, 어린이 문화
예술계가 함께 기자간담회를 열어 어린이날 100주년을 국가적으로 크게
경축함과 동시에, 어린이에 대한 제 분야의 관심을 촉구하고자 한다.

2022년 4월 27일

참으로 후대에 부끄럽지 않을 간담회였다. '어린이날100주년기념사업단'은
왜 어린이날의 원래 제정일인 '5월 1일'을 기해 기념사업을 개막하는지 그 취
지와 목표를 간절히 전달하였다. 삼일절을 '3월 1일'이 아닌 '3월 5일'에 한다
면, 광복절을 '8월 15일'이 아닌 '8월 20일'에 한다면 그만큼 어색한 일이 없을
것이다. 기자간담회는 일반 설명회와는 다른 실로 어린이날 100주년의 감동을
전하고자 한 잔잔한 파문의 퍼포먼스였다. 어린이와 기념사업단 대표의 <어
린이 해방선언문> 낭독, 방정환으로 분장한 배우와 어린이들이 미리 보여 준

<사랑의 선물> 갈라 공연, 그리고 미리 제작된 '어린이날 100주년 기념 종이 깃발'이 참석자들 손에 손에 전달되면서 장내는 출렁거리는 깃발들로 가득 차 올랐다.

어린이날을 앞둔 시점이어서인지 각 언론의 관심 또한 기대 이상이었다. 어린이날이라면 당연히 '5월 5일'로만 알고 있던 각 언론들이 기념사업단의 기자 간담회 취지를 적극 보도해 주었다. 「1922년 5월 첫 기념식, 일제 감시 속 우여곡절 끝에 열려… 잡지 등 사료에 기록」(연합뉴스, 4.30.), 「5월 1일은? 어린이날! 100주년 행진 "모도가 봄"」(오마이뉴스, 4.30.), 「5월은 우리 세상, 어린이날 100주년 축제」(서울신문, 4.27.), 「어린이날 100주년 5월 한 달간 '어린이 문학주간'」(연합뉴스, 4.27. 정책뉴스, 4.29.), 「어린이는 우주가 보낸 손님」(조선일보, 5.3.) 등. 이 외에도 어린이날 관련 및 주관단체들의 다채로운 기념사업 보도가 수십 건이다.

이 가운데서도 연합신문이 보도한 「1922년 5월 첫 기념식, 일제 감시 속 우여곡절 끝에 열려…」는 1947년 아동문학가 조풍연(1914~1991)이 증언하는

2022년 4월 27일. 어린이날 제정 100주년 기자 간담회 개최 현장. 기념사업 설명회에 참석한 기념사업단 대표들(가운데 마이크 든 이가 단장 이주영)

'1922년 5월 1일' 어린이날 기념식 때의 풍경(울분을 한꺼번에 토하는 듯한 방정환의 연설과 일제의 삼엄한 감시)이라든가 일제가 어린이날 당일까지도 인쇄물 배포를 허가하지 않아 자칫 '무산될' 뻔했던 첫 어린이날에 대한 기록 자료(천도교회월보, 1922.5.1.)를 실감나게 소개하여 일반의 이해를 더해 주었다.

　우선, 올해 '어린이날100주년기념사업단' 기념사업을 큰 테두리만 소개해 보자. 우선 2022년 어린이날 제정 100주년 기념사업의 역사적 의의는, 정부기관과 민간 어린이문화예술단체가 공동주관하여 '어린이날 기념사업'의 새로운 한 전형을 만들어 냈다는 데 있다. 기념사업의 주관 성격을 보자면, ①한국문화예술위원회와 공동으로 주관한 것, ②문화체육관광부 후원으로 단위 사업체가 개최한 것, ③어린이문화예술 기관 및 단체에서 자체적으로 개최한 행사로 크게 대별된다.

　올해 어린이날 100주년 기념사업의 가장 인상적인 내용은 100년 전 어린이날이 제정된 역사적 공간인 '천도교중앙대교당'을 중심으로 펼쳐진 행사였다. 방정환의 대표 창작동화 표제를 따서 열린 '4월 그믐날 밤 개막 전야제'와 '어린이날 100주년 기념식' 그리고 '어린이날 재현 행진' 등이다. 이들 행사는 천도교어린이날제정100주년기념사업추진위원회(이하 '100주년추진위')가 주관하였는데, 특히 개막 전야제 '4월 그믐날 밤'은 어린이날 100년사에 처음 이루어진 것이어서 주목을 끌었고, 어린이 문화 예술계 인사 300명을 초대함으로써 그 사회적 반향 또한 적지 않았다. 다음 날인 '5월 1일' 아침은 실로, 100년 전 어린이날이 시작된 그 시점으로부터 정확히 '100년'이 지나는 시점이어서 매우 감격스러웠다. 선발대에 참여한 어린이 100명이 타악대의 경쾌한 소리에 맞춰 행진하며 광화문대로, 종로대로, 삼일대로를 돌아 천도교중앙대교당으로 입장하였다. 어린이들이 행진을 하면서 어린이날 종이 깃발을 흔들고, 때로는 노래를 부르고 구호를 외치자 거리의 어른들은 마치 100년 전 풍경처럼 주욱 늘어서서 구경을 하였다.

　5월 1일 기념식 이후 각 분야의 어린이날 100주년 기념사업이 펼쳐졌다. 전시로는 '어린이도서연구회'가 천도교중앙대교당과 앞마당에서 '어린이날 100년 한국동화 100년' 행사를 한 달 가까이 진행하였고, 연극으로는 아시테지가 '방정환의 말:맛 나는 공연 만들기'를 기획하여 6개의 방정환 이야기 공연을 만들었다. 그 밖에도 오케스트라 단체로 코리안윈드오케스트라는 임진각 파주에서 '어린이의 길동무 소파 방정환'을 주제로 한 기념 음악회를 열었다. '호랑이 형님 소리극 순회공연'(극단 민들레), '어린이날 100주년 앰블럼 제작'(부산국제어린이청소년영화제), 그리고 서울대학교 규장각 대강당에서 펼친 16개국 참가 '2022 국제방정환학술포럼: 21세기 어린이라는 세계의 인간과 문학'(방정환연구소) 등이 손꼽히는 행사이다.[i]

가장 큰 단위 사업은 한국문화예술위원회가 주최·주관한 '2022 어린이 문학주간' 행사이다. 공모를 통해 '아동문학 스테이지' 프로그램을 제안 받아 5월 한 달간 40개의 아동문학 프로그램을 진행한 것이다. 제주도부터 강원도, 서울·경기권, 전국 일대에서 들꽃처럼 수놓아진 '어린이 참여' 프로그램은 어린이날 100년사에 처음 기획된 것으로, 그 의의가 적지 않다. 방정환연구소, 어린이도서연구회, 어린이문화연대, 어린이청소년책작가연대, 천도교중앙총부, 한국아동문학인협회가 공동 주관하고, 어린이와작은도서관협회, 학교도서관문화운동네트워크는 협력단체로 참가했다.

한편, 2022 어린이날 제정 100주년 기념사업이 기자간담회를 시작으로 정식으로 출범하자, 이 소식을 접한 여러 기관·단체에서 '어린이날 100주년 앰블럼'을 요청하여 함께 사용하였으며, 이를 계기로 어린이날 100주년 기념사업은 기하급수적으로 전국적으로 확대되어 나갔다.

---

[i] 자세한 사업의 내용은 '어린이날 제정 100주년 기자 간담회 자료집'(어린이날100주년기념사업단 발행, www.bjhri.org), '어린이 문학주간 백서'(한국문화예술위원회 발행) 자료집에서 볼 수 있다.

【5월 5일: 왜 한국 어린이날은 일본 어린이날과 같은 날짜가 되었나?
어린이 민족 유산으로서 정체성 질문】

2022 어린이날 제정 100주년 기념사업은 제정일인 '5월 1일'을 기점으로 서막을 열었다. 이제 올해를 마무리하면서, 우리는 현재의 대한민국 어린이날인 '5월 5일'의 정체성 문제를 진지하게 반성해 보아야 한다. 많은 시민들은 어린이날 100주년이 된 올해에 들어서야, 우리 어린이날이 원래 '5월 1일'이었다는 사실을 새롭게 알게 되었다. 많은 시민은 우리나라 어린이날은 원래 만들어질 때부터 '5월 5일'인 줄로 알았다고 했다. 아직도 그렇게 알고 있는 사람들이 더 많을 것이다.

　우리나라 어린이날이 '5월 5일'이 된 것은 언제부터인가? 가끔 '왜 어린이날은 5월 5일이 되었어요?' 하고 물어오는 시민이 있다. 그러면 대충 다음과 같이 얼버무리며 답변해 드린다; "어린이날이 처음 제정될 당시에는 '5월 1일'이었어요. 그러다가 어린이날은 5월 1일은 노동절과도 날짜가 겹쳐 혼란될 뿐만 아니라, 일제의 조직적인 방해 때문에 1928년부터 '5월 첫 공일'로 옮겨지게 되었어요. 1938년부터는 일제의 소년회 강제 해산으로 우리나라 어린이날은 중단되었지요. 그러다가 해방 후 어린이날을 다시 살려내면서 첫해가 되는 1946년 '5월 첫 번째 일요일'을 택해 기념식을 치렀는데, 이날이 바로 '5월 5일'이었어요. 그 후 어린이날을 이 날 저 날 옮기지 말고 '5월 5일'로 정하여 기념하자고 하여 오늘날까지 이어져 온 것이었지요."

　그러나 매번 느끼지만 어딘가 명쾌하지 않고 찜찜함을 남겨 놓은 대답이었다. 마음 한쪽이 켕기지만 굳이 들추어내고 싶지 않은 부분이 있기 때문이다. 왜 우리 어린이날은 일본의 어린이날 '5월 5일'과 같은 날짜가 되었는가? 누구도 여기에 대해서 말을 꺼내지 않는다. 그러나 최근 들어 부쩍 의식 있는 시민들이 필자에게 문의해 온다; "일본의 어린이날이 5월 5일이라는데, 우리나라 어린이날도 일본에서 들어온 것인가요? 방정환 선생님이 일본 유학을 하셨는

데 어린이날을 수입한 것일까요?"

　이런 질문을 받을 때 필자는 '올 것이 왔구나.' 하고 화들짝 놀란다. 사실, 모든 정보가 공개되는 IT시대에 우리 어린이날과 일본 어린이날이 '희안하게' 동일하다는 사실. 누구라도 접하게 되면 의아스럽게 생각하지 않을까? 이러한 의구심을 가질 시민들은 앞으로 점차 늘어갈 것이다. 우선, 첫째로 원래 우리의 어린이날은 '5월 1일'이었음을 먼저 설명해야 하고, 다음으로 방정환이 유학을 한 것은 사실이지만 일본 어린이날을 그대로 수입해 온 것은 아니라는 식의 차별화가 필요하게 된다.

　그런데 지난 7월 22일 '2022 국제방정환학술포럼'[2]에서 일본 동경순심대학 오오타케 키요미 교수는 한일 어린이날과 관련하여 중요한 논문을 발표하였다. 이 논문(「어린이날 한일 비교연구-1922년 전후를 중심으로」)에 의하면, 1922년은 한국에서 방정환이 어린이날을 주도한 해이기도 하지만 일본에서도 같은 해 '5월 5일' 전국적으로 <아동 애호 데이>의 일련의 행사가 있었다는 내용이다. 그리고 이 <아동 애호 데이> '5월 5일'은 '일본의 어린이날'이라는 것이다. 일본은 전통적으로 '5월 5일' 단오절에 남아의 건강과 입신출세를 기원하는 문화가 있었기에 근대 일본의 어린이날이 '5월 5일'로 자연스럽게 정착되었던 것이다.

　일제는 '5월 5일' 일본 어린이날인 <아동 애호 데이>를 1928년부터 본격적으로 식민지 조선에 이식하기 시작했다. 동아일보 1928년 4월 25일자에는 조선총독부가 '아동애호데이'를 5월 5일로 정해 보급한다는 내용을 크게 보도하고 있다. 총독부는 이 행사를 경성부교육회에서 주최하도록 하였으며, 취지 달성을 위해 포스터 선전지, 표어가 적힌 깃발 배포, 라디오 강화 등의 자세한 계획과 지침 내용을 11개 항에 걸쳐 발표하였다. 그중 (5)번 항을 보면 "각 부

[2]　2022 국제방정환학술포럼: 21세기, 어린이라는 세계의 인간과 문학(주최: 사단법인 방정환연구소, 서울대학교 국어국문학과 BK연구팀)

동아일보 1928.4.25. 조선총독부 학무국, 아동애호데이 5월 5월로 정해

인 단체에 의뢰하여 아동 애호의 표어를 붙인 꽃을 팔며 고아원 육아원의 아동을 위해서 창경원의 개방을 의뢰하여 꽃을 팔아서 얻는 수입으로 아동에게 차, 과자, 벤또(도시락) 등을 주는 일" 등이 있다.

일본이 식민지 조선에 보급한 '아동애호데이'는 황국 신민 2세를 기르기 위한 건강과 보호 운동으로, 어린이의 주체적 권리 신장과 이를 위한 깃발 행진, 어린이 해방운동을 이끈 방정환의 어린이날과는 취지와 방향에서 근본적으로 다르다. 일제는 1922년 5월 1일 첫 어린이날부터 출판검열법을 들어 훼방을 놓기 시작하더니, 해를 거듭할수록 성장해 가는 조선 어린이날을 강도 높게 탄압하기 시작했다. 1928년 어린이날 때는 『어린이』지의 '어린이날 기념호'를 원고를 통째 압수하여 발행하지 못하게 했다.[3] 이 시기는 어린이날 주도권이 정홍교 체제로 넘어가면서 어린이날이 '5월 첫 공일'로 바뀌던 해요, 일제가 그네의 '5월 5일 아동애호데이'를 처음 정하여 실시하던 해이기도 했다. 이렇게 일제는 조선 어린이날의 세력이 날로 커지자 학교를 통해 학생들의 불참을 지시하는 등 조직적으로 방해하더니, 급기야 1928년부터는 '5월 5일 아동애호데이'를 정해 맞불을 놓음으로써 조선의 어린이날을 무력화하고자 한 것이다.

일제가 조선의 어린이날을 의식해서 '아동애호데이'를 신설한 것은 다음 기사에서 분명히 알 수 있다.

---

[3]   필자가 근자에 제출한 논문 「『어린이』지의 '어린이날 기념호' 연구-어린이날 제정의 정신과 어린이 해방 사상 조명을 중심으로」(한국아동문학연구 42호, 2022.6.30.)에 『어린이』지에 나타난 일제의 어린이날 탄압 내용을 상세히 보고하였다.

해오는 어린이날 앞서서 『아동애호』

총독부 학무국의 신방침, 관공 기관 총동원

금번에 총독부 학무당국에서는 **오는 5월 5일을 기하여 '아동애호데이'**
(兒童愛護日)라는 날을 새로이 창설하고서 전조선의 교육회와 적십자사와

애국부인회와 조선아동협회와 기타 초등학교와 유치원과 청년회 육아원

등의 모든 기관을 총동원시켜서 대규모의 아동 운동을 일으키기로 되어 관계

각 관청과 학교에서는 전력을 다하여 벌써 준비중에 있다는데 (…) 조선에는

벌써부터 해마다 오월 초순에 조선소년총연맹의 지휘하는 '어린이데이'가

있어 전조선적으로 소년 소녀들이 총동원하여 소년운동을 일으키고 있는 것은

벌써 소연한 사실인데 이제 총독부에서도 금년부터 또 전기와 같은 운동을

개시할 터이라더라.

─조선일보 1928.4.24. 2면

'5월 5일'을 기하여 조선총독부 학무국이 "아동애호데이라는 날을 새로이 창
설"했다는 것과 "조선에는 벌써 해마다 오월 초순에 조선소년총연맹의(이)
지휘하는 어린이데이가 있어"라고 언급하면서, "이제 총독부에서도 금년부
터 또 전기(앞)와 같은 운동"을 시작한다고 하였다. 이렇게 이식된 일본의 '아
동애호데이'는 대개 '5월 5일'을 전후하여 주간으로 실시되었다. 특히 일제는
1937년 조선의 소년단체를 강제 해산한 후인 1938년부터는 조선의 어린이날
기념식을 중단시키고 대대적인 '아동애호데이'(이 해에는 벌써 '11회'를 맞이
하였다.) 전국 선전에 기세를 올렸다. 동아일보 1939년 4월 8일자에는 "제2세
국민인 어린이를 애호하자는 것은 해마다 5월 단오가절 전후"라고 특히 강조
하며 5월 2일부터 8일까지 1주일간 "국민정신 총동원 전국 아동애호주간이란
명칭"으로 한다는 내용을 노골적으로 명문화하였다. 이렇게 제2세 국민(황국
신민)을 잘 기르기 위한 건강한 신체의 어린이 육성을 강조한 '아동애호데이'
는 어린이를 '사회적 운동의 주체'로 세우고 사회적 실천 운동으로 전개된 방

정환의 '어린이 해방 운동'과는 출발 지점부터 현격히 달랐다고 할 수 있다.

여기서 한 가지 의문이 남는다. 왜 해방 이후 우리는 원래의 어린이날 제정일인 '5월 1일'을 살려내지 못한 것일까? 그냥 단순히 5월 첫째 주 토요일이 '5월 5일'이어서 이 날로 정했다는 것은, 일제강점기 일제가 식민지 조선에 이식한 '아동애호주간'의 실상을 상고해 보더라도 아쉬운 지점이 아닐 수 없다. 이 당시의 상황을 추론해 보기 위해서는 해방 후 1946년 2월 어린이날 전국준비위원회로 구성된 '김억, 정홍교, 윤석중', 그중에서도 '정홍교'의 어린이날 의식을 검토해 볼 필요가 있다. 그는 방정환이 이끄는 '조선소년운동협회'에 맞서 1925년 '오월회'(사회주의 계열)를 결성하여 무산소년운동을 주도하였고, 1928년부터는 '조선소년총연맹' 위원장 자격으로 어린이날을 주관하였다. 정홍교 주도의 '조선소년총연맹'은 방정환이 이끌던 '조선소년운동협회' 주관 어린이날을 계승하지 않는다는 의미로, 1928년 어린이날을 '제1회'로 개최하였으며, 그 이듬해 1929년에는 '제2회'로 개최하였다.[4]

최근 발굴 소개된 『어린이』 9권 4호(1931.5.)에 실린 그의 글을 보면 왜 해방 후 우리 어린이날이 '5월 1일'이 아닌 '5월 5일'로 정착되었는지 미루어 짐작할 수 있다.

그러면 이 날은 어느 달 어느 날이라는 것은 여러분이 이미 잘 아시는 것과 같이 해마다 오월(五月)달 첫째 공일(第一日曜日)이올시다. 이삼 년 전까지는 오월 일일로써 정하여서 거행되었었던바 조선 각지에 있는 수백만의 어린 사람의 모듬인 소년회를 한데 모아 어린 사람의 최고 본영(本營)인 조선소년총연맹(朝鮮少年總聯盟)이 생기(組織)게 된 후부터 오월 첫째 공일로 정한 것이올시다. 왜 고치었는가 하면 오월 일일은 세계 각국(各國)에서 해마다

4 1931년부터는 전선어린이날중앙연합준비회(의장 고장환) 체제로 해서 다시 소년 단체 연합 형태로 주관되는데, 연합준비위 반대 동맹도 창립되었다. 그 이유는 중앙연합준비회의 어린이날이 '반부산계급적' '비국제적' 어린이날로 보고, '국제무산소년데이'의 통제 밑에서 '참다운' 어린이날을 맞이하기 위해서라고 하였다.(조선일보 1931.4.5.)

굉장스럽게 거행되는 노동계(勞動界)-『메-데-』이므로 이날과 한 가지로 어린이날이 거행된다면 사회 일반에서 생각하기를 노동제일인지 어린이날인지를 분간키 어려울 뿐만 아니라 이 날을 떠나서 어린이날을 어린이마나 가질 어린이날을 만들고자 하는 뜻 아래에서 일자(日字)를 변경하기까지에 이르른 것이올시다.

　　— 정홍교, 「우리의 어린이날을 국제소년데-로 정하자!」,

　　『어린이』 9권 4호(1931.5). 1.

　이 글에서 보듯, 정홍교는 본인이 조직한 '조선소년총연맹'이 생긴 뒤부터 어린이날을 '5월 첫째 공일'로 정했다고 밝히고 있으며, '5월 1일'은 "사회 일반에서 생각하기를 노동제일인지 어린이날인지를 분간키 어려울" 것이기 때문에 일자를 변경했다고 썼다. 이러한 정홍교의 입장은, 어린이날은 '이 날 저 날' 옮겨다녀선 안 된다며 1926년 순종 국상 당시 '어린이날을 아주 중지'시킨 '조선소년운동협회' 측과 대비되는 입장이다. 마찬가지로, 정홍교는 해방 이후 어린이날을 다시 정함에 있어, '5월 1일'은 역시 '노농제'와 날짜가 겹친다는 이유의 의식 작용이 있었을 것으로 판단된다.

　그 심각한 영향은 올해 2022년 '어린이날 제정 100주년'에 크게 미치게 되었음은 부인할 수 없는 사실이다. '아동복지법 제6조'에 의하면, 어린이에 대한 사랑과 보호의 정신을 높임으로써 이들을 옳고 아름답고 슬기로우며 씩씩하게 자라나도록 하기 위하여 "매년 5월 5일을 어린이날로 하며, 5월 1일부터 5월 7일까지를 어린이주간으로 한다"는 내용을 명문화해 놓았다. 어린이날을 항구적으로 지켜나가기 위한 법적 기반을 갖추어 놓는 데까지는 좋았지만, 오히려 이 조항이 걸림돌이 되어 대통령, 정부 기관, 지자체에서는 어린이날 제정 100주년 기념식을 '5월 1일'이 아닌 '5월 5월'에 맞춰 거행해야만 했던 것이다.

　일제강점기에 일제가 1928년 총독부가 '5월 5일'로 정해 보급한 '아동애호데이'는 조선일보 동아일보가 폐간되던 1940년까지 신문지상에 그 기록을 볼 수 있으며, 역설적으로 해방 후 우리나라는 1948년부터 일제 강점기부터 실시되어 온 '아동애호주간'을 부활시켜 실시하기도 했다. 이러한 심각한 역사적 연원을 제대로 파악하지 못하고 '해방 어린이날'의 날짜를 '5월 5일'로 정하게 된 것은 어린이날 정체성 회복에서 참으로 유감스러운 일이 아닐 수 없다. '그렇게 되어 왔으니 그렇게 되었다'는 식이거나 '이제는 이것도 우리 역사이니 그대로 두자는 식'의 안이한 발상부터 혁신해야 할 때다. 세계사적 의미를 드높일 우리나라 어린이날 제정의 의미와 방정환의 '어린이 해방 운동'을 다시금 살려내야 하는 기초적인 준비작업. 어린이날 100주년을 마무리하는 올해, 이 끝자락에서부터 옹골찬 어린이날의 새 역사를 써 나가야 할 것이다.

【1922년 5월 1일: 천도교소년회의 어린이날 선포는
'어린이 주체성'의 놀라운 세기적 사건】

이번에는 어린이날 제정 원년으로서 '1922년 어린이날 제정' 기점의 당위성을 재확인코자 한다. 지난 세월 우리나라는 어린이날의 제정 원년, 그 기점 문제 한 가지조차 제대로 실증하여 합일하지 못했다. 마치 처음부터 두 개의 어린이날이 따로 생겨서 병치되어 온 듯이 알려지기도 했다. 이 모두 어린이날 100년 역사의 탄생과 실행 과정, 뚜렷하게 기록되어 있는 문헌 근거를 제대로 상고하지 못한 결과이다.

어린이날 기점은 대체적으로 두 개로 나뉘어 있다. 1922년 5월 1일 기점은 '천도교소년회'가 중심이 된 어린이날로, 1923년 5월 1일 기점은 '색동회'가 중심이 된 어린이날로, 사회 일반에서는 이해하고 있다. 이러한 설정이 무리가 아닌 이유는, 색동회는 자체 홍보물에 '색동회가 어린이날을 제정하였다'는 취지의 문구를 인쇄해서 홍보하고 있으며, 회원들은 자기가 속한 단체가 어린이날을 제정하였다는 데 긍지를 가지고 이를 적극적으로 활용한다.

결론부터 말하자면, 대한민국 어린이날이 '1922년 5월 1일' 천도교소년회에서 처음으로 제정(당시 용어: 創定)되어 선포된 것은 역사적인 '팩트'이다. 천도교소년회는 개벽사 후원으로 '어린이날 선전 비라'(전단)를 4종이나 발행하였으며, 어린이날 당일 경성 시대를 일대 행진 및 자동차 선전까지 동원하였다. 인쇄물에는 '저녁 7시'에 어린이들은 '천도교당'으로 오라고 하였으며, 당일 저녁에는 방정환의 어린이날 취지 강연을 비롯하여 각종 축하 공연이 이루어졌다. 1년 뒤 1923년에는 천도교소년회를 포함하여 소년 단체 40여 곳이 연합하여 '소년운동협회'를 결성하고 '제1회' 어린이날을 기념하였다. 정홍교가 조직한 '경성소년총연맹'에서 1928년 5월부터 어린이날을 거행함에 '제1회 어린이날'이라고 명명하였으니, 이렇게 어린이날의 회차는 주관하는 단체 또는 적용하는 기준에 따라 편차가 나타나기도 했다.

　　불과 '1년의 차이'를 두고 필자가 어린이날 제정 기점의 문제를 중요하게 제기하는 이유는 어린이날의 '어린이 주체성' 문제와 관련 있기 때문이다. 우리 '어린이날'의 제정·선포는 엄연히 '천도교소년회'에 그 시초에 있는 것이며, 5백여 명에 이르던 당시 소년회 어린 민중들의 사회적 활동에 대한 역사적 평가를 해 주어야 한다. 단군 이래 5천년 역사에 '어린이'들이 그들 자신의 손으로 '오늘은 어린이날이오!'라며 선전지를 나눠 주고 거리에서 외친 적이 있었던가? 그들 자신의 활동으로 사회적 운동을 일으켜 나간 역사적 발자취! 그것이 바로 대한민국 어린이날이었다. 세계사적으로 유례없는 이러한 '우리' 어린이날의 자랑을 재조명하면서 향후 어린이의 사회적 활동과 주체성을 보여주는 좋은 본보기로 만들어 주어야 할 것이다.

올해 어린이날 100주년 기념사업의 일환으로 파주 임진각 평화누리 대공연장에서 개최되었다. 기념사업단의 음악 분야는 관현악 오케스트라 공연이었기 때문에 기대를 안고 필자는 축하 일행의 한 사람으로 파주까지 가서 참가했다. 동요를 통한 평화 메시지를 남북 분단의 상징이 된 임진각에서 펼친 어린이날 100주년 기념 음악회.

그런데 그 무대에 오른 색동회 두 분 회원은 '색동회와 어린이날'을 주제로 동화 구연을 하는데, 어린이날 제정은 동경 유학생 모임이었던 '색동회'가 하였다고 하는 내용이었다.

"○○○ 선생님, 어린이날은 언제 만들어졌나요? 어린이날은 누가 만드셨나요?"
"옛날에는 우리 아이들에게 애, 계집애, 머슴아, 이 녀석, 이렇게 함부로 불렀죠.
소중한 우리 아이들에게 '어린이'라는 이름을 만들어 주신 분은 바로 소파
방정환 선생님이에요. 어린이는 나이가 어린이라는 뜻으로 고운 분, 착한 분처럼
나이가 어린 분과 같은 뜻과 같아요. 어린이날은 어린이 인권을 존중해 주기
위한 날이지요. 1923년 소파 방정환 선생님을 비롯한 일본 유학 모임 색동회가
5월 1일을 어린이날로 정하였답니다.
한때 어린이날은 우리나라가 일본에게 나라를 빼앗겼을 때 잠시 중단되기도
하였지요. 그 후 광복과 함께 매년 5월 5일을 어린이날로 지정하며 오늘날의
모습이 되었답니다. 한참이 지난 후에 어린이날은 공휴일이 되었으며 이제
어린이날은 세계인의 축제가 되었어요. UN은 11월 21일 세계 어린이날로
정하면서 계속 이어져 오고 있답니다. 2022년 5월 5일, 바로 오늘 어린이날이
100회가 되었어요. 어린이에게 꿈과 희망을 심어 주는 소중한 날, 이 세상 모든
어린이가 사랑받고 행복하기를 꿈꿔 봅니다. ○○○ 작가님, 100회 어린이날에
우리 친구들에게 재미있는 이야기 들려주실 거죠?"
— 어린이날 100주년 기념음악회에서 색동회 동화구연 일부 내용 (2022.5.5.)

참 억지스러운 주장을 담은 동화 구연을 찬찬히 들으면서 필자는 묘한 생각이 들었다. '색동회'는 어떤 내용을 근거로, 어떤 계기로 저와 같은 확고한 믿음을 갖게 된 것일까? '색동회'는 주지하듯 방정환을 비롯한 동경 유학생을 중심으로 일본 동경에서 결성된 어린이 문화운동 단체이다. 단체나 조직이라기보

다 8, 9인의 동인에 가까웠다. 색동회는 우리나라 어린이날과 마찬가지로 '100년'의 역사를 자랑하는 우리나라의 대표 어린이 문화운동 단체로, 어린이날 역사를 객관적 위치에서 바로 알릴 사명과 책임이 있다. 그럼에도 도리어 어린이날 유래를 그들 단체에 귀속시켜 사실을 왜곡하고 그 오류를 확대 재생산하고 있음은, 실로 안타까운 현장이었다.

여러 사료를 살펴보면, 색동회가 '어린이날'을 제정했다고 하는 내용은 해방 이후 70년대 이후 '만들어진 신화'로 확인된다. 그 분기점이 되는 시기는 1987년 '색동회 회록'이 64년 만에 새로 '발굴' 공개되면서부터이다. 왼쪽 자료 경향신문 5월 2일자에는 '어린이날 제정의 모체'로 색동회를 크게 소개하고 있다. 색동회측은 '어린이날'과 관련해서는 다음과 같이 주장하고 있다.

> (…) 정식 발족된 '색동회'는 1922년 5월 1일 천도교가 제정한 '어린이의 날'을
> '의' 자만 빼고 '어린이날'로 명칭을 바꿔 '색동회' 창립일과 함께 1923년 5월
> 1일부터 '어린이날'을 기념했다. 1923년 5월 1일 방정환 선생이 주축이 된
> '색동회' 제정 '어린이날'부터 기산하면 올해 어린이날은 65돌째이고, 1922년 5월
> 1일 천도교가 제정한 '어린이의 날'부터 기산하면 66돌째다.
> — 유인석(기자), 「어린이날 제정의 모체 색동회는 항일단체」,
> 경향신문 1987.5.2.

이 글에서 색동회는 '1923년 5월 1일'을 색동회 제정 어린이날로 보면서, '1922년 5월 1일'을 천도교 제정 어린이날로 따로 분리시키고 있다. 그래서 각각 1987년 당시 '65돌'(색동회) '66돌'(천도교)이라고 회차의 차이를 언급한다. 색동회 동인은 방정환과 가장 가까운 동지로, 방정환과 함께 초기 어린이운동과 어린이날에 가시적, 비가시적 역할이 적지 않았다. 그러나 부득이 어린이날 제정의 '주역'을 자청하기 위해, '색동회 회록'에 기록되지 않은 사실까지 가공하여 유포함은 유감스러운 일이다. 필자가 연구한 바에 의하면 6회(발회식을 제외하면 5회)의 회합을 기록한 '색동회 회록'은 어디에도 '어린이날' 관련 기록을 찾을 수 없었다. 색동회가 어린이날을 제정하였다면, 그리하면 어린이날 제정 장소는 일본 동경이라는 말일까? 실로 앞뒤가 맞지 않는 억지스런 주장이다.

반면, 1922년 5월 1일 천도교소년회 어린이들의 감격은 100년이 지난 지금까지 그 생생한 목소리를 전해 주고 있다. 『천도교회월보』 141호(1922.5.)에는 「조선에서 처음 듣는 '어린이의 날'」이라는 기사가 실려 있다. 여기서 주목되는 것은 그 부제로 달린 '5월 1일의 천도교소년회 창립 기념일을 그대로 인용하여'라는 내용이다.

> 천도교소년회의 일에 관하여는 벌써 본지에 누차 보도를 행하였습니다. 그런데 이번에는 전 조선의 소년에 관한 일을 보도하는 기쁨을 얻게 되었습니다. 더욱 이 일이 천도교소년회의 고안 중으로부터 된 것임을 생각할 때에 일층의 감격을 가지게 됩니다. (…) 천도교소년회의 창립 1주년 기념일 되는 임술(1922)의 5월 1일을 기하여 조선소년운동의 큰 기치를 들었으니 그가 곧 조선에서 처음 듣는 어린이의 날의 창언(創言)이외다.
> — 일기자, 「조선에서 처음 듣는 '어린이의 날'」, 『천도교회월보』 141호, 1922.5.

소년회의 어린이들은 이 어린이날이 "천도교소년회의 고안 중으로부터 된 것임"을 "감격"스럽게 받아들이고 있다. 어린이날에 대해서는 "조선소년운동의 큰 기치"라고 했고, "조선에서 처음 듣는 어린이의 날의 창언"이라고 했다. 무엇보다 소년들은 그네들의 소년회 창립 기념일 '5월 1일' 날짜가 "그대로 인용(引用)"되었다는 사실에 감격하고 있다. 부제의 '인용'이라는 표현 속에는, 이글에는 나타나지 않지만, 여러 소년 단체 또는 각 방면 유지가 '인정하여 용납하였다'는 의미를 내포한다. 이러한 정황은 천도교소년회의 중심 인물이었던 이정호의 「어린이날 이야기」(신여성, 1932.5.)라는 글에 좀더 자세히 나타나 있다.

> **어린이 運動의 發現과 '어린이날'의 創定**
>
> 1920년 경상남도 진주(晉州)에서 처음으로 소년회가 일어난 것을 비롯하여
> 경성에서 천도교소년회가 창립되고, 그 뒤를 이어 경향 각처에서 소년회가
> 벌떼같이 일어났습니다. **그리하여 1922년 봄에 경성 천도교소년회에서는 당시**
> **동경에 있는 색동會—(이 會는 일찍이 동경에 유학하는 故 방정환 씨의 몇몇**
> **사람의 발기로 형성된 아동 문제 연구 단체입니다.)— 외 기타 경성에 있는**
> **소년 단체와 의논하여 매년 5월 초하루를 『어린이날』로 정하고** 이 날을 기하여
> 전 조선 6백여 만의 어린 사람들로 하여금 일제히 한 날 한시에 소년운동 자축
> 시위를 하기로 하고 그 해 5월 초하루부터 이를 실행해 온 것입니다.
> — 이정호, 「어린이날 이야기」, 『신여성』 47호, 1932.5.

이 글은 '천도교소년회'가 어린이날을 정함에, 동경 색동회와 경성 소년 단체와 의논하여 '매년 5월 초하루'를 정했다는 내용을 담고 있다. 이로 보면 1922년 5월 1일 첫 어린이날이 결코 천도교소년회 측의 단독 결정이 아니었음을 알수 있다. 그리고 이정호는 1922년 5월 1일 어린이날에 대해 '창정'이라며 그 역사적 위상을 부여하고 있다. '창정'이란 처음으로 창안하여 제정하였다는 의미이다.

이미 천도교소년회는 1921년 5월 1일 설립 때부터 꾸준히 움직여 온 실제적인 운동 단체로 당시 경성(서울) 및 지역까지 조직된 가장 큰 소년운동 단체였다. 이듬해 1923년부터는 우리나라 최초의 소년 단체 연합 기구인 '소년운동협회'를 조직해 나가며, 1924년 6월호 『개벽』를 보면,[5] '소년운동협회'는 당당하게 소년운동단체의 대표기구로 언급되고 있다. 1923년 5월 1일 어린이날에는 역사적으로 파문을 던진 '소년운동 세 가지 선언'(일명 어린이 해방 선언문)을 '소년운동협회' 명의로 공표하니, 세계 어린이 운동사에서 방정환과 천도교소년회의 역할은 새롭게 조명되어야 할 위치에 있는 것이다.

이렇듯 우리의 어린이날은 1922년부터 1923년까지, 하나의 뿌리로부터 그 정체성을 굳혀 왔음을 재확인할 수 있다. 이 어린이날을 두 개의 어린이날로 만들고 '천도교소년회/색동회' 양대의 어린이날로 병치시키며 소속 단체에 유리하게 적용하여 분리시켜 온 것은 1970년 이후였다.

'1922년 5월 1일' 어린이들의 선전으로 파급되기 시작한 첫 어린이날! 올해 어린이날 제정 100주년의 해를 기념하고 보냄에 있어, 우리나라 어린이날 '제정 주역'이 엄연히 '만 7세로부터 만 16세'[6] 전후 소년들, '천소교소년회' 어린이들의 적지 않은 공로가 있었음을 우리는 다시 한번 기억하자. 이는 곧 어린이날의 '어린이 주체성'을 살려내는 기초가 되리라 본다. 이런 까닭에 올해 어린이날 제정 100주년 기념사업은 100년 전 어린이날을 재현하고 어린이 '주체성'을 살려내는 행사 기획에 특별한 공력이 더해졌다. '천도교어린이날 제정 100주년 기념사업추진위원회'에서는 이를 실현하고자, '어린이날 행진 재현을 위한 자발적 어린이 참여자 100명'을 모집하고, 행진을 선도할 타악대를 선발대로 구성하여 '힘찬' 어린이날 재현 행진을 선보였던 것이다.

5   일기자, 「단체 방면으로 본 경성」, 『개벽』 48호, 1924.6.1. "…소년운동으로는 소년운동협회, 중앙척후대, 천도교소년회, 기독교소년부 등이 있고"(85면)

6   묘향산인, 「천도교소년회의 설립과 그 파문」, 『천도교회월보』 131호, 1921.7. 19면.

어린이날 100주년 기념 깃발을 들고 행진을 준비하고 있는 어린이 선발대의 모습

　사실, 우리 어린이날도 어느덧 '100돌'이 지나오는 만큼 그 횟수를 구분하고 굳이 따져서 무슨 소용이 있겠는가! 한평생 어린이 동요와 어린이 운동에 헌신한 윤석중도 "어린이날엔 횟수를 따질 필요가 없다. 어린이는 언제나 새 어린이이기 때문이다. … 그러나 횟수를 밝혀야 한다면 제대로 따져야 할 것이 아닌가. 우리나라 첫 어린이날은 1922년 5월 1일이다. 바른 나이를 찾아, 고생만 하다 가신 님들의 넋을 위로해 드리자."[7]고 하였다.

　'1922년 5월 1일' 천도교소년회를 비롯하여 그 당대 어린이들이 손수 일으킨 활동과 그 공로는 참으로 귀하고 소중하다. 100년 전 '어린이날'의 주역은 바로 어린이, 그들이었다. 이제, 100년 전 우리 어린이의 사회적 활동을 드높이 조명하여 세계 속에 자랑하고 보급해 나가야 할 때이다. 어린이들이 한 일이라고, 그들 소년 단체가 없어졌다고, 우리나라 첫 어린이날을 탄생시키기 위해 노력한 당시 어린이 운동의 어른들과 그 공로가 잊혀서는 안 될 것이다.

<hr />

7　윤석중, 『어린이와 한평생』, 범양출판사, 1978, 31면.

【나오며: 어린이날의 제언과 향후 방향】

매년 '5월 초하루' 어린이날을 설레는 마음으로 준비하고 기다렸던 방정환은
'4월 그믐날 밤'이라는 눈부신 동화를 한 편을 남겼다.

> 오월 초하루!
>
> 거룩한 햇볕이 비치기 시작하는 것을 보고, 복사나무 가지 위 꽃그늘에서 온갖
>
> 새들이 일제히 5월 노래를 부르기 시작했습니다. 그러니까 거기 맞춰서 나비들이
>
> 춤을 너울너울 추기 시작했습니다. 모든 것이 즐거움을 이기지 못하고 덩실덩실
>
> 춤을 추었습니다.
>
> 잔디풀 버들잎까지 우쭐우쭐하였습니다.
>
> 즐거운 봄이었습니다. 좋은 놀이였습니다. 특별나게 햇볕 좋은 아침에 사람들은
>
> 모여들면서 "아이고, 복사꽃이 어느 틈에 저렇게 활짝 피었나!" "아이그, 이게
>
> 왠 나비들이야!" "인제 아주 봄이 익었는걸!" 하고 기쁜 낯으로 이야기하면서
>
> 보고들 있었습니다.
>
> 5월 초하루는 참말 새 세상이 열리는 첫날이었습니다.
>
> -방정환, 「4월 그믐날 밤」(일부), 『어린이』 1924년 5월호.

100년 전 방정환과 천도교소년회, 개벽사의 전 직원, 동경 색동회, 그리고 경성
지역 소년 단체와 전국 지역 소년회 모임이 한 뜻을 세우고 일으켜 나간 어린
이날 운동. 어린이날 운동은 곧 어린이 운동이었으며, 또한 어린이 운동은 동
화 '4월 그믐날 밤' 마지막 대목에서 암시하듯 '참말 새 세상'을 열기 위한 기
본 운동이었다고 할 수 있다.

돌아보면, '1922년 5월 1일' 첫 어린이날을 기념하는 어린이날 기념사업이
있었기에 실로 뿌듯한 한 해였다. 특히 4월 30일 '4월 그믐날 밤' 개막 전야제
행사는 어린이 문화 예술계 300명을 초대하여 방정환과 우리의 5월 1일 어린

이날 제정 정신을 기억하고 재조명하는 시간으로 기획되었으니, 그 반향은 이제 내년 어린이날에 빛을 발하게 될 것이다. 올해 어린이날 100주년은 어린이날 '정체성'과 어린이 '주체성'을 제대로 살려내기 위해 노력한 해였다. 올해의 노력에 뒤이어, 내년에도 역시 어린이날 기념식을 '5월 1일'에 맞춰 해 나갈 뿐만 아니라, 어린이날 어린이 행진을 더 풍성하게 살려 대한민국 어린이날의 새로운 전통으로 잘 굳어갈 수 있기를 기대해 본다. 이를 위해 크게 두 가지의 제언을 남기고 싶다.

제언 1: 5월 1일부터 1주일간 어린이날 주간의 설정 필요

우리 어린이날도 '100년'이라는 한 세기의 역사를 이어오는 만큼, 어린이날에 대한 새로운 인식 전환 및 법률적 보완이 요청된다. 우리나라 어린이날을 '일본' 어린이날과 같은 날짜인 '5월 5일'로 굳이 우리 법률에 못 박아둘 필요가 무엇이 있는가? '5월 1일'부터 시작해서 1주일간 어린이날 주간을 설정할 것이 요청된다. 그러면 어린이날 원 제정일인 '5월 1일'의 의미와 더불어 방정환의 어린이날 제정 정신을 되살리게 됨은 물론, 5월 1일부터 5월 5일까지 어느 날이든 자율적으로 택해서 공식적인 기념식을 가질 수 있게 된다. '5월 5일' 단 하루를 '어린이날'(공휴일)로 정해 놓다 보니 이 아까운 하루를 '선물 받는 날' '놀러가는 날' 정도로 지내고 만다. 어린이날 주간이 설정되면 어린이를 위한 더 폭넓은 활동과 세미나가 형성될 것이다. 어린이를 위한 제반 사회적 문제를 우리 사회가 함께 생각할 수 있게 됨으로써 우리 사회의 근본 되는 변화가 비로소 이루어지게 될 것이다.

제언 2: 2023년 어린이 해방 선언 공표 100주년의 해, 전국 어린이날 선전 대행진 필요

2023년 5월 1일 어린이날도 마찬가지로, 어린이날 깃발 행진이 이루어질 필요성이 제기된다. 내년 1923년은 세계 어린이 운동의 큰 봉화가 될 '최초 어린이

해방 선언문 공표 100주년' 기념의 해가 된다. 1923년 5월 1일 공표된 '어린이 해방 선언문'(원명: 소년운동 선언)은 1924년 국제연맹에 의해 채택된 '어린이 권리 선언'(일명 제네바 선언)보다 1년 앞선 것으로, '어린이 권리'(Rights) 선언에 앞서 우리나라에서는 '어린이 해방'(Liberation)을 먼저 선언했다는 세계사적 의미를 갖는다.

어린이 운동의 발전을 위해서는 우선 어린이 그들 자신의 존재감을 당당하게 이 사회에 알리고 인식될 수 있도록 하는 '특별한' 어린이날 기념행사가 필요하다. 그것은 바로 우리나라 첫 어린이날로부터 시작되었던 '어린이 행진'이다. 어린이날 어린이 행진 기획이 살아나면 자연스럽게 그 지역 '어린이해방소년단'도 자생적 힘으로 되살아나게 될 것이다.

어린이날 '어린이행진'은 우리나라 어린이날로부터 출발하였으며 이것이 어린이날의 전통 있는 기념행사로 정착될 수 있기를 기대해 본다. 올해는 부득이 서울 지역을 중심으로 광화문대로-종로-삼일대로를 지나 어린이날 제정 장소인 천도교중앙대교당으로 집결하는 노선으로 어린이날 행진이 이루어졌다. 내년 2023년에는 전국 각 지역 어린이문화예술 기관과 단체를 거점으로 하는 전국 동시의 '어린이날' 기념 대행진이 이루어질 수 있도록 해 보자!

어린이날 대행진은 그 자체로 곧 화제가 될 것이다. 거인 어린이의 존재감은 이 사회를 뒤덮을 것이다. 그리고…, 지구 어린이의 대행진으로 전파되어 갈 것이다.

장정희

◈ 1998년 『아동문학평론』에 동화 「열한 그루의
자작나무」가 당선, 2019년 『자유문학』에 동시 「지렁이의
외침」 외 9편 추천 완료 ◈ 2013년 고려대학교
국어국문학과 대학원에서 「방정환 문학 연구」로
박사학위를 수여한 후 이듬해 2014년 방정환연구소를
설립, 방정환 학술 연구 및 정기 방정환 학술포럼을
개최 ◈ 저서로 장편동화집 『마고의 숲 1,2』, 동시집
『고양이 입학식날』, 학술서 『한국 근대아동문학의
형상』 외 ◈ 방정환문학상·눈솔어린이문화대상 수상
◈ 현재 서울대학교 인문학연구원 책임연구원, 사단법인
방정환연구소 이사장

동학의 자아관

박정민

【1】

아킬레우스는 화가 치솟았다. 최고의 용사인 나를 늘 푸대접하던 아가멤논, 껍데기만 총사령관인 이 겁쟁이가 오늘도 동료 전사들이 다 모인 자리에서 나를 모욕했다! 아킬레우스는 입으로는 욕을 내뱉으면서 손으로는 칼을 잡았다. 숱한 적들을 하데스로 보낸 칼로 이제 저놈을 찌를 참이다. 그때 누군가 아킬레우스의 머리카락을 잡아당겼다. 하늘에서 들려오는 목소리, 빛나는 눈의 여신 아테나였다. "말다툼을 멈추고 칼은 빼지 말아라. … 지금 이 모욕으로 말미암아 빼어난 선물들이 세 배나 그대에게 더 돌아가게 되리라."(『일리아스』 1:210-4) 아테나는 흥분한 아킬레우스를 진정시키고, 설득하고, 칼에서 손을 거두게 했다.

신이 자기를 드러내는 장면인 만큼 여기서 독자들은 고대 그리스인들의 신관을 읽어낼 수도 있다. 그런데 사실 이 장면의 실질적인 주인공은 아킬레우스다. 이 장면을 노래한 이야기꾼 호메로스가 스포트라이트를 비추고 있듯이, 아테나의 출현을 본 것은 아킬레우스뿐이었다.

아테나는 아킬레우스 뒤에 서서 그의 금발을 잡아당겼다.
그러나 그에게만 보일 뿐 그 누구도 그녀를 보지 못했다. (『일리아스』 1:197-8)

감나무에서 감 떨어지는 장면처럼 누구나 볼 수 있는 객관적 사건이 아니었다. 지금 발생한 일은 아킬레우스 외부의 사건, 즉 신의 강림이기도 하지만 달리 보자면 아킬레우스 내면의 활동, 즉 그의 내밀한 자아 안에서 일어난 "사려"와 "숙고"와 "자기성찰"이기도 하다.[1] 우리는 여기서 하나의 자아상을 본다. 호메로스적 영웅들의 자아는 용기와 격정으로 불타는 자아인 한편 지혜와 사려를 발휘하는 자아이고, 수시로 "자신의 고매한 마음을 향해 말건네는" 자아이며, 그리하여 "최선이라고 생각되는 바"를 좇는 자아이다.(『일리아스』 11:403, 9:103)

아테나의 내밀한 강림은 『용담유사』의 한 장면을 떠올리게 한다. 경주 땅에 사는 최제우에게 하느님이 나타나 말을 건네는데, 함께 있던 가족들은 무슨 일이 일어나는지 알지 못했다.

> 공중에서 외치는 소리로 천지가 진동할 때에, 집안사람들 거동을 보시오.
> 놀라고 두려워 얼굴빛이 변하며 하는 말이, "애고 애고 내 팔자야. 무슨 일로
> 이렇게 되었는가? 애고 애고 사람들아, 무슨 병환인데 약도 쓸 수가 없구나.
> 어둡고 어두운 캄캄한 밤중에 누구를 대하고 저렇듯 말을 하는고?"
> (『용담유사』「안심가」)[2]

당연히 시력이나 청력의 문제가 아니다. 하느님을 보고 듣는 것은 감각의 문제가 아니다. 그것은 자아의 내면 깊숙한 데서 일어나는 영적 사건이다. 최제우 자신도 "보려 해도 보이지 않고 들으려 해도 들리지가 않아서"[視之不見, 廳之不聞] "마음을 가다듬고 기운을 바르게 하고"서야[修心正氣] 하느님을

---

[1] 브루노 스넬, 김재홍·김남우 옮김, 『정신의 발견』(그린비, 2020), 296–297쪽.

[2] 『용담유사』의 번역은 윤석산 옮김, 『주해 동학경전: 동경대전·용담유사』(동학사, 2009)를 따름.

모실 수 있었다(『동경대전』「논학문」).[3]

종교학자들이나 신학자들은 하느님의 강림 장면에서 동학의 고유한 신관을 읽어내려 한다. 범재신론(panentheism)의 사례로 해석하거나(김경재), '일하는 하느님'(deus industrius)이라 칭하기도 했다(최종성). 그런데 하느님을 만나는 장면에서 동학의 독특한 신관뿐 아니라 자아관이 드러날 수도 있지 않을까?

【2】

이 물음에 대한 대답은 꽤 일찍부터 시도되었다. 재야철학자 이돈화(李敦化)가 그렇게 했다. 『신인철학』(新人哲學)[4]을 비롯한 저작과 강연에서 동학사상의 철학적 해석 작업을 한 이돈화는 '자아'라는 근현대 철학의 주제에도 천착하여 새로운 자아론을 재구성하려 했다.[5]

이 과정에서 그는 데카르트를 비롯한 서양 철학자들의 이론도 적극 탐색하고 수용했다. 가령 <동학의 인생관> 강의에서는 "자아란 무엇인가?"라는 물음을 던져 놓고 '데칼트'(=데카르트)의 "나는 생각한다 그러므로 내가 있

[3] 『동경대전』의 번역은 박맹수 옮김, 『동경대전』(지만지, 2012)을 따름.

[4] 『신인철학』은 1931년에 출간되었다. 철학 전공자 중에서는 남캘리포니아 대학에서 1928년 철학박사학위를 취득한 한치진이 1936년에 『최신 철학개론』을 출간하는데, 간혹 철학 연구자들은 이 책을 가리켜 "한글로 된 최초의 철학 단행본"이라 칭한다(이병수, 「한치진의 『최신 철학개론』」, 『통일인문학』 제64집, 건국대학교 인문학연구원, 2015, 447쪽). 이렇게 말할 때 그들은 『최신 철학개론』보다 5년이나 앞선 나온 '한글로 된 철학 단행본' 『신인철학』의 존재를 간과하고 있다. 이런 식으로 대학 밖에서 철학을 수행한 사람들의 존재를 시야에서 내보낸다면 현대철학사 연구에 많은 빈틈이 생겨날 것이다.

[5] 내가 이 글을 쓰면서 사용한 『신인철학』의 판본은 한국사상연구회에서 1963년에 문장을 (당시 시점에서) 현대적으로 다듬어 중간(重刊)한 판본이다. 펴낸이 신일철은 「중간사」(重刊辭)에서 "맞춤법이나 난삽한 문장의 착오를 다듬었을 뿐 원문 그대로 조금도 첨삭이 없다"고 적었다(3쪽). 그런데 얼마 전 계명대학교 도서관이 소장한 (출판사와 연도는 알 수 없지만 정황상 1948년판으로 짐작되는) 판본을 구해 대조해 보니, 1963년판에는 의도적인 첨삭은 없을지 몰라도 실수로 인한 누락이 더러 눈에 띈다. 예컨대 이전 판본에서 "大疑之下에 必有大覺"(계명대 소장본, 50쪽)이라고 적힌 말이 1963년판에는 必자가 빠져 "大疑之下에 有大覺"(40쪽)으로 적혔다. 『신인철학』의 새 판본, 그러니까 1931년판을 저본으로 하여 의미의 변형이나 내용의 누락이 없으면서도 오늘날의 어법에 맞게 다듬은 비판적 판본이 필요하다.

다"라는 말을 인용한다.[6] 이름을 대지는 않았지만 『신인철학』에서도 데카르트의 흔적은 뚜렷하다.

> 이 세상의 많은 사리 가운데 어떤 것이 제일 의심할 수 없는 존재가 될까? 즉
> 의심할래야 의심할 수 없는 존재는 무엇일까? 우리는 서슴치 않고 '자아'의
> 존재가 그것이라 할 수밖에 없다. (『신인철학』 41쪽)

『방법서설』이나 『성찰』의 독자라면 금세 알 수 있듯이, 여기서 이돈화는 데카르트가 세계에 대한 철저한 의심을 거쳐 자아의 존재를 발견해 가는 과정을 요약하고 있다.[7]

> 원래 우리가 자아의 존재를 인식하는 것은 어떤 타인이 자아의 존재를 인식하는
> 것을 이름이 아니오, **자기로써 자기의 '자아의 존재'를 인식한다** 하는 말인즉
> 인식과 자아의 존재는 필경 동일한 가치가 되고 말 것이다. (『신인철학』 42쪽)[8]

자아, 곧 '나'는 1인칭의 존재이다. 자아를 인식한다는 것은 "자기로써 자기의 '자아의 존재'를 인식한다"는 것이다. 나 외에 다른 누구라도 나를 가리켜 "이게 나야"라고 말할 수는 없잖은가. 데카르트의 설명에 따르면, 내가 존재한다는 것은 "내가 이것을 발언할 때마다, 혹은 마음속에 품을 때마다"(quoties a

---

[6] 『신인철학』 1963년판에 부록으로 실린 강의 초고 「동학지인생관」, 258쪽. (이 원고는 나중에 증보되어 같은 제목의 단행본으로 출간됨.)

[7] 이 무렵 데카르트의 철학은 다양한 경로로 소개된 듯하다. 비슷한 시기에 한치진이 쓴 글에서도 그 흔적을 볼 수 있다. "비록 이 세상은 다 환상이고 우리의 생명도 무가치하다 하드래도 그 환상을 알고 그 무가치를 의식하는 자아의식은 부인할 수 없는 것이다. 즉 자아를 부인하는 것까지도 자아의 인증이 되지 아니하면 안 된다."(한치진, 「철학적 직각론」, 『청년』 제11권 2호, 1931, 19쪽)

[8] 굵은 글씨 강조는 내가 한 것. 1963년판에는 "자기가 자기의 '자아의 존재'를 인식한다"라고 되어 있는데, 미세하지만 의미 차이가 있기에 계명대 소장본(53쪽)에 따라 고쳤다.

me profertur, vel mente concipitur) 참이 된다.[9] 즉 나의 존재를 보장해주는 것은 (나에 대한) 다른 누구의 생각이 아니라 (나에 대한) 나의 생각, 곧 자아의식이다. 나는 오직 나의 존재를 스스로 생각함을 통해서만 나로서 존재하는 것이다.

이것이 데카르트적 자아상이다. 데카르트적 자아의 본질은 생각함(cogitatio)이다. 나는 생각한다. 그런데 세계상이 하나일 수 없듯이 자아상도 하나일 수 없다. 이돈화에 따르면 "수운은 자아존재의 표식을 侍 1자로 표시" 하였다(『신인철학』 64쪽). 나는 모신다. 이것이 동학의 자아상일 것이다.

【3】

최제우의 글에는 철학 개념으로서의 '자아'라는 말은 등장하지 않는다. '나'[余, 吾, 我]라는 말도 아직 철학적 탐구의 본격적인 주제로서 직접 대상화되지 않으며, 일단은 그저 문장의 주어로 쓰일 뿐이다.

> 나[余]는 동방에서 태어나 하는 일 없이 날을 보내다가 겨우 가문의 이름이나
> 보존하는 보잘것없는 선비의 신세를 면하지 못했다. … 집안 살림은 점점
> 줄어들어 앞날이 어떻게 될지 알 수가 없었고, 나이는 점점 들어가 장래 신세가
> 졸렬해질 것을 탄식했다. (『동경대전』 「수덕문」)

이 글의 '나'는 지극히 현실적이고 사사로운 삶의 주체이다. 내 처지는 빈궁한데, 되는 일은 없고 그저 처량할 뿐이다. 그러다가 '나'는 하늘이 열리고 말씀이 내리는 것을 듣게 된다. 또 다른 '나'인 하느님은 의심에 흔들리는 '나' 최제

---

[9]   데카르트, 이현복 옮김, 『성찰』(문예출판사, 1997), 43-44쪽. (AT 25)

우에게 말을 걸며 새로운 도를 전한다. 이제 '나'는 깨우침의 주체요, 가르침[敎]의 주체가 된다.

> "내 마음[吾心]이 곧 네 마음[汝心]이니라. …… 너[汝]에게 무궁하고 무궁한
> 도를 줄 것이니……." (『동경대전』 「논학문」)

> 인의예지(仁義禮智)는 옛 성인이신 공자님께서 가르치신 바요, 수심정기
> (守心正氣)는 오로지 내[我]가 다시 정한 것이다. (『동경대전』 「수덕문」)

두 자아가 겹쳐진다. 가르침의 주체인 '나'는 누구인가? 물론 최제우 자신이다. 그러나 동시에 이 '나'는 하느님을 모신[侍天主] 자이며, 그 가르침은 하느님이 내려준 것이니, 가르침의 주체인 '나'는 하느님이라고 할 수도 있다. 최제우의 '나'는 하느님의 '나'와 겹쳐져 있다. 이런 기묘한 자각 체험은 독자들에게 다양한 해석의 상상력을 불러일으킨다.

이를테면 『신인철학』에서 이돈화는 자아를 아예 소아(小我)와 대아(大我)로 나누어 본다. 소아가 현상적이고 일상적인 자아라면 대아는 이상적이고 형이상학적인 자아이다. 어떻게 이런 구분이 이루어지는가? 이돈화는 일단 데카르트를 따라 자아의 주된 활동을 인식으로 본다. 그런데 그에 따르면 인식에도 두 종류가 있다. 실재를 추상화하여 이해하는 '개념적 인식'과 실재 자체를 곧바로 파악하는 '직각적 인식'이 그것이다. 이에 따라 자아도 둘로 나뉜다.

> 우리의 인식의 총량을 그 원천에서 직각이라 이름하고 현상에서 개념이라는
> 양 부분으로 갈라놓고 본다 하면[10] 자아 중에는 스스로 양개의 자아를 발견할

---

[10] 계명대 소장본(60쪽)에는 "갈나노코본다하면"이라 되어 있고 이것을 1963년판은 "나누어 놓고 본다면"으로 옮겼다. 그런데 원래 문장 자체가 어색하다. 대략 이런 뜻이겠다. "우리의 인식의 총량[=전체]을 그 원천에서는 직각으로, 현상에서는 개념으로, 이렇게 양 부분으로 갈라놓고 본다 하면……."

수 있을 것이니 즉 하나는 직각의 아, 다른 하나는 개념의 아일 것이다. 전자는 직각으로 파악되는 자아이며 후자는 개념으로 파악되는 자아이다. (『신인철학』 46쪽)

개념의 아, 즉 "개념으로 구성한 자아"라는 것이 바로 소아이다. 이것은 '찰나적 아'이며 "변천무상(變遷無常)하는 것"이어서, "개념아를 파악하고 여기서 인생의 진의(眞義)를 구하고저 하는 것은 마치 수중의 달을 포착코저 하는 것과 같"다(『신인철학』 46-7쪽). 반면 직각의 아는 대아로서 변천무상하는 현상들 근저에서 일관되게 존재하는 것이다. '무궁의 아'라고도 하는 대아는 실상 우주 전체의 창조적 생명력을 뜻한다.

동일한 자아 중에서 하나는 무궁의 아로 표시되고 하나는 찰나적 아로 나타나게 되는 것인데 통상으로 우리가 자아라 이름하는 개성은 순수한 개념으로 지어 놓은 현상의 아를 이름이며 우리가 신(神)이라 하며 상제(上帝)라 하며 범신(汎神)이라 하며 영(靈) 혹은 불(佛)이라 이름한 형이상의 칭호는 직각으로 얻은 무궁을 가리켜 이른 말인데 무궁아는 생명의 자기관조를 가리켜 하는 말이다. (『신인철학』 46쪽)[11]

내가 생각한다고 할 때, 그 생각의 뿌리는 무엇인가? 소아 자신이 생각을 만들어 낼 수 있는가? 소아가 '나는 스스로 생각한다'라고 생각하는 것 자체가 개념에 불과한 것 아닐까? 이돈화에 따르면 생각의 활동 자체가 대아에 의해 일어나는 것이며 소아의 인식활동은 곧 대아 자신이 자기를 관조하는 활동이 소아에게 그렇게 드러난 것이다. 작은 내가 큰 우주를 생각한다기보다, 큰 우

---

11 현대 문법에 맞게 ("가르쳐"를 "가리켜"로) 일부 수정. 그리고 1963년판에는 "신이라 하며", "범신이라 하며" 사이에 "상제라 하며"가 빠졌기에 계명대 소장본(60쪽)에 따라 고쳤다.

주 전체가 작은 나 속에서 생각하는 것이다.

생각하는 나는 데카르트적 자아처럼 타자와 무관하게 고립되어 있는 존재가 아니다. 생각하는 나 뒤에는 생각의 근원적 발원체인 거대한 나[大我]가 숨어 있다. '소아와 대아의 관계'는 '생각하는 (드러난) 작은 주체'와 '생각하는 (숨은) 큰 주체'의 관계이다. 거대한 뿌리가 불어넣는 생명력이 작은 꽃을 피우듯이, 나의 존재는 우주 전체가 운동하여 피워낸 꽃과 같다. 이돈화의 자아는 더 큰 '우리'를 향해 상승하여 마침내 우주 전체와 합치하고서야 온전한 자아를 실현한다.

【4】

이돈화를 따라 광막한 우주를 더듬어 보았으니 다시 최제우의 작은 방으로 돌아가자. 종교학자 성해영은 하느님이 최제우를 찾아온 장면이 야훼가 모세에게 자기를 계시하는 장면을 연상시킨다고 적었다.[12] 둘 다 신의 자기계시가 부각되는 장면이라는 점에서 재미있는 비교다. 두 경우 모두 하느님은 뭔가 도모하는 중이다. 그래서 이 사업에 함께하고픈 사람을 찾아와 협력을 요청한다.

새 사업을 위한 설명회(presentation)를 하자니 자기를 소개할 수밖에 없다. 모세에게 나타난 하느님은 어떤 신인가? "나는 네 선조들의 하느님이다. 아브라함의 하느님, 이사악의 하느님, 야곱의 하느님이다."(「출애굽기」 3:6) 이 하느님은 새 땅을 주신 신이요 자식을 낳고 가족을 이루게 하신 신이요 재물을 크게 얻고 종족을 번창케 하여 한 민족의 뿌리가 되게 하신 신이다. 명함을 내미는 손에 힘이 들어가 있다. 훗날 '전능하신 하느님'이라는 찬미를 받을 만하잖은가.

---

[12] 성해영, 『수운 최제우의 종교 체험과 신비주의』(서울대학교출판문화원, 2017), 97쪽.

최제우가 만난 하느님은 어떤가? 신라의 옛 도읍인 경주에서 만났으니 박혁거세의 하느님이나 문무왕의 하느님을 자처했더라면 어땠을까. 아니면 기울어가는 조선에서 만났으니 적어도 세종의 하느님이나 이순신의 하느님 정도는 자처했더라면 어땠을까. 듣는 사람의 마음도 벅차오르지 않았을까.

그런데 최제우의 방을 찾아온 하느님은 기세가 떳떳하질 못하다. 되는 일 없는 신세 한탄[不成之嘆]에 빠져 있는 그에게 이 하느님은 "나 역시 이룬 바가 없다"[余亦無功]면서 텅 빈 이력서를 수줍게 내밀 뿐이다. 메달을 목에 걸지 못한 도전자 하느님, 돌아볼 과거가 없어 앞만 보고 걷는 하느님이다. 어쩌면 그렇기 때문에 무명의 삼십대 백수에게 속을 터놓을 수 있었던 게 아닐까. "내 맘이 곧 네 맘이구나."[吾心卽汝心]

내가 모시는 이는 무공(無功)하신 하느님이다. 하느님을 모신다는 것, 소아를 넘어서 대아와 합치한다는 것은 세상 슬픔을 잊고 천상의 옥경대에 올라앉는다는 말이 아닐 것이요 천하 만물을 정복하러 성큼성큼 행진하는 전능한 신들의 대열에 합류하는 것을 뜻하지도 않을 것이다. 수운의 하느님을 모신다는 것은 세상 모든 무공한 존재들의 꿈을 내 몸에 모심을 뜻할 것이다. 그 꿈의 바람이 이파리같이 얇은 나의 자아를 움직여 새로운 세상에 대한 희망으로 떨게 하는 것, 그것이 하느님 모심의 뜻일 것이다.

박정민

◈ 최근 「이돈화의 『신인철학』에서 자아의 관념」이라는
논문을 썼고, 그 인연으로 『다시개벽』에 글을 올리게
되었다 ◈ 이 글의 주된 내용은 저 논문 일부를 다듬은
것이다 ◈ 글을 마무리하던 중에 잔 다르크 이야기를
그린 연극 <세인트 조앤>(버나드 쇼 작)을 보았다
◈ 조앤이 들은 목소리의 정체는 무엇이었을까? 최제우가
들은 목소리는? ◈ "어째서 그 목소리가 내게는
들리지 않는 거요? 국왕은 그대가 아니고 난데
말이오."(샤를) "목소리는 폐하께도 가지만, 폐하께서
듣지 않는 겁니다 ◈ 폐하는 목소리를 듣기 위해서 저녁에
들판에 앉아 보신 적이 없잖아요."(조앤)

새로 찾은 1938년 이전 윤석중 작품 44편 (2)

홍박승진

【이어서】

지난 『다시개벽』 제8호(가을호)에서는 새로 찾은 1938년 이전 윤석중 작품 가운데 시 11편을 소개하였다. 이번 호부터는 동화·유머·짧은 글·라디오 대본 33편을 소개한다. 동화는 15편이고, 유머는 1편이며, 짧은 글은 12편이고, 라디오 대본은 5편이다. '짧은 글'이라 이름 붙인 작품들은 어린이들을 위한 읽을거리를 윤석중이 《동아일보》의 「우리 차지」라는 꼭지에 실은 것이다. 동화 같기도 하고 수필 같기도 한데 일반적인 동화나 수필보다 길이가 더 짧기도 하여, 특정한 장르 이름을 붙이지 않고 '짧은 글'이라 이름 붙이고자 한다. 이번 호에 33편을 모두 소개할 셈이었으나, 그러면 원고 분량이 넘칠 듯하여 우선 동화 15편을 여기에 싣고 나머지는 다음에 보여드리고자 한다.

【집의 문을 여는 방법】

尹石重, 「午後六時 童話 順伊와달」, 《朝鮮日報》, 1933. 10. 4.

오늘은 추석명절입니다 여러분 이추석명절이 어느째부터 시작되엿는지 아십닛가? 시방으로부터 일천구백년전 신라유리왕째부터 이추석노리가 시작되엿는데 그째에생긴 아조 자미잇는이야기가 잇습니다 그이야기면첨하고 『순이와달』이라는 동화를 하겟습니다 『순이와달』이라는동화는조선에잇는 옛날 얘기가운데 제일오래되고 제일유명한 이야깁니다

　　옛날 어느산속 조고만 오막사리에 봉이와순이 두어린 남매가 어머님한분을 모시고 사라갓습니다 집이 구차해서 어머님은 남의집 삭쌜래를하러다닙니다 그런데하로는어머님이 봉이와순이만 집에남기고 점심밥을싸들고 산고개를 넘어가는데 어흥!소리를지르면서 호랑이가 내달엇습니다 『가지고잇는 것이 무어야? 이리내라! 안내면 너를잡아먹겟다』고그렵니다[i] 그래 어머니는 손에들엇든 밥보자기를내주엇습니다 호랑이는 한입에 넬름 다먹고는 『네 윈팔한개를이리내놔라 안내노면 몸둥이써정 다 먹어버릴테다!』 어머니는 생각하기를팔하나업스면대순가 목숨만남으면 집에돌아가 우리애기들을만날수잇지』 호랑이는 윈팔을잘라먹엇습니다 그러고는또 『이번엔 바른팔을다고 안주면잡어먹는다』 어머니는할수업시 바른팔마저 내낫습니다 몹쓸호랑이는·바른팔을잘러먹은다음 바른편다리 윈편다리 다잘러먹고 나종엔몸둥이까지먹고는 어머니가입엇던 옷을제가입고 어슬렁어슬렁 순이집으로와 문을쑤드리며 아이들을불럿습니다 『아가 아가문열어라 엄마왔다 아가아가문열어라』 (下略)

---

[i]　"그렵니다"는 '그럽니다'의 뜻으로 추정 — 인용자 주.

尹石重, 「童話 順伊와달」, 《朝鮮日報》, 1933. 10. 10.

이 동화 첫머리는 전일에 이미 실렷지만 그 다음이 궁금할가 해서 윤선생님씌 청해서 그게속을 마저 실습니다

어느산속에 다 쓰러저 가는 오막사리 초가 한 채가 잇섯습니다. 그집에는 봉이와순이 두 어린남매가 어머니 한분을 모시고 사라갑니다. 집이 구차해서 어머니는 날마당 동넷집으로 품파리를 하려[2] 다니십니다.

그런데 하로는 어머니가 그전처럼 봉이남매더러 집을 보라고 그리고 점심을 싸들고 산고개를 넘어 가는데 난데업는 호랑이가 내달어 잡아 먹으랴고 덤벼듭니다.

『손에 든거 이리 내놔!』

어머니는 밥 보재기를 풀어 내노앗습니다.

바른팔 왼팔 바른다리 왼다리 나종에는 몸쑹이싸지 다잡아 먹고 어머니 옷을 제가 입고는 어슬렁어슬렁 봉이네 집으로와서 문을 쪽쪽쑤들것습니다.

『이번 에는 고것들을 잡아 먹어야지……』

『누구세요?』

『나다. 엄마다.

어서나와 문 열어라』

암만해도 이상 햇습니다. 그래서

『아녜요 아녜요 우리 엄마 목소린 그러치 안어요』

『아니다. 찬데서 일을 햇드니 감기가 들어서 목이쉬여[3] 그러타』

『아녜요 아녜요 그럼 어디 손을 봐요』

호랑이는 문틈 으로 손을 디밀엇습니다.

---

2 "하려"는 '하러'의 뜻 ― 인용자 주.
3 "쉬여"는 '쉬어'의 뜻 ― 인용자 주.

尹石重, 「童話 順伊와달 (二)」, 《朝鮮日報》, 1933. 10. 11.

『에구- 우리엄마 손이 왜 이런가? 이러케 썰썰 하구 드러워? 아녜요 아녜요』

『아니다 썩방아를 쌔코 손을 씻지안코 왓드니 그래서 그럿쿠나. 시방 씻고 오지……』

호랑이는 씻고 온다고 하고서는 손에 기름을 번질번질 발너 가지고 왓습니다 보닛가 옷은 정녕 어머니 옷인데 생긴 게 아주 이상합니다 겁이 벌컥나서 봉이는 순이 손목을잡고 호랑이가 한눈 파고[4] 잇는 새에 뒷것흐로 돌아가 숨을데를 차젓습니다. 암만차저도 업스니까 우물엽헤 선 나무위로 기여 올라갓습니다.

호랑이 는[5] 뒷것흐로 돌아와서 두리번두리번 봉이 남매를 찻습니다 우물에 숨엇나하고 그속을 디려다 보는데 그우물에 나뭇가지에 업드려잇는 봉이 남매 그림자가 비처 잇습니다

『아하- 요놈들이 나무 위로 올나가 숨엇구나』

호랑이는 속 으로 중얼거리면 서[6] 나무 위로 올라갈랴고 애를 씁니다.

그러나 올라 가다가는 밋그러지고 올라 가다가는 밋그러지고 나종엔 하는 수 업서서

『아가 아나 너이들 엇더케 올라갓니? 나좀 아르켜다-구』

『나무에다 기름을 발으고 올러 오세요 우리도 그러커구 올라왓세요 기름만 바르면 대번 올라와저요』

호랑이는 그 말을 고지 듯고서 그대로 햇습니다. 그러니 더 밋그러 질뿐이

〰〰〰〰〰〰〰〰〰〰〰〰〰〰〰〰〰〰〰〰〰〰〰〰〰〰〰〰〰

[4] "파고"는 '팔고'의 뜻 ― 인용자 주.
[5] "호랑이 는"은 '호랑이는'을 잘못 띄어 쓴 것 ― 인용자 주.
[6] "속 으로 중얼거리면 서"는 '속으로 중얼거리면서'를 잘못 띄어 쓴 것 ― 인용자 주.

지요.

『작은아가 작은아가 너좀 아르켜다구 큰애긴 미워 그 짓말만[7] 하구 작은애기
에이 이쁘지 어서 대다구』

　　순이는 그만 무심코

『저-요 독기를갓다가 나무를 찍으면서 자국 난데를 듸듸고 올라 오세요』

호랑이 는[8] 올타쑤나하고 독기를 갓다가 나무를 찍으면서 올라옵니다.

봉이와 순이는 두 손을 싹싹빌면서 썰리는 목소리로

　　『아이구머니 하누님 즈이를 살려주세요!』

尹石重, 「童話 順伊와달 (줏)」, 《朝鮮日報》, 1933. 10. 12.

이상한 일이지요 그째 하늘에서 굵다란 동아줄이 수루루 내려 옵니다 봉이와
순이는 그줄에 쏙매달렷 습니다[9] 그랫드니 도루 수루루 하늘 쏙대기로 올라
갑니다. 호랑이는 일'건 다 올라왓다가 노처 보내고 화가나서 저두 빌엇습니
다 그랫드니 이번에도 동아줄 하나가 하늘에서 나려왓슴 니다[10] 호랑이는 그
줄에가 데룽데룽 매달러[11] 위로올라 갑니다. 그러나 그것은 썩은 줄이기 째문
에 채 반도올라가기전에 줄이 뎅겅 쓴어저 호랑이는 그만 쌍위로 곤두백혀 쩌
러저 죽엇습니다

　　봉이 남매는 하늘로 올라갓습니다 그래서 봉이는 해가되고 순이는 달이돼
서 시방도 이세상을 비치고 잇답니다.

---

[7] "그 짓말만"은 '그짓말만'을 잘못 띄어 쓴 것 ― 인용자 주.

[8] "호랑이 는"은 '호랑이는'을 잘못 띄어 쓴 것 ― 인용자 주.

[9] "쏙매달렷 습니다"는 '쏙매달렷습니다'를 잘못 띄어 쓴 것 ― 인용자 주.

[10] "나려왓슴 니다"는 '나려왓습니다'를 잘못 띄어 쓴 것 ― 인용자 주.

[11] "매달러"는 '매달려'의 오식인 듯 ― 인용자 주.

그런데 호랑이가 써러진곳은 바루 수수바티 엿습니다[12] 시방도 수수는 싯
벍엇습니다 그것은 그쌔 호랑이 피가 튀여서그럿습니다.

해설

윤석중은 '해와 달이 된 오누이' 이야기로 우리에게 익숙한 설화를 「순이와
달」이라는 제목의 동화로 신문에 연재하였다. 1933년 10월 4일 자 신문에 첫
부분이 실렸을 때는 '순이와 달'이라는 제목 앞에 "오후 6시"라는 표현이 붙었
는데, 이는 「순이와 달」이 라디오 대본이었음을 알게 한다. 당시 신문에는 라
디오 방송 일정과 그 내용의 일부를 소개하는 지면이 있었는데, 「순이와 달」
은 10월 4일 오후 6시에 방송될 예정이었으므로 신문에 그 첫머리가 실린 것
이다. 한국에서 처음 라디오 방송국이 개국한 것은 1927년이었다. 호출부호
는 JDOK, 호출명칭은 경성방송국, 주파수는 690kHz였다고 한다. 집에 라디오
가 없는 이들은 10월 4일 자 신문에 실린 「순이와 달」의 라디오 대본 앞부분만
읽고 그 뒤의 내용이 궁금하였을 수 있다. 이에 신문사에서 그 뒤의 내용도 실
어달라고 윤석중에게 부탁하였다는 언급이 10월 10일 자 신문의 「순이와 달」
두 번째 연재 분에 나온다.

호랑이가 오누이의 어머니를 잡아먹고 오누이까지 잡아먹으려 하다가, 오
누이는 하늘로 올라가 해와 달이 되고 호랑이는 추락하여 수수밭을 붉은 피
로 물들였다는 이야기. 한국인이 어려서부터 듣는 이 설화를 윤석중이 신문에
서 소개하였다는 사실 자체는 그리 특별하지 않다. 그러나 그 기사에는 윤석
중의 동시를 더 새롭고 정확하게 이해할 수 있는 실마리가 나타난다. 윤석중
의 첫 동시집이자 한국 최초의 동시집인 『잃어버린 댕기』(1933)는 모두 4부로
이루어져 있는데, 그 가운데에서 윤석중이 한국어로 번역한 외국 동시를 모은
제3부에는 "아가 아가 문 열어라"라는 소제목이 붙어 있다. 그런데 「순이와

---

[12] "수수바티 엿습니다"는 '수수바티엿습니다'를 잘못 띄어 쓴 것 ― 인용자 주.

달」의 10월 4일 자 기사에도 호랑이가 오누이의 집에 가서 문을 두드리며 "아가 아가문열어라 엄마왔다 아가아가문열어라"라고 말하였다는 대목이 나온다. 요컨대 『잃어버린 댕기』에서 번역 동시를 모아놓은 제3부의 소제목은 해와 달이 된 오누이 이야기에서 호랑이가 오누이를 잡아먹기 위하여 그들의 집에 들어가려고 하였던 말과 연관이 있는 것이다.

오누이 집의 문을 두드리는 호랑이는 공동체 내부로 침입하려는 공동체 외부의 힘과 같다. 『잃어버린 댕기』 제3부에서 윤석중이 번역한 해외 동시는 개화기 이후로 한국인의 공동체에 쏟아져 들어오던 여러 외국 문화 가운데 한 가지이기도 하다. '문호를 개방하다'라는 말에서도 '문호'는 '집으로 드나드는 문'이 아니라 '외부와 교류하기 위한 통로나 수단'을 비유하는 것이다. 공동체의 문호를 개방하는 것은 공동체에 위험을 불러들일 수도 있지만, 문호를 개방하지 않는 공동체는 고립에 처할 수도 있다. 공동체를 위험에 빠뜨리지 않으면서도 공동체를 고립시키지 않으려면, 공동체의 외부에 문을 열되 슬기롭게 대처하는 자세가 필요하다. 오누이가 "아가 아가 문 열어라"라는 호랑이의 요청에 응하면서도 호랑이에게 손쉽게 잡아먹히지 않을 수 있는 지혜와 신중함을 발휘하는 것처럼. 윤석중이 자신의 첫 동시집에서 외국 동시를 번역하여 소개하였을 때의 자세도 그와 같은 맥락에서 이해해볼 수 있지 않을까? 외국 동시를 한국 동시의 자양분으로 삼되, 한국 동시가 외국 동시에 일방적으로 잡아먹히지 않는 방식으로 번역을 하려던 것이 아닐까? 일제강점기에 윤석중은 진보한 것처럼 보이는 해외 문화가 발달하지 못한 것처럼 보이는 조선 문화에 밀어닥치는 그 흐름을 "아가 아가 문 열어라"라는 호랑이의 말처럼 바라본 것이 아닌가?

【 "애기동화"가 그리는 사람다움의 씨앗】

윤석중(尹石重), 「童話 까마귀가된애기」, 《朝鮮日報》, 1933. 11. 3.

들창넘어로보이는 감나무가지에 까마귀가 안저서 울엇습니다 애기가 그걸보
고 까악까악 숭내를냇습니다.

　엄마가 밥을푸다말고 쮜여 나와서 가만히 가만히 일럿습니다.

『아가 아가 애기 ᄶᅢ낸다』

『ᄶᅢ면 엇대』

『얘 그럼너두 까마귀가돼요. 어여그처』

『되면엇대』 그러면서 애기는 엄마를놀리면서 까악까악 울엇습니다.

　애기입이 점점 ᄶᅩᆨ죽해젓습니다.

　코가 쩌러지고 눈알이 대굴대굴 굴럿습니다. 애기는애기는 까마귀가되여
들창박그로 날라가버렷습니다.

尹石重, 「애기童話 통두개」, 《朝鮮日報》, 1933. 11. 5.

통 두 개가 구루마우에 타고 잇섯습니다 한 개는 물이 갓득 들어 잇섯습니다
다른 한 개는 비여이섯습니다[13] 통 한 개는 아모 소리 안내고 잠자코 쓸려갓습
니다 빈통은 덜겅덜겅 소리를 내며갓습니다 바둑돌깔린 길를 지날쌔는 덜거덩
덜거덩 더큰소리를 냇습니다 길가는 사람들은 얼골을 찌푸리고 지나갓습니다
집압흘 지날쌔는 개가 내달어 지젓습니다.

　하지만 여러분

---

[13]　"이섯습니다"는 '잇섯습니다'의 오식 — 인용자 주.

239

아모리 큰소리를 내더라도 써들더라도 머릿 속이 비엿스면 아모 쓸데 없습니다 영리한 사람은 물드러잇는 통모양으로 언제나 잠자코 잇습니다.

尹石重, 「애기童話 파랑만쏘[14]」, 《朝鮮日報》, 1933. 11. 7.

엽집 대문에 쌩그시 열려잇섯습니다 다섯 살난 애기가 그안에서 거러 나왓습니다. 파랑만쏘를 입고잇섯습니다. 나는 우스면서

『아가 어듸가니?』 무럿습니다.

『아쌍 (사탕사러) 』

애기는 대답하면서 비슬비슬 쮜여 갓습니다. 파랑만쏘입은 뒷모양을 나는 물쓰럼이 바라보앗습니다. 비는 조곰도 오지안습니다. 오기는커녕 길바닥이 하야케 말라잇섯습니다. 해는 이글이글 내리비치고 매미우는 소리가 들려왓습니다.

쌈이 줄줄흐르는 여름대낫에 만쏘를입다니 아마 곰팡시를가바[15] 엄마가 볏헤 내너럿든 겨울만쏘겟지요. 하지만 애기는 『겨울만쏘』를 모릅니다.

그건 다만 『우리만쏘』엿습니다.

귀여운 아가야.

尹石重, 「애기童話 애기손자욱」, 《朝鮮日報》, 1933. 11. 8.

옛날 옛적 엇던날밤에 달님이 하늘에서 써러젓습니다.

　　마나님 한분이 그걸 집어서 항아리에 담어 위해뒀습니다.

　　그런데 하로는 애기가 그걸 보고 쭈껑을 가만이열어봣습니다. 달님이 고만 그틈으로도망을 갓습니다. 애기는 허둥지둥 쏘차가서 두손으로 달님을 붓들엇습니다. 달님은 그러나 그손을 뿌리치고 하늘쏙대기로 올라갓습니다.

　　달님을 자세 보십시요. 시방도 얼골이 얼룩덜룩하지요— 그쌔 그애기의손자욱이.

尹石重, 「애기童話 거리의애기」, 《朝鮮日報》, 1933. 11. 9.

비는 개엿지만 길바닥은 아직 저저잇섯습니다 그 길 저편에서 영감님이 광고를 돌리면서 거러왓습니다 여섯 살쯤된 사내애기가 영감님을 보고 말햇습니다.

　　『하라버지 나 한 장만!』

　　『엣다 가저라』 영감님은 조고만 광고지 한장을 줫습니다 애기가 그걸 밧기 전에 광고지는 영감님손에서 써나나와 너훌너훌 쌍바닥에 써러젓습니다 애기는 쏘차가서 주섯습니다 종이에가[16] 진흙이 무덧습니다—글자 한 자가 뵈지 안을쑨 그러나 애기는 소리놉혀 읽엇습니다.

　　『핵교에 어서 오라고 씨여잇습니다』

　　애기는 뭐시든지 제멋대로 읽는답니다.

---

[16]　"종이에가"는 '종이가에' 또는 '종이에다'의 오식으로 추정 — 인용자 주.

尹石重,「애기童話 애기와돌맹이」,《朝鮮日報》, 1933. 11. 10.

길바닥에 돌맹이 두 개가 나란이 잇섯습니다. 쌈정이하고 허영이엇습니다. 쌈정 돌맹이가 힌돌맹이를 도라다보며 생각햇습니다.

『내가 더 입쓰다. 모양도 조코 윤도 더나고 누가 날안주서가나 주서다가 색종이바른 조고만상자에 담어줫스면 얼마나 조흘가』

힌돌맹이는 쌈정돌맹이를 도라다보며 생각햇습니다.

『나는아무것두 볼것업서. 모양두 숭업구 빗두 납부구 아무두 주서가지안 켓지. 여기 이러케잇다가 구루마에 치여죽겟지……』

애기하나이 석판을 엽헤씨고 쌍을 굽어보며 거러왓습니다. 돌맹이 두 개가 나란이 잇는 것을 봣습니다. 애기는발을 멈추고 힌돌맹이를주서들엇습니다.

『이거면 써지지 아주 연해이¹⁷』 석필 대신으로 주서갓습니다.

尹石重,「애기童話 두레박줄」,《朝鮮日報》, 1933. 11. 11.

우물속에 두레박줄 두 개가 느러저잇섯습니다. 한 개가 다른한개보고 말햇습 니다.

『우리처럼 헷닐만 하는건 쏘 업슬걸. 물을 한두레박 갓득 길어가지고 우물 위써정 올라만가면 대번 텡비게맨들어서 도루 수루루 내려보내니. 그런걸 생 각하면 통 물길을생각이 안나』

하닛가 우스면서 다른 두레박줄이 대답햇습니다.

『하지만 이사람아 그건 자네생각에나 그러치. 수루루 내려 보내닛가 그러 닛가쏘 한두레박 갓득 길어가지고 우물위써정 올라갈수 잇는게 아닌가. 그걸

<hr>

¹⁷ "연해이"는 '연해—.'의 오식으로 추정 — 인용자 주.

242

생각하면 내려올 째마다 난 되레 신이나데』

尹石重, 「애기童話 원숭이새씨와콩」, 《朝鮮日報》, 1933. 11. 12.

원숭이새씨가 잇섯습니다.

　콩을 손에 한오쿰 웅켜쥐고 나무쏙대기로 기여올라갓습니다. 아차, 손새로 콩알이 대구르르 샛습니다

　단 한개.

　『그건 나종 주서라. 손에 잇는 걸 어서 먼저 먹어요.』

　어미원숭이가 이러케 말햇습니다 하지만 새씨원숭이는, 그것을 주스랴고 올나가다말고 도로 내려왓습니다. 하닛가, 콩알이 대구르르 대구르르 열 개나 샛습니다.

　썩, 썩, 새씨원숭이는 손에 쥐엿든 콩을 죄다 팽개처버렷습니다.

尹石重, 「애기童話 대가리와꼬리」, 《朝鮮日報》, 1933. 11. 14.

뱀의대가리와 쏘리가, 누가더 잘낫는지 잘난편이 먼저가자고 쌈들을 햇습니다

　『나는 눈이잇서 보지. 입이잇서 머던지[18] 먹을수잇지. 어듸든지 가구십흔 데를 갈수두잇지. 내가더 용하지머야』

　그러닛가 쏘리는 말햇습니다.

　『머시어써고어써. 내가가닛간 가지지』

　『어림두업는소리 말어』

───────────────

[18]　"머던지"는 '모든지'의 뜻 — 인용자 주.

243

『안그런가 복가?』

그러면서 쇠리는 몸둥이를 나뭇가지에다 칭칭감엇습니다. 대가리가 아모
리 애를써도 가지지안엇습니다. 해질쌔까지 쇠리를 가지에 감고 잇섯습니다.
대가리는 아무말도 못햇습니다. 왼종일굶어서 기운이 다 풀렷습니다.

『애고 살려다우』

『그러면 그러치』

쇠리는 몸둥이를풀어놔줫습니다. 그러면서 대가리더러 말햇습니다.

『엇대? 인젠네가 내뒤를 싸라와요』

쏩내면서[19] 쇠리는 기여갓습니다. 한간통도 채못가서깁고 깁흔불구덩이에
쌔저버렷습니다.

尹石重, 「애기童話 들창」, 《朝鮮日報》, 1933. 11. 15.

아버지한테 쑤중을듯고 애기가훌쩍훌쩍울고잇섯습니다. 집속이 점점 컴컴해
오는데 골방 한구석에혼자돌아안저 울고잇섯습니다. 아모도 와서 달내주지
안습니다. 하지만 얼마를 얼마를 울고 나니까 눈물이 제절로 말라버렷습니다.
애기는 그제야 머리를들고사면을 둘러보앗습니다. 불을켜야지, 아모것도 안
보엿습니다. 그러나 그째 무엇이하나 보엿습니다.

들창이엿습니다. 애기를위하야. 다만하나 남겨 잇는듯한 해질녁의 들창이
엿습니다.

들창은 우리동무. 위로도되고 의지도되고. 그러고쏘 여러가짓것을 가르켜
주고. 왜쑤중을 들엇는지 그것도 가르쳐주고.

나는 아직 어린애엿서서 그째의 내 맘을 무어라고 말해야 조흘지 몰낫습

19 “쏩내면서”는 ‘쏨내면서’의 오식 ─ 인용자 주.

니다.

    하지만, 그러나 그쌔처럼 그러케 물스럼이들창을 바라본적은 업습니다.

    시방도, 들창은 우리동무. 위로도되고, 의지도되고 그러고 쏘여러가짓것을 가르켜주고.

尹石重, 「애기童話 눈먼아가씨」,《朝鮮日報》, 1933. 11. 16.

오막사리 초가집 대문싼 문지방에 아가씨하나이 안저잇섯습니다 골목쟁이에 선 아이들 네다섯이 놀고잇섯습니다 아가씨는 귀를기울려 아이들 노는소리를 듯고잇섯습니다.

    하늘위 햇님이 언쪽, 어둑컴컴한 생철집웅밋 아가씨를 보앗습니다 햇님은 생철집웅에 쑬린 조고만구멍으로 햇볏을 던저줫습니다 아가씨는 처음엔몰낫 다가 한쪽 썜이 쌋쏫해온것가태서 손을 대보앗습니다 아모것도업습니다 하 지만 쌋쏫한것에 다은 것을 알엇습니다 아가씨는 몸을움직여 윗쪽으로 눈을 돌렷습니다 아가씨는 장님이엿습니다 다정한햇볏이 그 눈근처에 비첫습니다.

    『아이 무얼짜』 아가씨는 손을 대보앗습니다 갑재기 캉캄해젓습니다 이상 히생각하면서[20] 손은쎄닛가 다시 환해젓습니다 환한 것이 점점더 퍼지는 것가 탯습니다 아가씨는 몸을처들며 뵈지는 안치만 두눈을 크게쎳습니다

尹石重, 「애기童話 물안깃는애기」,《朝鮮日報》, 1933. 11. 17.

옛날옛적 엇던곳에 사내애기가 하나 잇섯습니다. 하로는 어머님이 통에물을

<hr>

[20] "이상 히생각하면서"는 '이상히생각하면서'를 잘못 띄어 쓴 것— 인용자 주.

기러오라고 그랫더니 대답만하고 그냥안저 잇섯습니다.

『어서가서 기러와요』 어머님 소리가 낫습니다.

하지만 애기는 이러날랴고도 안햇습니다.

『어서가서 기러와요』 마루찟헤슨기둥이 말햇습니다.

애기는 기둥을 처다보앗습니다.

『기둥아 기둥아 너는참 조켓구나물두안깃구. 나두 기둥이나 됏스면.』

『그런 소리하는게 아녜요』

기둥은 다정히 말햇습니다.

어머님이 세 번이나 재촉을하닛가사내애기는 헐수업시 일어나서 냇가로 갓습니다. 붕어새끼들이 물속에서 헴을치고 잇섯습니다.

『붕어야 붕어야 너는참 조켓구나물두 안깃구. 나두 붕어나 됏스면.』

『봉어가 되고십건 되렴으나』

이런소리가 물속에서 들리자 애기는 어느틈에 붕어가되여, 난실혀 난실혀 펄쩍펄쩍 쒸면서 고만 물속 으로[21]드러가버렷습니다.

尹石重, 「애기童話 엄마의 쎅쎅쎅」,《朝鮮日報》, 1933. 11. 18.

애기가 아야햇슬째는 엄마가 손으로 다친데를 쎅쎅쎅 해줍니다 그럼 대번낫습니다 애기는 그것이 이상햇습니다 하로는 박게서 『으아-』 하고 우는소리가 낫습니다 엽집애기가 너머저울고잇섯습니다 애기는 다름박질 가서 이르켜주고 다친데를 쎅쎅쎅해줫습니다 하지만 애기는 자꾸 울엇습니다.

『우지마 우지마 쎅쎅쎅 쎅쎅쎅』 그래두 자꾸 울엇습니다 이째 엽집엄마가 나와서 이번엔 엄마가 쎅쎅쎅해줫습니다 그랫드니 우름을 대번 그칩니다 애

~~~~~~

[21] "물속 으로"는 '물속으로'를 잘못 띄어 쓴 것 — 인용자 주.

들이 하면 안낫고 엄마들이 하면 낫고… 애기는 그것이 참말 이상했습니다.

尹石重, 「애기童話 개고리눈」, 《朝鮮日報》, 1933. 11. 19.

제비 함쌍이 공중으로 날라왔습니다 연못에서 놀고잇든개고리 두 마리가
　『야아비행긔썻다 비행긔썻다』 소리를첫습니다 제비가 날라와서 하는 말
이 『애들아 느인 비행긔처럼 날라 댕기구십지 아느냐』 『날개가 잇나』
　『우리들 등에타구 다닐년?』
　『그래』 『그래』 개고리들은 조와햇습니다 제비는 개고리를 한 마리씩 등에
올려태우고 날러갓습니다 강을지나 동리를지나 수풀을지나 다시연못으로 돌
아왓습니다 하지만 개고리들은 아주 싱거웟습니다 강도 동리도 수풀도 아모
것도 안보엿습니다 그럴박게요 개고리눈은 육장 위만보고잇스니까.

해설

위에 소개한 동화 14편은 윤석중이 11월 3일부터 같은 달 19일까지 『조선일
보』에 실은 작품이다. 14편 중에 11월 3일 자 신문에 실린 작품 한 편을 뺀 나
머지 작품에는 다 "애기동화"라는 장르 이름이 붙어 있다. 윤석중은 '어린이'
를 나이 대에 따라서 '유년(幼年)'과 '소년(少年)'으로 나누어 이해한 바 있다.
이 점을 고려한다면, 윤석중은 소년보다 어린 유년이 읽기에 알맞은 동화를 일
반 동화와 구별하여 '애기 동화'라 부른 것이라 짐작해볼 수 있다. 실제로 "애
기동화"라는 장르 이름이 붙은 위 작품들은 「순이와 달」처럼 '동화'라는 장르
이름이 붙은 작품에 비하여 길이가 더 짧고 줄거리가 더 간결하며 메시지가 더
이해하기 쉽다. 11월 3일 자 신문에 실린 작품 「까마귀가 된 애기」도 그러하다.

따라서 그 작품은 "애기동화"가 아니라 "동화"라는 장르 이름이 붙어 있음에도, 일반 동화보다는 '애기 동화'에 더 가깝다고 보아야 옳을 것이다.

"애기동화"에서의 '애기', 즉 소년 이전의 시기인 유년을 윤석중이 어떻게 생각하였는지는 「까마귀가 된 애기」와 「물 안 긷는 애기」(11.17)에서 드러난다. 두 작품은 제목에서부터 '애기'가 중요하게 나오기 때문이다. 앞의 작품은 아기가 자신보다 더 어린 동생이 잠에서 깨지 않게 조용히 하라는 어머니의 타이름을 듣지 않고 계속 까마귀 울음소리를 흉내 내다가 까마귀가 되어 버렸다는 이야기이다. 뒤의 작품은 냇가에 가서 물을 길어오라는 어머니의 거듭된 재촉에 싫증을 내며 어쩔 수 없이 냇가에 간 아기가 냇물 속에서 헤엄치는 붕어를 보며 물을 안 길어도 되는 붕어가 부럽다고 불평하다가 붕어가 되어 버렸다는 이야기이다. 두 이야기의 공통점에서 알 수 있는 점은, 윤석중이 '애기' 즉 유년을 '인간에서 비인간으로 바뀔 수 있는 상태'로 보았다는 것이다. 생각해 보면 소년은 사람다움을 어느 정도 갖춘 상태이지만, 소년보다 어린 유년은 사람다움과 사람답지 못함의 경계에 있는 상태라 할 수 있다. 동생을 배려하는 마음이 부족하여 자기 재미만 채우려는 아기, 어머니를 위하는 마음이 모자라며 자신의 활동력을 발휘하는 데 게으른 아기는 사람으로 태어날 때부터 자기 마음속에 잠재하는 사람다움의 씨앗을 싹틔우지 않는 상태와 같다. 뒤집어 말한다면, 유년기에 마련해야 할 사람다움은 나를 위하듯 남을 위하는 마음이자, 나와 남을 한가지로 위하기 위하여 생명력을 발휘하려는 마음이라고 할 수 있다.[22]

「통 두 개」(11.5), 「원숭이 새끼와 콩」(11.12), 「대가리와 꼬리」(11.14), 「개구리 눈」(11.19) 등은 "애기"의 마음속에 내재하는 사람다움의 씨앗이 제대로

---

[22] 동학-천도교에서는 각자가 자기만 위하는 마음[各自爲心]을 극복하고 남들을 나와 한가지[同歸一體]로서 경외하는 것이 진정으로 하늘님과 합치하는 사람다움의 모습[人乃天]이라고 말한다. 하늘님이란 생명 활동을 가능케 하는 근원적 힘이고 모든 생명체의 생명 활동은 하늘님이라는 근원적 힘의 표현이라면, 뭇 생명체는 각각이 그 자체로 하늘님의 표현이기 때문이다.

싹을 틔우지 못한 모습을 그려낸다. 「통 두 개」는 빈 수레가 요란하듯이, 속을 채우지 않은 사람은 자기만을 드러내는 소리가 크다고 이야기한다. 자기만을 드러내는 태도는 「원숭이 새끼와 콩」에서 원숭이가 자기 욕심에 눈멀어서 한 알의 콩을 더 주우려다가 원래 손에 쥐고 있던 콩들을 다 쏟아버리는 어리석음 과 같다. 이는 「대가리와 꼬리」에서 한 몸의 서로 다른 부분인 뱀의 머리와 꼬 리가 서로 자신이 더 우월하다고 큰소리를 치느라 뱀의 몸뚱이를 어디로도 나 아가지 못하게 하고 굶주리게 하며 끝내는 수렁에 빠진다는 이야기와도 이어 진다. 자기만을 앞세우는 주장은 자기 속(몸과 마음)을 채우지 않고 굶주리 게 하는 것이며, 자기 속을 채운다는 것은 나와 네가 단절된 것처럼 보이더라도 근원적으로는 하나임을 알아차리는 것이다. 사람다움의 씨앗이 제대로 싹을 틔우지 못하는 상태, 즉 사람이 사람답지 못한 상태는 나와 남이 하나임을 제 대로 보지 못하고 남과 단절된 나만을 위하는 상태라 할 수 있다. 「개구리 눈」 에서 개구리가 한쪽만 볼 수 있는 자신의 편벽된 눈 때문에 제비의 등을 타고 날아다녀도 드넓은 세상 전체의 실상을 보지 못하는 것처럼 말이다.

그와 대조적으로 사람다움의 씨앗이 제대로 움트는 아기의 마음은 어떠한 가? 첫째로, 그 마음은 나만 위하지 않고 남도 위하는 마음이며, 더 정확히 말 하면 남을 나와 하나인 것으로서 위하는 모습이다. 남과 나를 하나로 바라보 는 마음은 저마다의 차이와 개성을 삭제하는 방식으로써 남과 나를 동일시하 거나 획일화하는 것과 다르다. 윤석중의 "애기 동화"는 세상의 모든 것들을 저 마다 특별한 가치가 있는 것으로 인식하는 마음이야말로 참된 사람다움의 마 음임을 이야기한다. 「애기와 돌멩이」(11.10)에서 껌정 돌멩이는 자신이 가치 있 다고 자부하고 흰 돌멩이는 자신이 무가치하다고 자책하지만, 아기는 껌정 돌 멩이 대신에 흰 돌멩이를 가치 있는 것으로 인식한다. 아기에게 내재하는 참된 마음의 눈으로 바라보면, 자신의 가치를 모르는 존재자에게도 그 나름의 고유 한 가치가 있다는 진실이 드러나는 것이다. 이는 두레박줄이 올라가는 일과 내 려가는 일은 대등하게 가치 있는 것이며, 물을 가득 채운 상태와 텅 비워진 상태는 대등하게 가치 있는 것이라는 「두레박줄」(11.11)의 이야기와 통한다.

이처럼 윤석중의 문학은 내가 나만의 가치를 지니듯이 남들도 남들만의 가치를 지니므로 나와 남들이 하나임을 이야기한다. 다시 말해서, 각 존재자의 가치는 우월과 열등의 높낮이가 없이 절대적이고 평등하다는 점에서 모든 존재자는 하나라는 것이다. 이는 마치 저마다 다른 빛깔과 모양의 조각들 가운데에서 어느 하나라도 빠지지 않아야만 하나의 모자이크가 이루어지는 것과 같다. 그러므로 모든 존재자가 하나의 모자이크를 이루면서도 저마다 고유하게 반짝이는 조각들임을 아는 마음은 나와 가족이, 나와 친척이, 나와 친구가, 나와 민족이, 나와 인류가, 마침내는 나와 우주가 하나의 모자이크 속에 있음을 아는 마음으로까지 드넓어질 수 있다. 따라서 참된 사람다움은 사람만을 위하는 마음에 그치지 않고 사람과 우주를 하나로 느끼는 마음이 된다. 윤석중의 "애기 동화"에서 사람과 우주를 서로 감응하고 상호작용하는 관계에 있는 것으로 표현하는 까닭도 이 때문일 것이다. 「애기 손자욱」(11. 8)에서는 밤하늘에 뜬 달의 표면이 얼룩덜룩하게 보이는 것을 아기의 손자국으로 표현한다. 이 이야기는 사람과 우주의 관계가, 설령 달과 아기처럼 서로 완전히 무관한 것처럼 보이는 관계일지라도, 근원적으로 상호작용의 관계일 수 있음을 상상케 한다.

「애기 손자욱」이 우주를 향한 사람의 작용을 그린다면, 「들창」(11. 5)과 「눈먼 아가씨」(11. 6)는 사람을 향한 우주의 작용을 드러낸다. 「들창」은 아버지에게 꾸중을 들어 울고 있는 아기에게 위로도 되고 의지도 되고 여러 가르침이 되기도 하는 골방의 해 질 녘 들창 이야기이다. 골방이 집의 여러 방 가운데에서도 가장 외지고 작은 것이듯, 아버지의 모진 꾸중에 우는 아기(어린이)는 인류사 내내 어른에 의한 차별과 억압과 학대를 겪어온 존재라 할 수 있다. 해 질 녘에 들창으로 쏟아져 들어왔을 하늘의 빛은 억눌린 자를 외면하지 않고 어루만진다. 하늘의 빛이 이 땅에서 소외를 겪는 자와 교감하고 상호작용한다는 상상력 「눈먼 아가씨」에도 잘 나타난다. 이 동화는 오막살이 초가집에 혼자 있는 시각장애인 아가씨의 한쪽 뺨에 따뜻하고 다정한 햇볕이 닿는 순간을 표현한다. 그녀는 환한 것이 자기 몸에 점점 더 퍼지는 느낌을 느끼고는, 실제로는 아무것도 보이지 않더라도 두 눈을 크게 뜬다는 것이 이 이야기의 마지막 장면이다. 사람다움이 움트는 아기 마음의 눈은 하늘의 빛이 땅의 억눌린 것과 소통하고 조화한다는 진실을, 육체의 눈만으로는 보기 힘든 그 진실을 본다.

육안으로만 보면 나는 나이고 남은 남일 뿐이지만, 사람다움이 움튼 심안으로 보면 나와 남은 하나이고 사람과 우주는 하나이다. 따라서 사람다움의 씨앗이 제대로 싹을 틔우는 아기 마음의 상태는 고정된 질서나 통념에서 자유로운 모습을 띤다. 아기 마음의 두 번째 특징이라 할 수 있는 이러한 측면은 「파랑 망토」(11. 7)와 「거리의 애기」(11. 9)가 독자에게 맑고 신선한 미소를 선사할 수 있는 까닭이기도 하다. 「파랑 망토」는 여름 대낮에 어머니가 널어놓은 아기의 겨울 망토를 다섯 살짜리 아기가 걸쳐 입고 사탕 사러 길을 걷고 있었다는 이야기이다. 「거리의 애기」는 글을 읽을 줄 모르는 여섯 살짜리 아기가 광고 전단을 나누어주는 할아버지에게 광고지 한 장을 달라고 하여 받아들고는 '학교에 어서 오라'고 제멋대로 읽었다는 이야기이다. 망토가 겨울용이라고 하더라도 반드시 겨울에만 입어야 하는 것은 아니며 여름에 입으면 여름 망토가 될 수 있지 않을까. 글을 배우지 못한 아이가 모든 글을 '학교에 (글을 배우러) 오라'고 읽는 것은 틀리게 읽는 것이 아니라 옳게 읽은 것이 아닐까.

지금까지 윤석중의 아기 동화가 아기 마음속에서 움틀 수 있고 움터야 하는 사람다움을 어떻게 표현하였는지 살펴보았다. 이는 성리학에서 사람이 갖추어야 한다고 말하는 삼강오륜의 덕목처럼 어른 중심의 틀에 어린이를 끼워 맞추는 것과 전혀 다르다. 윤석중의 아기 동화에서 그리는 사람다움은 나와 남의 경계 및 인간과 우주의 경계를 넘어서는, 그리하여 온갖 고정된 질서와 통념을 넘어서는 아이의 아이다운 마음을 가리킨다. (다음 호에 계속)

홍박승진

◈ 최근 지인 한 분이 내가 일하는 대학에 언니의 손주를 데리고 오셔서 그 어린이와 함께 시간을 보냈다 ◈ 올해 초등학교 1학년이라기에, "학교 다녀 보니 어때요?"라고 물었더니 "고통!"이라며 머리를 쥐어뜯는 시늉을 해보였다 ◈ 공부할 게 너무 많기 때문이라고. 그 아이에게 윤석중의 어린이 노래 몇 개를 읽어주었다 ◈ 하나를 읽어주고 나면 온몸이 뒤집힐 듯 웃음을 터뜨리고, 또 하나를 읽어주고 나면 머리가 위아래로 흔들리도록 격렬하게 손뼉을 치는 게 아니겠는가 ◈ 이것이 새로움이다 ◈ 나는 어린이 덕분에 진정한 새로움을 어렴풋하게라도 다시 깨닫는 사람이다

독자가 다시개벽을 만듭니다

2020년 겨울호

2021년 봄호

2021년 여름호

2021년 가을호

2021년 겨울호

2022년 봄호

2022년 여름호

2022년 가을호

2020년 겨울, 처음으로 독자 여러분을 만난 『다시개벽』이, 많은 분들의 성원에 힘입어 창간 2년을 맞았습니다
더욱 새롭고 알찬 내용으로 여러분을 찾아가겠습니다.

한 번 소비되고 사라지는 것이 아닌 시간이 지나도 여전히 유효한 읽을거리, 『다시개벽』이 지향하는 가치입니다.

지금 정기구독을 신청하시면, 『다시개벽』 지난 호 중 원하는 한 개호를 증정합니다.

정기구독 신청:

전화   02.735.7173(도서출판 모시는사람들)

이메일   sichunju@hanmail.net

인터넷   https://forms.gle/j6jnPMzuEww8qzDd7

정동의 재발견

The Rediscovery of Affect. Félix Guattari's the Theory of Affect and Social Economy

신승철 |
2022년 8월 31일 발행 |
25,000원 |

정동자본주의를 넘어 정동해방으로

이 책은 가타리의 정동에 대한 지도제작 방법론을 통한 현실분석을 이해하기 쉽게
풀어서 시민, 주부, 협동조합원, 사회적 기업가, 청(소)년 등에게 접근한 교양서이다.
넓지만 깊이 있는 이 책은 한국사회 사회 혁신가들의 필독서이다.

풍류에서 촛불까지
한국철학의 길을 걷다

키워드로 읽는 한국철학

조성환 지음 | 304쪽 | 16,000원

서양철학과 다른, 중국철학과도 다른 한국철학.
이 책은 한국적인 관념과 사고를 담고 표현하는 핵심
개념을 통해 한국철학으로 접근한다. 그리고 각 개념이
성립된 역사적 배경과 철학적 함의 그리고 그 개념이
드러내는 한국철학의 특징을 짚어낸다.

WEB http://www.mosinsaram.com ■ **EMAIL** sichunju@hanmail.net
PHONE 02-735-7173 ■ **FAX** 02-730-7173

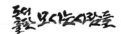

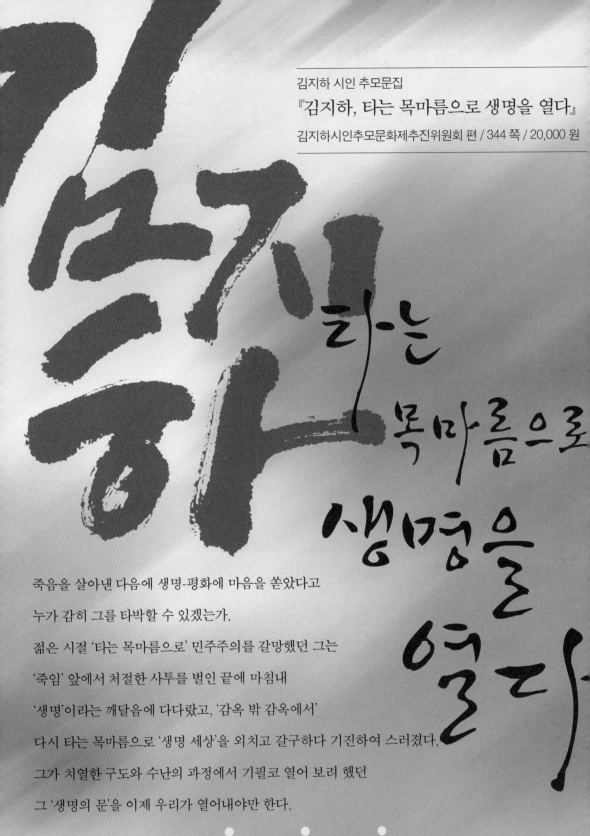

월남미술인 다시 보기 (1): 홍종명(洪鍾鳴, 1922-2004)

안태연

여기 소녀가 있다. 과일 바구니를 인 채 화장기 하나 없는 얼굴로 미소 짓는 <과수원집 딸>(제주도립미술관 소장). 과수원 일이 바빠서인지는 몰라도 자신을 꾸밀 생각은 미처 하지 못한 듯하나, 그래도 별다른 불평 없이 수확의 기쁨에 만족한 소녀의 모습은 진솔한 삶이 얼마나 아름답고 경건한지를 되새기게 한다. 하지만 수많은 <과수원집 딸>에게 생명을 불어넣은 화가 홍종명(洪鍾鳴, 1922-2004)의 붓끝에는 사실 애달픈 그리움이 서려 있었다. 아무리 그리고 또 그려도 지워지지 않는 그리움. 그것은 분단과 전쟁으로 고향을 잃은 실향민 예술가에겐 영원한 상흔이자 창조의 원천이었다.

마침 올해 1월 25일부터 4월 17일까지 제주도립미술관에서는 홍종명의 탄생 100주년을 기념해 1월부터 4월까지 회고전을 진행했다. 덕분에 한동안 미술 시장에서 인기를 얻은 <과수원집 딸> 연작으로만 기억되었던 홍종명의 작품세계는 이전보다 폭넓은 시야로 재조명되었다. 이와 더불어 홍종명의 유족은 전시에 앞서 그동안 보관해 온 작품 중 20여 점을 제주도립미술관에 기증하는 아름다운 결단을 내렸다. 그러므로 이제 홍종명의 작품세계를 소개하고 연구하는 일은 사실상 공적인 영역에서 이루어져야 할 것이다. 그렇기에 필자는 이번 지면을 통해 82년에 걸친 홍종명의 삶과 예술을 요약하여 소개하고자 한다.

홍종명, <과수원집 딸>, 1989.
캔버스에 유채, 72.5×51.5cm, 제주도립미술관 소장

홍종명은 1922년 5월 20일 평양에서 태어났다. 이후 광성고등보통학교를 졸업한 뒤 1941년 일본 도쿄로 유학을 떠나 데이고쿠(帝国)미술학교에 입학하였으나, 제2차 세계대전의 격화로 학병 징집이 본격화되자 급히 귀국했다. 이후 평양시청에서 잠시 근무하다 평생의 반려가 되는 이현숙을 만나 1943년 4월 19일 결혼식을 올렸다. 참고로 이현숙은 지주이자 목사였던 이피득의 장녀였는데, 유족의 증언에 따르면 장인 이피득은 널찍한 과수원을 소유하고 있었으며, 소작농들에게도 많은 친절을 베풀었다고 한다.[i] 후술하겠지만, 홍종명의 작품세계에서 과수원이 빈번하게 다루어진 건 이러한 배경과도 무관하지 않을 것이다.

그러나 1945년 8월 15일 광복을 맞이하고 얼마 지나지 않아 북녘에 공산주의 정부가 수립되고 종교에 대한 탄압이 가시화되면서 평화로웠던 생활에는 금이 가기 시작했다. 결국, 1950년 6월 25일 한국전쟁이 발발하고 1951년 1·4후퇴가 벌어지자 홍종명은 장인과 장모, 아내와 장남 순효, 그리고 차녀 순정을 데리고 월남을 감행하였다. 하지만 부모님과 장녀 순희는 끝내 월남하지 못했고, 결국 헤어진 그날 이후로 두 번 다시는 소식을 들을 수 없었다고 한다. 이러한 경험은 홍종명에게 지울 수 없는 상처를 남겼고, 훗날 작품세계에서 계속해서 망향(望鄕) 의식, 즉 고향에 대한 그리움이라는 주제를 표현하는 계기가 된다.

이처럼 어렵사리 월남에 성공한 홍종명과 가족들은 잠시 부산에 머물다 1951년 2월 제주도로 향하여 1954년 5월 무렵까지 3년여간 본격적인 피난 생활을 하게 된다. 미군 부대에서 나온 레이션 박스를 화폭으로 삼아 그린 <제주도 사라봉>(제주도립미술관 소장)은 전쟁 와중의 어려웠던 재료 수급 상황을 알려주는 초기의 대표작이다. 본격적인 작품이라기보다는 스케치풍의 소품으로 생각되지만, 굴뚝에서 흘러나오는 연기와 부둣가에 정박한 어선들, 해

---

i   홍순효(유족)과의 인터뷰. 2022년 3월 11일.

홍종명, <제주도 사라봉>, 1953년.
하드보드에 유채, 33.5×41cm, 제주도립미술관 소장

안가를 거닐고 있는 사람들 등 세세한 부분들을 치밀하게 그려내어 피난 생활의 고단함을 잘 드러냈다. 홍종명은 훗날 피난 시절에 대해 "화지가 없어서 미군부대 쓰레기통에서 타이프 용지를 주서, 조밥풀로 이어서 한라산을 몇 장이고 그렸고 레이숀 박스 얇은 부분을 오려내서 바다와 갈매기 있는 부두, 그리고 산봉우리를 그렸었다. 땔 나무 뿌리를 캐러 산 중턱까지 갈 때도 타이프 종이를 둘둘 말아 갖고는 가는 곳마다 그렸다."라고 회상하였는데,[2] 비록 이 시

2 홍종명, 「레이션 박스에 그린 추억」,『미술과 생활 1979년 ?월호』, 39쪽. 해당 글이 실린 지면은 현재 김달진미술자료박물관에 소장되어 있으나, 정확한 과월호 정보는 파악하지 못했음을 밝혀둔다.

기 작품은 몇 점 남아 있지 않으나 어려운 형편에도 불구하고 작업에 열정을 불사르며 생계를 이어간 당시의 투혼을 짐작할 수 있다.

또한 홍종명은 제주도에서 피난 생활을 하며 고향에 대한 그리움을 표현한 작품을 처음으로 남겼다. 그것이 바로 <낙랑으로 가는 길>(국립현대미술관 소장)이다. 이 작품은 1951년과 1957년 두 차례에 걸쳐 연달아 제작된 점을 미루어보아 여러 모로 각별한 의미를 담은 작품이었음을 짐작할 수 있는데, 특징은 마치 고대의 벽화처럼 수평적이고 평면적인 구성으로 기마상(騎馬像)을 표현했다는 점이다. 참고로 홍종명은 월남 이전 고구려의 고분 벽화를 소풍 가서 실견하고 많은 감명을 받은 경험을 직접 언급하기도 했기에,[3] 떠나 온 고향에 대한 그리움을 나타내기에는 벽화의 양식이 더없이도 안성맞춤이었을 것이다. 덧붙이면 낙랑은 전한 무제가 위만조선을 점령한 뒤 세운 한사군 중 하나로, 현재의 한반도 북부 지역에 해당한다. 즉, <낙랑으로 가는 길>이라는 제목 자체가 곧 고향으로 가는 길을 암시하는 셈이다.

그러다 피난 생황을 마치고 상경한 뒤부터 홍종명의 화풍은 점차 사물을 재현하기보다는 내면에 잠재된 서정적인 감성을 토대로 추상적으로 재구성하는 쪽으로 바뀌어 갔다. 1958년 제1회 개인전을 중앙공보관에서 열었을 때 출품되었으리라 추정되는 <무(舞)>(국립현대미술관 소장)는 현재 확인할 수 있는 홍종명의 추상회화 중 제작연도가 가장 이른 것으로, 구체적인 형상을 파악하긴 어려우나 붓보다는 나이프를 주로 사용하여 예리한 선을 그어나가 춤의 움직임을 표현한 듯하다. 아직 추상을 시도하는 데 확신을 가진 상태는 아닌지 구성은 다소 경직된 감이 있으나, 앞서 <낙랑으로 가는 길>에서 보여 준 고분 벽화에 관한 관심이 암갈색으로 절제된 색채와 토벽(土壁) 또는 암벽(岩壁)을 연상시키는 거친 마티에르로 계승되었음을 파악할 수 있다. 당시 홍종명의 제1회 개인전을 평한 시인 조병화도 "기법상의 장기의 하나인 듯한 <

3   철(澈), 「홍종명씨 16년만에 국내 개인전」, 《경향신문》 1982년 2월 9일.

나이프>의 효과적인 사용"을 높이 평가하였고,[4] 화가 박영선도 "개개의 구성이 「후오름」의 간략성도 무리가 없이 손쉽게 효과에 부합시켜져 작품의 해석에 있어서도 독자성과 아울러 자연히 수긍되게 하는 힘을 엿보여주게 한다"라며 "흑색의 효과도 잘 처리되어있고 형태도 정돈되어 가고 있는 것이 보이며 기술적으로도 점차 원숙"해지고 있다고 호평했다.[5] 결과적으로 이러한 호평은 홍종명이 더욱 적극적으로 추상적 화풍을 실험하는 데 자극이 되었으리라 짐작된다. 일례로 1959년 제3회 창작미술협회전에 출품한 것으로 추정되는 <어족의 흔적>(제주도립미술관 소장)은 더욱 과감해진 추상적 화풍을 보여주는 작품이다. 역시 붓보다 나이프를 주로 사용한 이 작품은 사물의 형태를 과격한 행위로 파괴하다시피 처리하려는 의지가 드러나고 있다. 마치 깨진 퇴적암 속에서 이제 막 모습을 드러낸 화석화된 물고기를 보는 것처럼, 거친 마티에르로 덮인 화면에는 신비로운 분위기가 감돈다.

결과적으로 이러한 조형 실험을 거친 덕분에 홍종명은 1960년대부터 추상적 화풍을 좀 더 원숙한 단계로 끌어올릴 수 있었다. <10월이란 계절의 찬가>(숭의여대 소장), <흙에 묻혀 사는 이의 고운 마음 (B)>(숭의여대 소장), <베짱이와 개미>(서울시립미술관 소장), <옛 동산에 오르면>(개인 소장) 등은 한창 추상회화에 몰두하던 이 시기의 대표작들이라고 할 수 있다. 특히 이 중에서 <10월이란 계절의 찬가>는 홍종명의 작품세계에서 주된 모티브로 다룬 주제인 '가을'이 확립되었음을 알리는 작품이기에 여러 모로 의미심장하다. 홍종명은 수필집 『흙에 묻혀 사는 이의 고운 마음』(1988, 미술공론사)에 실은 「추수감사」에서 "하나님의 섭리를 어찌 막을 수 있겠습니까! 기승을 부리던 여름의 무더위도 하나님의 섭리 속에서 고개를 숙이듯 우리도 경건한 마음으로 이 가을에 하나님의 섭리 앞에 겸손히 고개를 숙입니다."라고 자신의 기독교

---

4   조병화, 「내면적인 자기색감-홍종명유화개전에서」, 《경향신문》 1958년 11월 30일.
5   박영선, 「지적인 제작의 환희-홍종명개인전평」, 《동아일보》 1958년 12월 3일.

홍종명, <옛 동산에 오르면>, 1963.
캔버스에 유채, 162.2×130.3cm, 개인 소장, 제12회 국전 문교부장관상 수상작.

홍종명, <노래하는 호수>, 1964.
캔버스에 유채, 162.2×130.3cm, 개인 소장, 제13회 국전 특선작

적 신앙을 고백하며 가을이라는 계절이 하나님의 은혜로 "병든 자에게 치료를, 낙심한 자에게는 희망과 용기를" 주는 계절이라고 예찬하였는데,[6] 이는 곧 가을이 절대자의 은총으로 충만한 계절임을 암시한다. 즉 <10월이란 계절의 찬가>는 작가의 진솔한 신앙고백이나 마찬가지인 작품이라고 할 수 있다. 화면에서 구체적인 형상은 지워져 있지만, 황갈색으로 물든 화면의 빛깔과 흙을 연상시키는 두툼하고 질박한 마티에르를 통해 풀이 마르고 찬바람이 서서히 불기 시작하는 가을의 서정적인 인상을 공감각적으로 느낄 수 있기 때문이다.

다만, 홍종명의 추상회화는 엄밀히 말하면 1950-60년대 한국 화단을 강타한 서양 미술사조 앵포르멜의 영향을 부정하기는 힘들다. 특히 장 뒤뷔페 등 앵포르멜을 대표하는 작가들의 작품을 연상시키는 <옛 동산에 오르면>이 제12회 국전에서 문교부장관상을 수상할 무렵엔 이미 앵포르멜이 제도권 미술의 영역으로 흡수된 상황이었으므로 새로운 미술로 인식하기엔 어려운 시점이기도 했다. 이러한 한계를 인지해서인지 홍종명은 1964년부터 작품에 점진적으로 형상성을 다시 복귀시켰는데, 제13회 국전에서 입선한 <노래하는 호수>(개인 소장), 제10회 창작미술협회전에 출품한 <십자가 (B)>(국립현대미술관 소장), 제15회 국전에서 문교부장관상을 수상한 <만추(晩秋)>(국립현대미술관 소장) 등을 통해 추상과 구상 양쪽에서 갈등한 작가의 심정을 짐작할 수 있다. 특히 <십자가 (B)>에서 홍종명은 그동안 애용했던 나이프로 물감을 두껍게 덧바르거나 긁어내는 기법을 사용하는 대신 물감에 기름을 많이 섞어 희석한 뒤 캔버스 위에 흘러내리게 하여 예수가 십자가에 못 박힌 채 피 흘리는 순간을 표현하였다. 어쩌면 홍종명은 이즈음 마티에르에 의존하지 않아도 자신이 표현하려는 바를 충분히 전달할 수 있으리라 판단하였는지, 1968년 무렵부터 홍종명은 두터운 마티에르 표현에서 벗어나 맑고 투명한 발색을 살리는 쪽으로 기법을 바꾸게 된다. 이러한 변화를 잘 보여주는 작품이

---

6   홍종명, 「추수감사」, 『흙에 묻혀 사는 이의 고운 마음』(1988, 미술공론사), 28쪽.

홍종명, <4월의 콤포지션>, 1969.
캔버스에 유채, 145.5×97.5cm, 제주도립미술관 소장

제17회 국전에 추천작가 자격으로 출품한 <초춘(初春) 맞는 언덕>(제주도립미술관 소장)이다. 마치 화선지에 그린 동양의 수묵채색화를 보는 것처럼 캔버스 위에 은은하게 번지듯 그려진 매화 가지와 꽃망울, 그리고 화면 상단의 광원이 조화를 이룬 이 작품에서 만물이 기지개를 켜는 계절인 봄의 생명력을 감지하기란 어렵지 않다. 기름진 중후함에서 담백한 은은함으로의 변화라고나 할까. 이러한 변화에 대해 홍종명은 스스로 "유화 물감은 아무래도 서구적이다. 너무 기름지다. 번뜩거리는 그 기름기는 동양인인 내 체질에는 맞지 않는다. 그래서 나는 유화물감을 쓰되, 탈지효과가 나도록 했다."라고 밝혔다.[7] 이러한 발언을 뒷받침하듯 제23회 국전에서 추천작가상을 수상한 <가을의 찬가>(국립현대미술관 소장)도 맑고 투명한 발색을 통한 미묘한 농담의 변화로 서정적인 계절의 인상을 한껏 표현하고 있다.

이처럼 반복적으로 다루어진 모티브인 풍요로운 계절의 환희, 돌아갈 수 없는 고향에 대한 향수는 마침내 1970년대 말부터 <과수원집 딸> 연작으로 귀결된다. 이제 다시는 돌아갈 수 없는 고향과 과수원, 그리고 장녀에 대한 기억은 투명하게 채색된 캔버스에서 항상 가득 찬 과일 바구니를 인 채 새를 벗 삼아 웃는 소녀의 모습으로 승화된 것이다. 그리고 말년에 강도 사건으로 창작 생활의 위기를 맞이하였으나 강인한 의지로 회복한 뒤 제작한 대작 <공중 나는 새를 보라>(국립현대미술관 소장)에서 홍종명의 과수원은 이제 광대한 낙원으로 변모한다. 성경의 마태복음 6장에 실린 "공중의 새를 보라 심지도 않고 거두지도 않고 창고에 모아들이지도 아니하니 너희 천부께서 기르시나니 너희는 이것들보다 귀하지 아니하냐"라는 구절을 인용한 이 작품은 모든 만물이 하나님에 의해 필요한 것을 다 공급받으며 자연스럽게 살아간다는 의미를 한국적인 삶과 풍토, 그리고 지나간 추억과 접목한 결과물이었다. 덧붙이면 홍종명은 비극적인 역사의 질곡을 체험하면서도 자신이 예술가로 평생

[7]   홍종명, 앞의 책, 82쪽.

살아갈 수 있었음에 감사하는 수필 「희망과 감사의 삶」을 남겼다. 마지막으로 암시하는 이 수필의 일부를 옮긴다.

지금에 와서는 젊은이에게 늘 "꿈과 이상과 낭만이 있어야 된다." 소양적 근원이고 이상인 이러한 문제를 논하려면 옛날과는 달리 그런 것이 부족해서인지 미래로 직결되는 그런 상황에 놓여 있다. 과학문명이 고도로 발달하다보니 미래의 성숙된 가치관을 위해 밑거름으로 "네가 꿈이 있느냐" 또는 "이상이 있느냐" 이것이 바로 나의 발견이다. 인생에 있어 실패가 있다면 그것은 자신의 무능력이 아니라 높은 목표가 설정되어 있지 않기 때문이다. (중략)

　나는 화가로서 50년간 그림을 그리는데 묻혀 살아왔다. 어떤 권위나 지위나 금전을 떠나서 외곬으로 구상회화에 몸을 바쳐왔다. 돈이 있거나 권력이 있어서가 아니라 언제 어디서나 손가락질 받지 않는 좋은 작가가 되고 싶다.

　하나님 감사합니다. 이 놀라운 일들과 영광스러운 역사를 다른 사람들과 함께 나누며 응답의 찬양을 당신께 드리게 하옵소서. 다른 사람의 일을 쉽게 속단하지 말고 부드러운 사랑으로 용서하여 살게 하여 주시옵소서.[8]"

　　※ 국립현대미술관과 제주도립미술관의 소장품은 해당 미술관의
　　공식 홈페이지에서 이미지를 확인하실 수 있습니다.

[8]　홍종명, 「희망과 감사의 삶」, 앞의 책, 41쪽.

안태연

◈ 1997년 서울에서 태어났다 ◈ 중학생 시절 우연히
학교 도서관에서 접한 『한국근대회화선집』을 계기로 한국
근현대미술에 관심을 가지게 되었다 ◈ 그리고 이 선집에
실린 작품들을 실제로 보고 싶다는 소박한(?) 마음에
박물관과 미술관 등 이곳저곳을 다니며 생각을 메모하고자
글을 쓰기 시작했다 ◈ 그리고 지금은 여기서 한발 더
나아가 한국 근현대미술의 지평을 넓히는 데 조금이나마
보탬이 되었으면 하는 마음으로 글을 쓰고 있다 ◈ 특히
본격적으로 조명 받지 못했던 한국의 작고 미술가들을
발굴하고자 노력하는 중이다

다
시
오
다

오직 '참'이 있으소서,—
새해의 새 사람이 되기 위하여,
새해의 새 살림을 하기 위하여,
새해의 새 일을 하기 위하여,
새해의 새 국면을 열기 위하여

박달성

책임번역 박은미

개벽 제19호 (1922.1.10)

【묵은해를 보내고 새해를 맞는[送迎] 감상】

묵은해를 보내고 새해를 맞이하는 여러분, 아버님 어머님 형님 아우님이시여, 보내고 맞이하는 감상이 그 어떠합니까. 좋거나 싫거나 어쩔 수 없이 신유년 (1921)은 보내었으며, 기쁘거나 슬프거나 어쩔 수 없이 임술년(1922)은 맞게 되었습니다. 길 위에서 잠깐 서로 만나는 것도 그것이 인연이 깊다 하여 '편안히 지내시느냐[安往安來]' 하는 정 깊은 인사가 있는 것이며, (객사에서) 하룻밤 같이 자는 것[一夜同宿]도 그것이 관계가 크다 하여, 만나고 헤어지는 일의 무상함[分合無常]에 애끊는 눈물을 흘리는 것입니다.

하물며 날을 같이하고 달을 같이하고 계절을 같이하여 삼백육십이란 오랜 시일을 동행동숙하고 동고동락한 신유 일 년을 보내며, 또 그리 할 임술 일 년을 맞음에 어찌 한마디의 송별사가 없으며 어찌 일종의 감개의 눈물이 없겠습니까. 나는 실로 일 년을 보내기에 너무나 억울하고 또 야속합니다. 일 년을 맞기에도 너무나 미안하고 또 황공합니다. 우리가 작년 이때 경신년을 보내며 무어라 진정(陳情)하였으며, 신유년을 맞으며 무어라 선언하였습니까?

옛 사람을 버리고 새 사람이 되겠다 하였으며, 옛 살림을 버리고 새 살림을 하겠다 하였으며, 옛 일을 버리고 새 일을 하겠다 하였으며, 옛 국면을 버리고 새 국면을 개척하겠노라 하였습니다. 그리고 모든 허위에서 모든 진실로 나아가겠다 하였으며, 모든 모순에서 모든 합리(合理)에 나아가겠다 하였으며, 모든 혼탁에서 모든 순결에 나아가겠다 하였으며, 모든 이상에서 모든 실지에 나아가겠다 하였습니다. 그래서 '지난해의 실패는 올해의 성공'이란 말도 하였고, '과거의 불만족은 장래의 만족'이란 말까지 하여 신유년을 큰 목표를 삼고 많은 기대를 하지 않았습니까. 이것은 누구의 종용도 아니었고 누구의 명령[傳令]도 아니었습니다. 우리 스스로가 작정한 바요 우리 스스로가 선언한 바입니다.

여러분 아버님 어머님 형님 아우님이시여. 과거 일 년에 얼마나 새 사람이 되었으며, 얼마나 새 살림을 하였으며, 얼마나 새 사업을 하였으며, 얼마나 새 국면을 열어 놓았습니까? 또 진실은 얼마나, 실지는 얼마나 되었으며, 합리는 얼마나 되었으며, 순결은 얼마나 되며, 성공은 얼마나 되며, 만족은 얼마나 만족을 얻었습니까? 우리가 과거 일 년에 만족과 성공이 있다 하고 참과 실지가 있다 하면 우리는 일 년을 보내기에 그다지 슬퍼할 것이 없습니다마는 만약 과거 일 년에 만족과 성공이 없고 참과 실지가 없었다 하면 우리는 일 년을 보내기에 너무나 억울하고 너무나 창피합니다.

새해를 맞이하였다 하여 연하장이 왔다 갔다 하며, 도소주(屠蘇酒: 한해의 가족 건강을 기원하며 설날에 마시는 세시주)가 오르락내리락 합니다. 새 옷이 팔랑거리며 새 구두가 반짝거립니다. 그러나 여러분, 바람 부는 창의 차가운 등불[風窓寒燈] 아래 고요히 꿇어앉아 과거 일 년을 양심이 명하는 대로 생각해 보십시오. '참'이 있었는가 없었는가. '함'이 있었는가 없었는가. 사람답게 살았는가 못 살았는가. 삶답게 살았는가 못 살았는가. 만약 허위 아닌 진정한 양심이 있다 하면 여러분의 연하장은 성토장(聲討狀)이 될 것이며 여러분의 연하주는 징벌주(懲罰酒)가 될 것입니다.

그리하여 여러분의 입으로, "아아, 한울님[天公]아, 어찌하여 이처럼 무정합니까!" 하는 탄식의 소리가 나올 것이며 뒤이어, "아아, 인생이여! 끝내 무상하구나!" 하는 목맨 소리가 나올 것이며, 마지막으로 "또 거짓이로구나, 참이 없었구나…" 하고 얼굴에 손을 가리고 등불 아래에 엎드릴 것입니다. 그리하여 하늘[天]께 기도하기를, "오즉 '참'이 있으소서. 우리는 모두 거짓뿐이오니, '참'이 있으소서…."라고 할 것입니다. 이것은 필자 자신이 그러합니다. 생각건대 세상에 누가 나와 같은 경우가 아니겠습니까. 너저분한 잔말을 할 필요 없이, 우리는 아무것도 꾸며대지 말고 아주 솔직하게 과거 일 년을 그대로 내어 놓아 봅시다. 우선. 사람 자체를 봅시다.

우리 사회에 사람다운 참 사람이 몇 사람이나 되었습니까. 늙은이거나 젊은이거나 남자이거나 부인이거나, 통틀어 사람치고 사람다운 참 사람이 몇 사람이었습니까. 늙은이는 늙은이로서 생각하고 젊은이는 젊은이로서 생각하고 남자는 남자로서 생각하고 부인은 부인으로서 생각해 보시오. 그리고 부자는 부자(富者)로서 생각하고 빈자(貧者)는 빈자로서 생각하고 강자(強者)는 강자로서 생각하고 약자(弱者)는 약자로서 생각해 보시오. 또 그리고 종교가는 종교가로서 생각하고 교육가는 교육가로서 실업가는 실업가로서 다 각각 생각해 보시오. 과거 일 년에 사람다운 '참' 사람이 몇 사람이 되었는가를…. 그리고 각자 자기부터 사람다운 참 사람이 되었는가를…. 그리하여 참 일을 하고 참 생활을 하고 참 행복을 얻었는가를….

모든 할아버지 할머니 영감님 대감님 마마님이시어. 일 년을 회고하는 감상이 어떠하십니까. 과연 양심에 부끄럽지 아니합니까. 아무 거짓이 없고 아무 속임 없이 참으로 양심대로 살았습니까. 그리하였다 하면 우리 사람 사회를 위하여, 우리 늙은이들을 위하여 그보다 더 고마운 일이 어디 있겠습니까. 그러나 여러분 중에 전혀 거짓이 없고 참만 있었다 하기는 양심이 주저합니다.

같은 사람을 두고 왜 젊었다, 어리다 하여 욕하고 때리고 멸시하고 압박하였습니까? 한 자리에 앉게 못 하고, 한 자리에 서게 못 하고, 한 자리에서 먹게 못 하고, 한 자리에 말하지 못하게 하였습니까? 젊었다 하여 인격을 부인하고, 어리다 하여 지푸라기처럼 하찮게 보고, 걸핏하면 '무례하다!' 하며, 꼼짝만 하면 '버릇없다!' 하며, 잘하면 '그 애가 제법이라' 하며, 못하면 '그 자식

아비 없는 자식이라…' 하여 왜 그다지 인권을 박탈하였습니까? 그리고 "내 나이가 칠십이니…" "장을 백 독을 먹었느니…" "춘추(春秋: 파란만장한 역사-역자 주)가 많았느니…" 하여 늙은 것을 왜 그리 표백하였으며, 젊은 것을 왜 그리 무시하였습니까? 이것이 늙은이의 일반적인 도이며 일반적인 일입니까? 사람으로서의 당연한 일이며 또 그러하지 않을 수 없는 일입니까?

나는 이에 감히 말하노니 "사람은 늙었거나 젊었거나 (다 같은) 사람이니 오직 사람 그것을 존중하여 인권을 유린하지 마소서"라고 합니다. 그리하여 "참으로써 대하고 참으로써 사랑하소서!" 합니다. 참이 아닌 것은 사람이거나 늙었거나 그것을 영원히 장사(葬事) 지내고 말려고 합니다. 늙은이의 도(道)가 과연 어렵습니다. 과거 일 년에 대한 우리 늙은이들의 참 마음, 참 살림, 참 일은 그 얼마나 되는지 알지 못하지만, 양심적으로 생각해 보면 많다 하기에 매우 꺼립니다.

모든 형님 아우님 누님 아가씨 서방님 도련님이시여. 일 년을 회고하는 마음 그 어떠합니까. 과연 거짓이 없었으며 참이 있었습니까? 지난 일의 모두를 양심이 쾌쾌히 허락합니까? 그렇다 하시면 우리 젊은이 사회를 위하여 그보다 더 고마운 일이 없겠습니다. 그러나 혜안이 반짝거리는 바에 과거 경로(經路)의 모든 실상이 낱낱이 보입니다.

같은 사람 같은 동무로서 같은 목적을 가지고 같은 길로 나아가면서 왜 그다지 서로 싸우고 미워하고 시기하고 빼앗고 하였습니까? 눈은 왜 그리 핼끔핼끔 하였으며 말은 왜 그리 깔끔깔끔 하였습니까? 고운 뺨에 따귀는 왜 부쳤으며, 갓 빗고 난 머리카락을 왜 그리 뽑아 주었습니까? 주먹질, 발길질, 몽둥이질, 칼질이 그 무슨 사람답지 못한 일입니까? 돈 없어 약 파는 이에게 도적놈 소리는 왜 하였으며, 먹을 것 없어 구걸하는 이에게 침을 왜 뱉었습니까? 남의 주머니는 왜 엿보았으며, 남의 담 너머는 왜 넘어가셨습니까? 논밭을 팔아 주사청루(酒肆靑樓: 술집, 기생굴, 매음굴-역자 주)에 왜 가져다 바쳤으며, 사기 도적을 하다가 철망은 왜 뒤집어썼습니까? 부모에게 왜 뼈아픈 울음을 머금게 하였으며, 형제에게 왜 애끓는 눈물을 흘리게 하였습니까? 이 자식, 저 자식, 이놈아, 저놈아, 네 어미 내 어미, 이년 저년, 이 간나 저 간나 하고 입으로 나오는 것이 욕이요 귀에 들리는 것이 욕이었으니, 그 무슨 심사로 그리하였습니까? 늙은이는 늙었다 하여 배척하고, 못난이는 못났다 하여 멸시하고, 같은 젊은이 축에도 얼굴이 곱다 밉다 하여 사랑을 더하고 덜하며, 옷을 잘 입었다 못 입었다 하여 미움을 더하고 덜하며, 부잣집 자식이라 하여 추어올리고 가난한 집 자식이라 하여 깎아 내리고, 같은 곳에 다닌다 하여 더 좋아하고, 시골 사람이라 하여 비웃고, 외국 사람이라 하여 머리를 꾸벅거리고, 관리라 하여 큰기침하고, 법이 무섭다 하여 벌벌 떨고, 걸어가던 놈이 기어가며, 섰던 놈이 엎어지며, 별별 이상 맹랑한 꼴이 우리 젊은이 사회에 많았으니 이것이 과연 사람다운 참 사람의 짓이었습니까.

그리고 하겠다 한 것을 왜 못 하였으며 하던 일은 왜 중도에 그만두었습니까. 신문을 하느니 잡지를 하느니 회사를 하느니 학교를 하느니 그와 같이 두루 떠들어 놓더니 왜 시작도 못하였으며 하던 것도 그만 두었습니까. 이것이 거짓 아닌 참이었습니까. 그리고 뻔뻔한 건달로서 왜 있는 체 하였으며, 한다하는 협잡군으로서 왜 유지인 체 하였으며, 신주를 팔아먹는 것이 왜 공익이니 자선이니 하였습니까. 하나도 성공은 없이 이곳저곳 왜 덤비었으며, 누가 장 하다고 하던가, 발기(發起)는 무슨 발기를 그리 많이 하였던가. 이것이 참이었습니까, 거짓이었습니까. 참 일을 하노라고 그리하였습니까, 거짓 일을 하노라고 그리하였습니까. 들으니까 참은 참인데 과도기가 되어 그렇다 하며 인물이 없어서 그렇다 하며 돈이 없어 그렇다 합니다. 그럴 듯합니다. 그러나 이 말이 참인지 거짓인지 더욱이 믿지[信用] 못하겠습니다. 길게 말할 것 없이 도대체 허위이며 진정은 아니며, 진정이되 열렬한 속 진정은 아닙니다.

우리는 이와 같이 작년 이때 각자가 선언한 바와 같이 실과 실지를 그대로 이행하지 못하였습니다. 나는 두 번째 말하노니 "오직 참이 있으소서!" 합니다. 그리하여 "참 사람이 되어 참 일을 하소서!" 합니다. 참이 있는 곳에 생명이 있다고 합니다.

그리고 천냥을 가졌거나 만냥을 가졌거나 소위 부자라는 여러분이여. 일 년을 회고하는 마음 그 어떠합니까. 양심에 부끄럼이 없습니까. 돈은 돈이요 사람은 사람이니 돈으로써 사람을 박해하고 돈으로써 사람을 왜 못살게 하였습니까. 소작인의 마당에 가서서 왜 퉁퉁거렸으며, 채무자를 잡아 놓고 담뱃대는 왜 두들겼으며, 문간에 들어선 거지를 왜 내어 몰았으며, 남의 집 문패는 왜 떼어 버렸습니까. 사람은 왜 슬근슬근 피하였으며 얼굴은 왜 살짝 살짝 돌이켰습니까. 인력거는 체면 손상이라 하여 마차를 타더니, 마차도 부족타 하여 자동차를 타면서 왜 거리에서 지게 짐을 꼬박꼬박 지고 헐떡이는 이를 "비켜라, 치워라!" 하였습니까. 무명옷은 껄껄타 하여 명주옷을, 명주옷도 재미없다 하야 털옷을 입으면서 살이 비쭉비쭉 나오는 홑옷을 입고 벌벌 떠는 이에게 옷 한 벌을 왜 못 주었습니까. 밥을 먹어도 시원치 않고 떡을 먹어도 시원치 않고 고기를 먹어도 소화가 덜 되고 술을 먹어도 구미가 없다 하여 인삼 녹용을 연달아 먹으면서 비지도 못 먹어 헤매는 이에게 왜 쌀 한 되를 아니 주었습니까. 비단 자리 뜨뜻한 방 속에 배불리 먹고 누웠으니 남이야 죽거나 살거나 아무 생각이 없으리이다. 그러나 양심은 있을 터이니 그윽이 생각해 보시오. 집 없고 옷 없고 밥 없어 네거리에서[四街] 헤매며 슬피 울며 호소[呼哭]하는 이 얼마나 많은가를…. 압록강 물이 왜 많은지 압니까. 그들의 눈물 담긴 까닭입니다. 백두산이 왜 편편한지 압니까. 그들의 발자취에 닳은 까닭입니다.

여러분 부자님이시어 오즉 '참'이 있으소서. 그리하여 참 사람이 되어 참을 많이 하소서. 돈은 돈이요, 사람은 사람입니다. 돈은 결코 당신의 돈이 아니요 세상의 돈 입니다. 또 당신에게 영원히 있을 돈이 아닙니다. 반드시 세상과 더불어 공공연(公公然)히 유동(流動)하는 돈입니다. 당신네 올 때에 적수(赤手: 빈손) 로 오셨고 갈 때에 또 적수로 갈 뿐이오니 스스로 생각이 있으소서.

그리고 세상에 소위 강(强)하다는 여러분이여! 그 강이 선천적 강함이 아니요,

영원한 강함이 아닙니다. 어제[昨日]의 천근의 강함이 오늘[今日] 만근의 강함이 되며, 금일 만근의 강함이 내일[明日] 모두 다해 터럭 한 낱에도 미치지 못하는[擧一毛猶不及] 약함으로 변할 수 있습니다. 금일의 강함으로 그다지 자랑할 것이 못 되며 그다지 큰소리 할 것이 못 됩니다. 오직 사람이니, 강하거나 약하거나 사람 그것만 존중하여 참으로 살며 참으로 일하소서. 그리고 모든 빈약자(貧弱者)라 하여 다른 사람 아래[人下]에 슬피 호소하는 이들이여! 사람은 결코 상하가 없으며, 귀천이 없으며, 강약이 없습니다. 다 평등이요 다 균일이니 오직 사람이란 자체를 자존(自尊)하여 구구히 사람 아래에 굽히지 마소서. 의식주의 부족으로 남에게 그다지 굽실굽실할 것이 무엇입니까. 힘써 벌다가 그래도 못 살겠거든 차라리 혀를 깨물고 북망(北邙)으로 갈지언정 사람으로 못할 것은 사람으로의 천대(賤待)입니다. 각자 자결(自決)하여 자기를 자기가 개척할 뿐입니다. 오직 참 사람이 되어 거짓이 없으소서.

모든 장로님 도사님 목사님 전도사님 신자님 들이시여! 일 년을 회고하는 감상이 그 어떠하십니까. 과연 거짓이 없었습니까. 정말 참으로 지내었습니까. 양심이 있는 바에여 속일 수는 없습니다. 대자대비를 말하며 술과 고기를 하지 말고 살생을 하지 말 것을 말하면서 왜 음방적처(陰房寂處: 아무도 모르는 뒷방)에 술과 고기를 감추고 계변노방(溪邊路傍: 계곡이나 길가)에서 닭과 돼지를 죽입니까. 이것이 거짓입니까, 참입니까. 사인여천(事人如天)을 말하며 광제창생(廣濟蒼生)을 말하면서 왜 노소장유(老少長幼)를 말하며 교외 교내를 말합니까. 이것이 참입니까, 거짓입니까. 기도를 드릴 때 왜 딴 생각을 하며, 간음의 잘못을 말하면서 왜 여성[婦女]계로 눈이 가며, 박애의 뜻을 해석하다가 지참자(遲參者: 늦게 온 사람)를 불러 왜 화를 내며, 왼뺨이니 오른뺨이니(오른쪽 뺨을 맞으면 왼편을 돌려대라: 마태복음 5장 39절-역자 주) 하는 이가 왜 남에게 발길질을 하며 또 소송질을 합니까. 죄악을 그렇게 무서워하면서 죄악을 사 오는 까닭은 그— 무슨 일입니까. 이것이 참입니까, 거짓입니까. 참으로 교인이 되어 참으로 교인다운 일을 한 이가 과거 일 년에 몇 분이나 됩니까. 천도교인이고 예수교인이고 불교인이고 무슨 교인이고 그 몇 분입니까. 양심이 있으니 속일 수도 없습니다. 스스로 생각해 보시오, 죄악의 뭉텅이가 하나 둘이 아닐 것입니다. 미신, 허영, 형식, 가작(假作: 거짓 행동), 작명(釣名: 거짓을 꾸며 명예를 구함-역자주), 월급냥(月給兩) 이것이 그 뭉텅이 가운데 있을 것입니다. 다— 각각 털어 보시오. 양심이 있는 바에 스스로 부끄러워[自愧] 거의 죽으리이다.

그리고 소학교, 중학교, 대학교, 고아원, 유치원, 서당, 강습소 모든 교육기관에 있는 교육가 여러분 일 년을 회상하매 그 어떠합니까. 참이었습니까, 거짓이었습니까. 소일거리로 하였습니까, 월급 푼으로 하였습니까. 아무 교수, 아무 훈도하는 칭호의 맛에 하였습니까. 그렇지 않으면 '선생님' 소리가 듣고 싶어 하였습니까. 진정으로 남을 알려[가르쳐] 주기 위하여 진정으로 몸을 바쳤습니까. 물론, 그리 하리이다. 그러나 여러분 중에 월급상 불평 문제가 있다 하며, 지식상 부족문제가 있다 하며, 언어 행위상 주목거리가 있다 하며, 심지어 모양을 너무 보느니 술집[酒肆] 출입이 너무 잦으니 하는 등 말이 있다 합니다. 이것이 참입니까, 거짓입니까. 진실로 모르는 이를 위하야 한마디, 한 자라도 못 가르쳐 애를 쓰며, 한 시간 한 분 동안이라도 잘 가르치기를 연구하는 이가 있었습니까. 양심이 각각 있을 터이니 속이지는 못할 것입니다.

그리고 농업가, 상업가, 공업가, 은행가, 대금업가 모든 실업가 여러분 여러분의 일 년은 어떠합니까. 생각건대 여러분의 일 년도 거짓이 과반일 것입니다. 내 논에 물을 넣기 위하야 남의 논둑을 헐어버렸을 것이며, 지주의 눈을 속이기 위하야 익지 않은 낟알을 몰래 베었을 것입니다. 내 소가 남의 곡식을 먹을 때는 보통으로[尋常] 여기고 남의 소가 내 곡식을 먹을 때는 돌을 들어 소다리를 찍었을 것입니다. 이것이 거짓입니까, 참입니까. 양심이 있으니 속일 수는 없습니다.

그리고 상업가 여러분 "장사는 아들이 아비를 속여도 관계없다" 하여 그렇게 비리(非理)의 짓을 하였습니까. 십전짜리를 왜 일원을 불렀으며, 일원짜리를 왜 오원이나 칠원을 불렀습니까. 시골 사람이라 하여 반말로 놀려대고, 아동이라 하여 나쁜 물건 집어주고, 부녀자라 하여 살짝살짝 속여 먹였으니 이것이 참입니까, 거짓입니까. 이틀이면 된다던 것이 왜 일주일 이 주일이 걸리며, 30분이면 배달이 된다드니 왜 온종일 가도 아니 옵니까. 말은 왜 그리 뚝뚝하였으며 허리는 왜 그리 제쳤으며, 담뱃대는 왜 그리 뻗쳤습니까. 이것이 참입니까, 거짓입니까. 상업술이 본래 그러합니까. 그리면서도 집행(執行)은 왜 그리 자주 당하며, 파산은 왜 그리 횟수(番)가 잦습니까. 해외 무역은 왜 못하며 직접 수출입은 왜 못하였습니까. 밤낮 남의 팔다 남은 것, 남 다 먹고 내버린 것, 열 놈 백 놈의 손을 거쳐온 것 그것뿐 가지고 작은 간판 아래서 오물오물 하면서 속일 생각만 할 것이 무엇이며, 제 동무 잡아 제 배불리겠다는 것이 무엇입니까. 이것이 참입니까, 거짓입니까. 양심이 있나니 속일 수는 없습니다. 그리고 공업가 여러분 원료를 만드노라, 도형을 생각하노라, 실물을 제작하노라 머리는 얼마나 아팠으며, 눈은 얼마나 부셨으며, 팔다리는 얼마 떨렸습니까. 허리가 부러져 오고 가슴이 뼈개져 올 때 얼마나 비지땀을 흘렸습니까. 많이 애 쓴 줄 압니다. 그러나 여러분, 그 물품이 된 후의 생각은 왜 그다지 비루(卑陋)합니까. 흙을 쇠로 말하며 종이를 가죽으로 말하였으니, 이것이 참입니까, 거짓입니까.

그리고 은행원이니 대금업자이니 하는 여러분, 참말 아니꼬워 못 보겠습디다. 몇백 원 월급 아니라 몇 천원 월급을 먹은들 나에게 무슨 상관이기에 나의 눈앞에 그다지 건방져 보입니까. 양복을 입었거나 금테안경을 썼거나 비단 의자에 앉거나 인력거를 타거나 내 조금도 부러워 아니하거니, 내 눈에 왜 그다지 건방져 보입니까. 은행 문을 들어서서 금전수불계에 몸이 가기만 하면 의례히 아니꼬운 꼴을 보입디다. "얼마야.", "저리 가." "잔돈 없어." 등 반말은 그만두고, 눈 들어 보지도 아니합디다. 시골 총각이 생산 신고나 사망 신고를 가지고 관청에 가서 부대끼는 것과 꼭 한가지 입디다. 아! 여러분아, 그것도 영업이 아닙니까. 영업자 치고 그런 법이 어디 있습니까. 그대들이 손님께 대하여 전전긍긍할 것이 어늘 손님이 그대들을 대하야 전전긍긍하게 되니 잘못이 누구에게 있는지는 모르나 파산 당하기 꼭 알맞겠습다. 여러분! 광고 잘하는 여러분. 친절정녕(親切叮嚀)이란 어디서 들은 말이며, 신속수응(迅速酬應)이란 누가 가르쳐 준 말이며, 박리다매란 다 무슨 소리며, 염가제공이란 다— 무슨 소리입니까. 누가 그렇게 하라고 시켰습니까. 광고를 보고 광고주의 행동을 보면 참말 구역이 납디다.

이것이 모두 거짓입니다. 이놈은 저놈을 속이고, 저놈은 이놈을 속이고, 저놈은 또 저놈을 속이고, 또 저놈은 또 이놈을 속여서 삥삥삥 돌려 가며 속아 넘어집니다. 그리해서 이 사회란 참을 발견할 수 없습니다. 과거 일 년에 대한 거짓만 하야도 아마 항하사(恒河沙: 항하의 모래)로도 수를 못 놓을 것입니다.

그리고 여러분 구루마꾼, 굴둑 쑤시는 꾼, 지게꾼, 머슴꾼, 목도꾼(무거운 물건을 목도하여 나르는 것을 직업으로 하는 사람), 고기잡이꾼, 나무꾼 모든 노동자 여러분. 과거 일 년에 대한 거짓이 얼마나 많았는가를 양심대로 물어 보시오. 거리대로 작정한 값 다 받고도 한 잔 값만, 더 두잔 값만 더— 하고 야료를 하다가 필경은 "너 같은 것이 왜 (구루마를) 탓느냐." "너 같아서는 끌 놈 없다" 하고 욕을 함부로 하고 멱살을 함부로 잡았으니, 이런 불측(不測: 미루어 헤아릴 수 없다)한 일이 어디에 또 잇습니까. 한 말 무게를 지고도 "에이 무거워! 닷 말 무게는 되네" 하며 생떼를 쓰고, 먹을 것 입을 것 다 주고 몸값까지 주어도 주인 몰래 손버릇을 하며, 한 삼태기 흙을 파면서 열 삼태기 백 삼태기나 파는 듯이 하는 등 모든 짓이 여러분 중에 많았음을 나는 압니다. 각각 양심이 있나니 속일 수는 없습니다.

우리의 과거는 이리하여 거짓이 많고 참이 없었습니다. 말이 너무 길어지니까 그만하고 오직 장래를 위하야 "오직 참이 있으소서!" 할 뿐입니다. 이리하니까.

【사업과 국면은 말할 것 없다】

"근본이 흐리고 지류가 맑는 법이 없다" 함과 같이, 사람 자체가 이리 되었나니 우리가 기대하던 새 살림, 새 사업, 새 국면이야 일러 무엇하리오. 거짓이거나 참이거나 잘했거나 못했거나 과거는 과거대로 소진(燒盡: 불살라 버림)해 버릴 밖에 없습니다. 그리고 신년을 향하여 신인(新人: 새 사람)이 될 것이며 새 살림을 할 것이며 새 사업을 할 것이며 새 국면을 개척할 뿐입니다. 이리하기 위하여 나는 충정을 다하야 여러분 아버님 어머님 형님 아우님께 두 번 세 번 백 번 천 번 애써 빌기를 "오즉 '참'이 있으소서!" 합니다. 또 다시 "거짓이 없으소서!" 합니다.

박달성
◈ 『개벽』의 대표적인 필진 중의 한 사람으로 호는
춘파(春坡), 가자봉인(茄子峰人)이고 송아지, 박돌이
등으로 문필활동을 한다 ◈ 도호는 몽암(夢庵)으로 1895년
평안북도 출신이다 ◈ 아버지와 어머니가 동학도인으로
어려서부터 자연스럽게 동학의 분위기 속에서 성장하였다
◈ 보성중학교를 졸업하고 일본에 유학하여 동양대학
문과(文科)에서 6개월간 수학하였다. ◈ 개벽사에 입사하여
처음에는 『개벽』 잡지에서 사회부 주임으로 활동하였고,
『부인』 잡지의 편집 주임, 『신인간』의 주필로 활동하였다
◈ 1934년 5월 9일 40세로 경성 재동(齋洞)의 자택에서
별세하였다

박은미
◈ <개벽강독회>에서 격주로 세미나를 하고 있다 ◈
백아인 선생님의 호기심으로 인해 강아지가 박달성의 또
다른 부캐인지 찾고 있는 중이다 ◈ 많이 사람들이 함께
공부하길 바란다 ◈ <신동엽학회>에서 공부를 하고 있으며
선생님들과 함께 『신동엽과 문화콘텐츠』를 출간하였다

천지의 주인은 나

心雄手佳 – 마음은 웅대하고 손은 아름답다

책임번역 박돈서

백인옥

천도교회월보, 제10호, 1911.5.15.

1.

(어떤 이가) 묻기를 "한울은 한울을 위하여 생긴 것입니까?"

(내가) 답하기를 "아닙니다. 나를 위하여 생긴 것입니다.

"그러면 땅은 땅을 위하여 생긴 것입니까?"

"아닙니다. 나를 위하여 생긴 것입니다."

"어찌하여 그렇습니까?"

"한울은 지극히 높고 또 밝아서 일월성신이 비추며 계절과 밤낮이 순환하여 만물을 화생합니다. 또 땅은 넓고 두터워 산봉우리와 산등성이를 이루고 바람과 못을 만들며, 강과 바다 그리고 밭과 들이 있어 만물을 양육합니다. 그리고 나는 지극히 신령하고 지혜로워 심령과 지각이 있으며, 눈과 귀, 손발을 움직여 만물을 활용합니다. 그러므로 한울의 화생함과 땅의 양육함이 진실로 나의 활용을 위한 것입니다.

만일 활용하는 내가 없으면 화생하는 한울과 양육하는 땅은 부지런히 일은 하지만 공이 없다고 말할 뿐만 아니라[i] 한 개의 빈껍데기 같은 미물에 불

---

[i]   cf. 勞而無功(노이무공). 동학의 한울님이 수운 최제우 선생을 만났을 때 제일 먼저 한 말 속에 '노이무공'이라는 말이 나온다. "나도 또한 개벽 이후 노이무공 하다가서 너를 만나 성공하니···."(용담유사, 용담가) 본래 『장자』〈천운편〉에 나온 이래 여러 경전에서 쓰였고, 『조선왕조실록』에도 그 용례가 보인다.

과할지니, 한울이 나를 위하여 한울이 되었다는 것과 땅이 나를 위하여 땅이 되었다는 것이 어찌 분명하다고 하지 않겠습니까?

그러므로 형상의 한울(形天)과 기운의 한울(氣天)과 이치의 한울(理天), 신령의 한울(神天)이 내가 활용하는 네 가지 한울이요, 공공의 땅(公地)과 생산의 땅(産地)과 이익의 땅(利地)과 법의 땅(法地)도 내 안의 네 가지 땅이니, 나는 지극히 높은 곳에 처음도 없고 끝도 없는 하나의 홀로 높은 존재(獨尊者)입니다."

2.

육안(肉眼)으로 보면 나는 천지 사이 하나의 어리석은, 백 년 사는 미물(微物)이지만 법안(法眼)[2]으로 보면 나는 천지 사이 하나의 의젓한 주인입니다.

상제(上帝)[3]도 나의 한 마음 가운데 있으며, 신성(神聖)[4]도 나의 한 생각 중에 있으며, 우주도 나의 한 움직임 중에 있으며, 예와 지금(古今)도 나의 한 말 가운데 있으니, 나 바깥에 따로 한울이 없고 나 바깥에 따로 땅이 없습니다.[5]

한울이 공적(空寂)하고 현묘(玄妙)하여 다함이 없는 온갖 조화를 행하더라도 내가 없으면 누가 한울을 한울이라고 하며, 땅이 운행하여 없어지지 않는 수많은 생명을 자라게 하는 공덕을 쓰더라도 내가 없으면 누가 땅을 땅이라 말하겠습니까? 내가 생긴 후에 한울이 비로소 생기고, 내가 생긴 후에 땅이

---

[2] 법의 눈이라는 말인데 여기서 법은 진리 혹은 깨달음, 지혜를 의미한다. 진리의 눈, 깨달은 눈, 지혜의 눈. 비슷한 말로는 영안, 혜안, 신안 등이 있다.

[3] 한울님을 달리 표현한 말. 하늘에 있는 황제와 같은 존재라는 의미인데, 이와 대비하여 땅에 있는 인간 황제는 하제(下帝)라고 함. cf. "세상 사람들이 나를 상제(上帝)라고 하는데, 너는 상제를 알지 못하느냐?"(동경대전, 포덕문)

[4] 천도교단 내에 국한하여 해석하면 수운 대신사(최제우), 해월 신사(최시형)와 의암 성사(손병희), 즉 스승님을 의미하는 말로 쓰인다. 『천도교회월보』의 글에는 이런 용법이 자주 보인다. 일반적으로는 신인과 성인, 또는 신성한 것을 의미한다.

[5] cf. 해월신사법설, 천지인귀신음양, "그러므로 마음이 곧 한울이요 한울이 곧 마음이니, 마음 밖에 한울이 없고 한울 밖에 마음이 없습니다. 한울과 마음은 본래 둘이 아닌 것이니 마음과 한울이 서로 화합해야 바로 시·정·지라 이를 수 있습니다."

비로소 생겼다고 해도 지나친 말이 아닙니다.[6]

3.

봄여름가을겨울의 온냉한열(溫冷寒熱) 네 기후도 내가 느끼는 온도요, 사방의 전후좌우 위치도 내가 가늠하는 방향입니다. 해와 달(烏兎[7])이 뜨고 지면 밝고 어두운 것도 내가 아는 것이요, 아침저녁이 오고 가는 것도 내가 숨쉬는 것과 같습니다. 귀한 샘물과 우물도 내가 뚫음으로써 마실 수 있는 것이요, 비옥한 논밭도 내가 경작함으로써 먹을 수 있게 됩니다. 남극 북극도 내가 계산함으로 측정할 수 있고, 동쪽 바다와 서쪽 바다도 내가 항해함으로써 건널 수 있습니다.

(인생길에서 부딪치는) 바람과 비도 나의 슬픔이요, (만나게 되는) 산과 물도 나의 괴로움입니다. (상서로운 세상에만 나타난다는) 기린과 봉황도 내가 만날 수 있는 것이며, 내가 잡을 수 있는 것입니다. 황하와 동해도 내가 능히 더욱 늘어나게 할 수 있으며, 내가 능히 물결을 잔잔하게 할 수 있습니다.

세상의 온갖 살아 있는 족속(穹峭森 三族)[8]도 나의 영(靈)과 깨달음(覺)과 생명(生)의 표현이요, 유가-불가-선가도 나의 몸과 마음과 성품의 가르침입니다. 부자형제는 나의 천륜상 가족이요, 상하귀천은 나의 지리상 계급입니다. 오대양 육대주도 하나의 내 집일 뿐이며, 세계의 모든 인류도 모두 나의 동포요 가족[一胞一種]입니다.

내가 고요함에 천지가 고요하고 내가 움직임에 천지가 움직이며, 내가 행함에 천지가 행하고 내가 멈춤에 천지가 멈추며, 내가 감에 천지가 가고 내가

---

6   cf. 의암성사법설, 무체법경, "모든 운용의 맨 처음 시작은 나이니 나의 시작점이 곧 성품한울이 시작된 (우주만물의)근원이다. 성품한울의 근본은 천지가 갈리기 전에 시작되었으니 그러므로 이 모든 억억만년이 나로부터 시작되었고, 천지가 없어질 때까지 이 모든 억억만년이 또한 나에게 이르러 마무리 되는 것이니라."

7   금오옥토(金烏玉兎)의 의미. 금오는 해를 의미하고 옥토는 달을 비유하는 말이다.

8   궁초삼穹峭森 삼족三族 : 궁족, 초족, 삼족/하늘과 산과 숲(세상)에 있는 모든 족속(모든 생명체).

옴에 천지가 옵니다.[9] 한울의 일대 개벽도 나의 개벽이요 땅의 일대 간척(墾拓)도 나의 간척이니 한울과 땅이 모두 내 속의 일입니다. 비유컨대 모든 천지는 온갖 보배를 저장한 하나의 창고요, 나는 창고를 열고 닫는 열쇠를 가진 존재입니다.

4.
나는 이미 천지의 주인이니 내가 어찌하면 주인의 직책을 감당할 수 있겠습니까? 한울은 성품으로 하나가 되는 것이요, 땅은 몸으로 하나가 되는 것이며, 나는 마음으로 하나가 되는 것이니 성품은 즉 한울이요, 몸은 즉 땅이며, 마음은 즉 나입니다.

세상의 온갖 것을 모두 총괄하는 주권을 가진 마음이 교회의 가르침에 따라 형체 없는 성품자리를 관할하여 지극한 정성과 공경과 믿음과 정법[10]으로 성품을 닦아서 한울 영역을 차지하면, 한울이 성품의 명령에 따라 감응하여 강건함과 전일함과 청정함과 화평함(健全清和)을 누리게 하고, 교회의 방침으로 형체 있는 몸 전체를 관할하여 인자함과 의로움과 화합함과 강직함(德義和剛)으로 몸을 지켜서 땅을 점령(占領)하면 땅이 몸의 지휘에 맞추어 장수와 정명과 지위와 복록(壽命位祿)을 누리게 하니 (이렇게 하면) 천지의 주인이라는 큰 직책을 능히 감당할 수 있게 됩니다.

전 세계 16억 8천만인은 한 천지 아래 사는 한 사람의 나이니, 주인의 직책을 내가 할 수 없으면 나를 어찌 나라고 할 수 있겠습니까? 그러므로 마음으로써 성품을 닦고, 마음으로써 몸을 지켜서 천지의 진실한 주인으로서의 '(참)나'가 되기를 바랍니다.

---

[9] cf. 의암성사법설, 시문, "天地日月入胸中 天地非大我心大 君子言行動天地 天地造化吾任意?(천지일월이 가슴속에 드니, 천지가 큰 것이 아니요, 내 마음이 큰 것이라. 군자의 말과 행동은 천지를 움직이나니, 천지조화는 내 마음대로 할 것이니라.)

[10] 성경신법(誠敬信法)은 사과(四科)라고 하여, 천도교의 가장 중요한 수행덕목이자 체제의 근본 원리이다.

【해제】

(1) 이 글은 백인옥(白仁玉) 선생이 1911년에 『천도교회월보』에 게재한 글입니다. 백인옥 선생은 천도교에서 의암 손병희 선생의 지도 아래 1913년 12월에 실시한 제6차 봉황각 49일 수련 참가자 105인 중 한 사람입니다. 이 49일 기도에 참가한 분들은 훗날 3.1운동 당시 각 지역에서 천도교를 지도하는 지도자가 되었습니다. 1921년 교단개혁으로 <의정원(議正院, 입법)>이 설치되어 60개 선거구에서 60명의 의정원을 선출할 때 강계지역의 의정원으로 선출되었으며, 1921년 12월 10일부터 29일까지 열린 천도교 제1회 의정회에서 특별위원으로 선출되어 활동하였습니다. 이 글을 쓸 당시(1911년)는 한해 전에 일제에게 국권을 빼앗겨 망국의 한(恨)이 온 천지에 가득 찼을 시기이며, 의암 손병희 선생이 양산 내원사에서 49일 기도를 하고 수운 최제우 선생께서 기도했던 적멸굴을 탐방한 후 <성령출세설>을 지은 시기이기도 합니다.

(2) 이 글의 요지는 "내가 천지의 주인이며, 주인의 책무를 다하려면 연심(煉心, 마음을 단련함)을 통하여 성신쌍전(性身雙全)한 내가 되어야 한다"는 것입니다. 여기서의 나는 본래아(本來我), 무궁아(無窮我), 대아(大我) 등으로도 표현되는 진아(眞我)를 의미한다고 볼 수 있습니다.

　　이 글은 마치 천도교경전 중 『동경대전』 <논학문>의 '천지인 삼재설(天地人三才說)'과 『무체법경』의 '성심신 삼단설(性心身三端說)'을 이해하기 쉽게 풀어쓴 인상을 줍니다. 또 『용담유사』 <흥비가>의 '무궁아(無窮我)'[ii]에 대한 자세한 해석이라고 할 수도 있겠습니다.

　　'천지인 삼재설'은 동아시아의 공통적인 우주관, 세계관, 인간관으로 사람의 위치를 천지와 같은 반열에 올려놓고, 사람이 천지화육의 공공 작업에 참여해야 한다는 사상을 담고 있습니다. 화생하는 직분을 맡은 한울과 양육의

[ii] "무궁한 이 울 속에 무궁한 내 아닌가."(『용담유사』 흥비가)

책임을 지닌 땅과 함께 최령자(最靈者)로서 관리와 활용의 책무를 가진 사람의 위상을 말하고 있습니다. 이러한 책임을 감당할 만한 사람이 곧 성인(聖人)이요 대인(大人)이라고 할 것입니다. 그래서 유가 선비의 목표는 작성(作聖), 즉 성인이 되는 것입니다.

이 글에서 '독존자(獨尊者)'라는 표현은 마치 부처님의 '천상천하유아독존(天上天下唯我獨尊)'이라는 탄생게(誕生偈)를 연상케 합니다. 이런 관념에서 보면 사람의 위상을 최고위(最高位)에 올려놓는 표현이라고 이해할 수 있습니다. 사람이 수행을 통해 지고의 경지, 즉 부처(覺者)가 될 수 있다는 사상을 포함하고 있습니다. 인간의 무한한 가능성을 말해줍니다.

천도교의 성신심(性身心) 삼단설도 역시 사람의 구성요소에 대한 설명과 함께 무궁한 가능성을 말하고 있습니다. 특히 『무체법경』에서는 마음을 중심으로 성신쌍전(性身雙全), 즉 성품과 몸을 모두 잘 닦아서 조화로운 경지에 도달해야 한다고 논하고 있습니다. 천도교에서는 성심쌍수(性心雙修)[12]라는 수행법을 통해 견성각심(見性覺心)[13]의 경애에 도달할 수 있고, 원만구족한 인격을 완성할 수 있다고 가르칩니다. 이러한 사람을 수운 최제우 선생은 도덕군자 혹은 지상신선이라고 표현하였습니다.

서구 기독교에도 사람이 하나님의 형상을 따라 만들어졌으며, 이 지구상의 생물들을 관리하는 역할을 맡았다는 가르침이 있는데, 이것과도 상통하는 면이 있습니다. 그러나 근대에 들어와서 기독교 사상에 기초한 '인간중심주의'가 자본주의와 결합하여 물신(物神)숭배와 자연파괴라는 문제를 발생시켰다는 비판을 피할 수 없습니다. 반면에 천도교, 또는 동아시아에서 '인간'을 독존자(獨尊者)라고 하는 것은 '하늘과 땅' 사이에서 그들의 생성화육 작용

---

[12] 성품과 마음을 함께 닦으라는 수행법, 공공적한 성리와 활활발발한 심기를 함께 각득(覺得; 見性覺心)해야 한다는 의암 손병희 선생이 가르친 수행법

[13] 성품을 보고 마음을 깨닫는다는 뜻으로, 견성각심이란 곧 내가 모신 한울을 깨닫는다(안다=萬事知)는 말과 같다.

을 돕는 역할을 강조한 것으로 『천도교경전』<논학문>에서는 최령자(最靈者)라고 하였습니다. 이 독존자, 최령자는 천인상여(天人相與), 지인상달(地人相達)의 존재라는 점에서 '인간중심주의'와는 근본적인 차이가 있습니다. 김지하의 친구이자 '동학 선생'인 윤노빈은 '존재' 存在(존재)가 아닌 '尊在(존재)'로 읽어서, '인간과 생명'은 '살아 있는' 것이 아니라 '살아 계신다' 해야 한다고 말했습니다. '독존(獨尊)'은 '인간이 나 홀로 높다'는 '唯我獨尊(유아독존)'식의 오만함이 나 '인간중심주의'가 아니라, 오직 인간으로 말미암아 하늘도 땅이 그 의의가 생성된다(=尊)는 것을 의미하는 말로 이해하는 것이 옳을 것입니다. 천-지-인은 삼위일체로서 그중 어느 하나만 빠져도 성립될 수 없는 것, 서로 이어지고 서로 살리고 서로 보증하는, 존재의 세 측면임을 말하는 것입니다. 천도교의 '한울님'은 '천-지-인'을 아우르는 존재입니다. 마찬가지로 사람은 그 안에 한울과 땅을 아우르고 있으며, 땅은 그 안에 한울과 사람을 아우르고 있는 존재입니다. 그러므로 이 글 처음에 하늘과 땅이 '나'를 위하여 생겨난 것이라고 할 때 나는 곧 인간(人間)을 의미하며, '인간을 위하여'라는 말은 '하늘과 땅이 인간'과 더불어함으로써 완성됨을 의미하는 것이지, 서구적 '인간중심성'을 말하는 것이 아님은 자명한 이치입니다.

(3) 현대는 기후위기를 넘어 기후재앙의 시대로 접어들고 있고, 코로나19의 팬데믹 현상 등 지금까지 겪어보지 못했던 새로운 위기상황에 직면하고 있습니다. 세계의 현자들은 인류가 이대로 간다면 지금까지 쌓아올렸던 인류문명의 몰락이라는 거대한 환란을 겪을 수밖에 없다고 이구동성으로 이야기하고 있습니다. 따라서 이제 인류의 생존과 생물다양성의 지속, 공생(共生)을 위해서는 시급한 문명대전환을 할 수밖에 없습니다. 이러한 시대에 우리는 지구의식(地球意識)을 지니고 사람의 위상에 대한 분명한 인식(새로운 인간관의 정립)과 자각과 책임감을 통감해야 합니다.

이 글은 110년 전에 쓰였지만, 바로 후천개벽기(後天開闢期)[14]를 살아가는 인류 각자가 시천주(侍天主)[15], 인내천(人乃天)[16] 인오동포 물오동포(人吾同胞 物吾同胞)[17]진리를 깨달아 천지의 주인공으로서 역할을 수행해야 한다는 가르침은 바로 오늘의 우리에게 주는 가장 적절한 교훈입니다. 이러한 천지의 주인 노릇은 자천자각(自天自覺)[18]을 바탕으로 자기의 습관천(習慣天)[19]을 바꾸는 일로부터 시작하여, 문명의 대전환이라는 시대적 요구에 따라 시의적절하게 이루어져야 합니다.

'사람이 희망이다'라는 말이 있습니다. 이 말은 지금 같은 급박한 지구재앙의 시대에 더욱 유효한 말이요, 바로 이 글이 전하고자 하는 메시지와 통합니다. 우리가 사는 지구는 인간 중심의 행성인 것이 목전의 현실인 것이고, 현세는 인류세(人類世)[20]로 미래 세계는 메타버스[21] 시대, 사람과 로봇이 공존하는 사회, 미증유의 지구적 변화(자연재해, 괴질 등)가 예측되는 세상입니다.

백척간두에 서서 한 발을 더 내딛어야 할 우리는 이 글처럼 천지인삼재의 일원으로서, 성심신삼단을 함께 각득(覺得)하고 체득(體得)하는 한울사람(天人)으로서의 자격을 획득하여 전 인류에게 희망의 등불이 되어야 할 것입니다.

[14] 선천의 천지개벽과 대비되는 개념으로 동학에서 처음으로 표명됨. 후천개벽의 개념과 시기는 동학 이후 나온 여러 신종교, 즉 개벽종교에 따라 차이가 있다. 천도교의 후천개벽은 인심개벽 혹은 정신개벽을 중심 개념으로, 수운 최제우 선생이 득도한 1860년 4월 5일 이후를 후천개벽기로 보고 있다.

[15] 동학을 창명한 수운 최제우 선생의 핵심 가르침으로 사람은 모두 한울님을 자기 몸에 모셨다는 의미.

[16] 천도교의 핵심 가르침으로 사람이 곧 한울님이라는 의미. 인내천 사상에는 인류세의 시기에 처한 인류가 나아갈 비전과 방향이 제시되어 있다. 즉 사람이 곧 한울님이므로 이를 투철하게 자각하여 한울님답게 지구행성의 주인공으로서의 노릇(책무)를 다해야 한다는 의미가 내포되어 있는 것이다.

[17] 해월신사법설, 〈이천식천〉: 모든 사람(인류)가 나와 같은 뱃속(한울님)에서 나온 형제자매요, 이 세상 만물도 모두 나와 같은 뱃속(한울님)에서 태어난 형제자매라는 사상이다.

[18] 자천자각:자기 몸에 모신 한울을 스스로 깨닫는다는 의미로 시천주를 자각한다는 말과 같다.

[19] 습관천:사람은 태어나서 주변 환경과의 상호작용으로 형성되는 습관에 지배를 받게 된다. 이런 습관은 마치 한울과 같은 영향력을 발휘한다. 그래서 천도교에서는 후천적인 경험의 집적을 습관천이라 표현한다.

[20] 인간이 지구환경 변화의 중심축이 되는 시기로 지질학에서 처음 논의된 말이다. 주로 인간의 악한 영향력이 극대화된 문제를 지칭하지만, 동학 천도교의 관점에서 지구행성의 운명이 인류의 손에 달려 있다는 다시개벽, 후천개벽의 시기를 지칭하는 의미로 전유할 수 있다고 본다.

[21] 가상세계를 마치 현실처럼 실감나게 생생하게 구현하는 세계이다. 앞으로 인류의 삶이 이 메타버스에 크게 의존하게 되리라는 전망이 제기되고 있다.

박돈서

◈ 도호 공암(公菴), 천도교 선도사, 공주교구장, 40년간 교육자와 수행자 생활을 해오고 있다 ◈ 동서고금의 철학과 송교를 비교하여 연구하고 회통하는 데 관심이 많다 ◈ 현재 그동안 공부한 동학-천도교, 동서철학, 비교종교학을 바탕으로 인연 따라 만나게 되는 길벗들과 토론하며 탁마하는 활동 수행 중! 기후재앙시대를 맞이하여 우환의식으로 잠 못 이루는 밤이 늘어나고 있다

편집 후기

『다시개벽』 제9호는 창간 제2주년 특집호인 만큼, 우리 잡지의 문제의식 가운데에서도 오늘날에 특히 중요한 주제를 다루기로 하였다. 그것은 '새로운 자연 개념의 모색'이다. 현재의 기후 위기는 인간의 머릿속에 오래 자리하여 온 자연 개념과 평행 관계에 있다. 서구의 전통적 사고방식은 물질과 정신, 자연과 사회·문화의 이분법 속에서 자연을 바라보는 경향이 강하였다. 그 이분법에 따르면 자연은 정신을 지니지 않는 물질일 뿐이고 오직 인간에게만 정신이 있으며, 그러므로 인간의 정신활동에 근거한 사회와 문화는 자연과 완전히 다른 것이다. 물질일 뿐인 자연은 철저히 수동적인 것이고 인간에게만 있는 정신은 철저히 능동적인 것이므로, 인간의 사회와 문화가 자연을 마음대로 통제·조작·파괴·착취하는 것은 정당한 일이 된다. 이와 같은 사고의 틀은 자본주의 산업문명의 세계화에 따라서 전 세계 인류의 머릿속에 퍼져나갔다.

정신에 의하여 철저히 조작되어야만 하는 물질로서만 자연을 바라보는 사고방식. 사회나 문화에서 이용되거나 통제되어야 하는 원료로서만 자연을 바라보는 사고방식. 이러한 사고방식은 예를 들어 공장식 축산업을 정당화하고(동물은 인간이 아니라 자연 즉 물질이므로), 공장식 축산업에서의 대량 탄소 발생과 막대한 곡물 소비는 지구 온난화와 전 세계적 식량 위기를 초래하지 않는가. 이처럼 기후 위기와 기존의 자연관은 평행 관계에 있으므로, 기후 위기의 극복이라는 과제는 완전히 새로운 자연관을 모색하는 일과 떼어놓을 수 없을 것이다. 서유럽과 한국 등지에서 기존의 자연관과는 전혀 다른 자연관을 활발하게 모색하고 있는 까닭도 이와 같은 사정과 무관하지 않다고 볼 수 있다. 서유럽의 경우로는 해러웨이, 화이트헤드 및 그의 사유를 계승한 샤비로 등의 새로운 자연관을 소개하고자 하였다. 한국의 경우로는 서구 전통의 자연관과 그 한계를 넘어서는 자연관을 동학과 기학의 사례에서 찾을 수 있다.

홍박승진

정기구독 안내

『다시개벽』을 함께 만드는
동사(同事)가 되어 주십시오.

정기구독 혜택

1. 10% 할인된 가격으로 구독할 수 있습니다.

2. 구독 기간 중 가격이 오르더라도 추가 부담이 없습니다.

　(기본 배송비 무료, 해외/제주/도서/산간 지역은 배송비 추가)

3. 다양한 이벤트와 혜택의 우선 대상이 됩니다.

정기구독료

1. 낱권 정가 15,000원(제1호~제5호는 각 12,000원)

2. 정기구독료

　1년(4개호) 55,000원

　2년(8개호) 110,000원

　3년(12개호) 165,000원

정기구독 신청 방법

전화　　　02.735.7173(도서출판 모시는사람들)

이메일　　sichunju@hanmail.net

인터넷　　https://forms.gle/j6jnPMzuEww8qzDd7

　　　　　(오른쪽의 QR코드를 통해 정기구독 신청)

위의 방법으로 신청 후 아래 계좌로 구독료를 입금해 주시면 정기구독 회원이 됩니다.

계좌정보

국민은행 817201-04-074493

예금주: 박길수(도서출판모시는사람들)

책을 만드는 사람들

발행인	박길수
편집인	조성환
편집장	홍박승진
편집위원	김남희 성민교 안마노 우석영 이원진 조성환 홍박승진
편집자문위원	가타오카 류 김용휘 김인환 박맹수 박치완
	방민호 손유경 안상수 이우진 차은정
편집	소경희 조영준
아트디렉터	안마노
멋지음	이주향
마케팅 관리	위현정

다시개벽 제9호

발행일	2022년 12월 31일
등록번호	종로 바00222
등록일자	2020.07.28
펴낸이	박길수
펴낸곳	도서출판 모시는사람들
	서울시 종로구 삼일대로 457 (경운동 수운회관) 1207호
인쇄	㈜성광인쇄 (031.942.4814)
배본	문화유통북스 (031.937.6100)